lonely plan[et]

CORSE

ÉDITION ÉCRITE ET ACTUALISÉE PAR

Christophe Corbel, Alexandre Lenoir,
Jean-Bernard Carillet, Olivier Cirendini

Sommaire

Vallée du Niolo (p. 184)

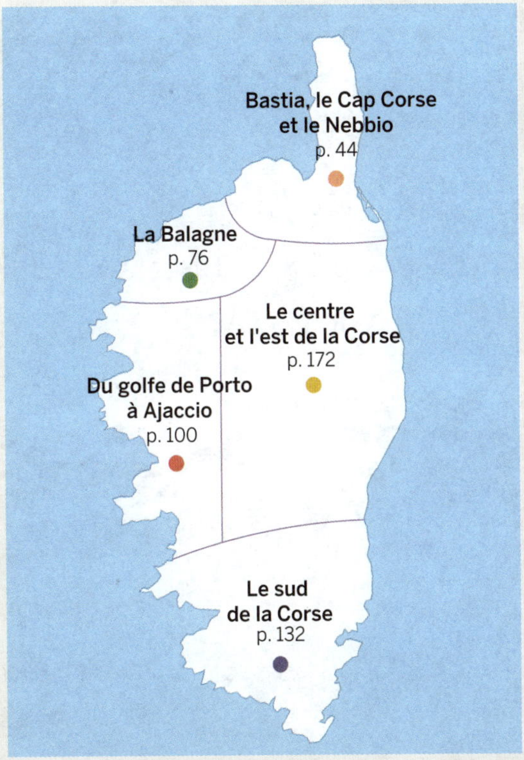
Bastia, le Cap Corse
et le Nebbio
p. 44
La Balagne
p. 76
Le centre
et l'est de la Corse
p. 172
Du golfe de Porto
à Ajaccio
p. 100
Le sud
de la Corse
p. 132

Bienvenue en Corse

Posée à la surface de la Méditerranée entre la France et l'Italie, la Corse éveille les sentiments les plus variés. Difficile de présenter en quelques mots cette île inclassable et pleine de contradictions !

Imprégnée de mystères, la Corse fut souvent convoitée et conquise au cours de son histoire. Méditerranéenne et française, mais corse avant tout, l'île s'est forgé une culture originale, riche et profonde.

Elle bénéficie aussi d'un environnement exceptionnel : une péninsule couverte de maquis pointée sur le golfe de Gênes ; une côte ouest aux roches sculptées par le vent et la mer ; des plages de sable fin dissimulées dans des petites criques ; des aiguilles de granite dressées dans le ciel ; des villages de montagne toisant des villes balnéaires à la mode… La Corse est une leçon de géographie à elle seule. Tout cela en fait un fantastique terrain de jeu pour les amateurs d'activités de pleine nature.

Et que les plus tranquilles se rassurent : ils trouveront d'accueillantes étendues de sable où poser leur serviette, des sites culturels, de bons petits plats et d'excellentes raisons de faire la sieste.

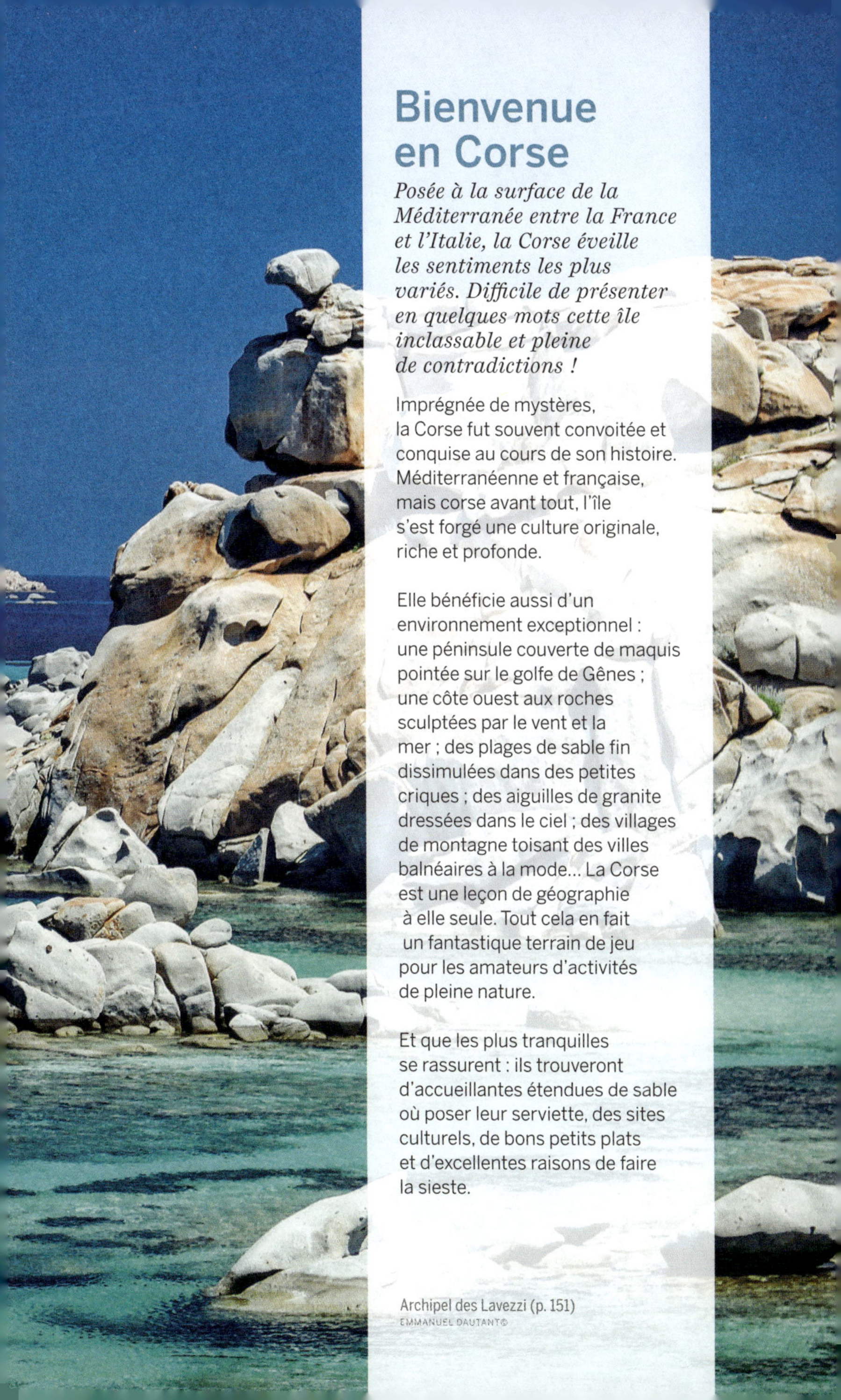

Archipel des Lavezzi (p. 151)
EMMANUEL DAUTANT©

CARTES DÉTAILLÉES
Bastia, le Cap Corse et le Nebbio (p. 46)
La Balagne (p. 78)
Du golfe de Porto à Ajaccio (p. 102)
Le sud de la Corse (p. 134)
Le centre et l'est de la Corse (p. 174)
Mer de Ligurie
Capo Grosso
Barcaggio
Centuri
Macinaggio
Pino
Cap Corse
Marine de Pietra Corbara
Nonza
Erbalunga
Plages du Loto et de la Saleccia
Golfe de Saint-Florent
Patrimonio
La Corniche
Désert des Agriates
Bastia
Plage de l'Ostriconi
Saint-Florent
Col de Teghime
L'Île-Rousse
HAUTE-CORSE
Oletta
Étang de Biguglia
Algajola
Murato
Pointe de la Revellata
Calvi
Nebbio
Sant' Antonino
Villages de Balagne intérieure
San-Michele-de-Murato
Bastia-Poretta
Calvi-Sainte-Catherine
Calenzana
Vallée de l'Asco
Golo
Casinca
Forêt de Bonifato
GR®20
Ponte-Leccia
Vallée du Fango
La Porta
Galéria
Haut-Asco
Monte San Petrone (1 767 m)
Castagniccia
Monte Cinto (2 706 m)
Moriani-Plage
Réserve naturelle de Scandola
Girolata
Parc naturel régional de Corse
Piedicroce
Villages du Morianincu
Forêt de Valdu Niellu
Gorges de Spelunca
Gorges du Tavignano
Corte
Cervione
Golfe de Porto
Porto
Parc naturel régional de Corse
Calanques de Piana
Ota
Évisa
Forêt d'Aïtone
Vallée de la Restonica
Piana
Capo Rosso
Monte Ritondu (2 622 m)
Vivario

Cargèse
Sagone
Golfe de Sagone
Vizzavona
Ghisoni
Tavignano
Aléria
Fiumorbu
Ghisonaccia
Mer Tyrrhénienne
GR®20
Bastelica
Capo di Feno
Ajaccio
Zicavo
Parc naturel régional de Corse
Pointe de la Parata
Porticcio
Ajaccio-Napoléon Bonaparte
Îles Sanguinaires
Plage d'Agosta
Solenzara
Taravu
Aiguilles de Bavella
Massif de Bavella
Golfe d'Ajaccio
CORSE DU SUD
Quenza
Capo di Muro
Filitosa
Zonza
Conca
Porto Pollo
Alta Rocca
Propriano
Forêt de L'Ospédale
Golfe de Valineo
Sainte-Lucie-de-Tallano
Plage dePortigliolo
Portigliolo
L'Ospédale
MER MÉDITERRANÉE
Campomoro
Golfe de Porto-Vecchio
Sartène
Porto-Vecchio
Plage de Palombaggia
Paddaghiu
Figari-Sud-Corse
Cauria
Figari
Roccapina
Pianattoli-Caldarello
Plage de Rondinara
ALTITUDE
2 000 m
1 000 m
500 m
200 m
0
Capo di Feno
Bonifacio
Cap Pertusato
Bouches de Bonifacio
Archipel des Lavezzi
N
0
20 km

↘ CALVI
La citadelle de Calvi surplombe la ville depuis son promontoire rocheux. Ses remparts renferment entre autres la cathédrale Saint-Jean-Baptiste et cinq bastions offrant des vues impressionnantes sur la ville et la baie.
▶ Pour en savoir plus, voir p. 79

1 CITADELLES DE HAUTE-CORSE

Vestiges du passage des Génois et des Pisans, d'imposantes citadelles parsèment les hauteurs du paysage corse et rappellent l'importance stratégique de ces terres. La Haute-Corse recèle ainsi quelques merveilles. Replongez à l'époque des conquêtes en longeant leurs murailles et découvrez des panoramas époustouflants, ou déambulez entre ruelles et forteresses et imprégnez-vous de la majesté des lieux.

OLESYA KUZNETSOVA/SHUTTERSTOCK ©

↑ BASTIA

Laissez-vous séduire par les tons ocre éclatants des façades restaurées de Terra Nova et plongez-vous dans un morceau d'histoire de la ville de Bastia. Entre un jardin aux essences odorantes et des bâtiments classés, voilà de quoi flâner dans un havre de paix tout un après-midi.

▶ Pour en savoir plus, voir p. 47

↓ CORTE

Au cœur de l'île, la citadelle domine à une centaine de mètres de hauteur les vallées environnantes. Ne manquez pas de rejoindre la population étudiante pour une soirée animée.

▶ Pour en savoir plus, voir p. 177

BEGIR/SHUTTERSTOCK ©

Les plus belles tours génoises de Haute-Corse

- **La petite tour de la Mortella, dans le désert des Agriates.** (p. 46)
- **La fantomatique tour Santa-Maria, comme flottant à la surface de l'eau.** (p. 68)
- **Les vestiges de la tour d'Erbalunga.** (p. 46)
- **La tour de Porto, qui offre une superbe vue sur le golfe.** (p. 103)
- **La tour de Sénèque, depuis laquelle on aperçoit les deux côtes du cap.** (p. 54)

PAGE PRÉCÉDENTE : SASHA64F/SHUTTERSTOCK©

2 PLAGES DE RÊVE

Ah ! Les plages corses... souvent glorifiées, elles méritent pleinement leur réputation. Celles du Sud sont les plus connues, mais quel que soit l'endroit où vous passez vos vacances dans la région, vous trouverez toujours où étendre votre serviette et savourer un moment de repos.

↙ LOTO ET LA SALECCIA

Dissimulées dans le désert des Agriates, ces deux bandes de sable blanc surgissent dans l'étendue de maquis brûlé par le soleil. La plage du Loto, la plus proche de Saint-Florent, est la plus fréquentée, mais en longeant la crique à pied (1 heure 30) ou en bateau, vous pourrez rejoindre La Saleccia. ▶ Pour en savoir plus, voir p. 72

ARIANE CITRON/ADOBESTOCK ©

← PALOMBAGGIA ET RONDINARA

Entre Bonifacio et Porto-Vecchio, ces plages sont idylliques. Rondinara est lovée dans une baie à la rondeur quasi parfaite. Plus au nord, Palombaggia, bordée de pins, déploie un ruban de sable ourlé d'une mer transparente.

▶ Pour en savoir plus, voir p. 158

Boire un verre les pieds dans le sable

▶ **La cabane du Lotu, dans les Agriates.** (p. 74)

▶ **Le Café de la Plage, sur la plage d'Arone, non loin de Piana.** (p. 111)

▶ **Les paillotes de la route des Sanguinaires, pour des soirées festives.** (p. 126)

▶ **L'Acciaro Plage, au sud de Palombaggia.** (p. 158)

↓ PLAGE DE PORTIGLIOLO

L'impressionnante plage de Portigliolo permet de trouver assez facilement où poser sa serviette.

▶ Pour en savoir plus, voir p. 141

PAWEL KAZMIERCZAK/SHUTTERSTOCK ©

← ROCCAPINA

Au pied du lion de Roccapina, l'un des plus fameux *taffoni* de l'île, s'étend cette superbe plage. À une vingtaine de kilomètres de Sartène, elle est accessible par une piste cahoteuse. Un trésor, ça se mérite !

▶ Pour en savoir plus, voir p. 144

SOUCHON YVES/ADOBESTOCK ©

PAWEL KAZMIERCZAK/SHUTTERSTOCK ©

↖ SANT' ANTONINO
Nid d'aigle à 490 m d'altitude sur un éperon rocheux, il figure sur la liste des « plus beaux villages de France » et domine le paysage de Balagne.

▶ Pour en savoir plus, voir p. 97

3 VILLAGES PERCHÉS

Accrochés aux chaînes montagneuses, surplombant des vallées verdoyantes ou des baies, de nombreux villages perchés déploient leur architecture intacte. Dans ces sentinelles de pierre, la vie s'écoule doucement... En visiter quelques-uns est une belle façon de découvrir la culture insulaire.

→ NONZA
Ce bourg, bâti sur un piton rocheux flanqué d'une tour génoise, au-dessus d'une plage de galets noirs, est un des points forts du Cap Corse. Prenez le temps de découvrir son église, d'arpenter les ruelles pentues et de boire un verre sur la place ombragée.

▶ Pour en savoir plus, voir p. 65

LIGHTPOET/SHUTTERSTOCK ©

B. BOUVIER/ADOBESTOCK ©

← PIGNA
Ce superbe village doit son renouveau aux nombreux artisans et artistes qui y résident. Assurément l'un des plus charmants villages de Balagne.

▶ Pour en savoir plus, voir p. 95

EMMANUEL DAUTANT ©

↑ L'ALTA ROCCA
Cette microrégion, aussi âpre sur ses sommets que douce sous le couvert de ses forêts de pins laricios, regorge de villages de granit appelant à découvrir la culture insulaire. Sainte-Lucie-de-Tallano est assurément l'un des plus beaux. Ne manquez pas non plus Zonza, que toisent les aiguilles de Bavella.

▶ Pour en savoir plus, voir p. 161

Les secrets de la Castagniccia
Principalement traversée par les randonneurs qui empruntent le Mare a Mare® Nord, la Castagniccia recèle pourtant des trésors architecturaux qui méritent de s'y attarder. Enfouie sous un manteau de châtaigniers, la région est parsemée de villages et hameaux où le temps semble s'être arrêté. Le tout sous le regard du Monte San Petrone (1 767 m). (p. 196)

4 ARPENTER LA CÔTE CORSE

Plages de sable fin, falaises abruptes ou caps sauvages, la côte corse est constituée de multiples paysages. Cet éventail de sites permet de varier les activités et les manières de découvrir le littoral. Vous pourrez aisément trouver un point de chute dans l'une des nombreuses villes portuaires qui bordent la façade maritime, et qui sont autant de portes d'entrée vers des sites plus préservés. Il n'y a plus qu'à choisir !

CHRISTOPHE CORBEL ©

JEAN-BERNARD CARILLET ©

↖ CAP DE CAMPOMORO

La plage de Campomoro est la porte d'entrée pour l'une des parties les plus sauvages de l'île. Depuis le cap du même nom et sa tour emblématique, de nombreux sentiers de randonnée se dispersent sur ce site naturel ponctué de ravissantes criques. Profitez-en, aucune voiture ne peut circuler ici.

▶ Pour en savoir plus, voir p. 141

Les ports les plus typiques

- **Le minuscule port langoustier de Centuri.** (p. 62)
- **Le port de pêche Tino-Rossi à Ajaccio.** (p. 118)
- **La promenade du port de plaisance de "Saint-Flo".** (p. 66)
- **Le port de pêche de Porticciolo, pour sa tranquillité.** (p. 57)
- **Le port de Porto et son bel emplacement.** (p. 103)

↓ MACINAGGIO

Cette petite ville portuaire du Cap Corse regroupe de nombreux atouts : un port animé, la belle plage de Tamarone et ses activités nautiques ainsi que plusieurs sentiers de randonnée. ▶ Pour en savoir plus, voir p. 58

KATY_89/ADOBESTOCK ©

NIKLA/ADOBESTOCK©

← RÉSERVE DE SCANDOLA

Au nord du golfe de Porto, la réserve de Scandola est un site protégé inscrit au Patrimoine mondial de l'Unesco. Uniquement accessible par la mer, cette réserve offre des paysages grandioses et des fonds marins à la biodiversité remarquable.

▶ Pour en savoir plus, voir p. 107

PIXOMATOSE/ADOBESTOCK ©

← CALANQUES DE PIANA

Préparez-vous à un choc quand vous arriverez aux calanques de Piana. À 400 m de hauteur, ces falaises abruptes, aux teintes ocre et chatoyantes, plongent dans une mer d'un bleu intense. Le coucher du soleil ici est à couper le souffle.

▶ Pour en savoir plus, voir p. 111

5 BALADES ET RANDONNÉES

Dès qu'on évoque la Corse, impossible de ne pas penser au GR®20. Si le parcourir dans son intégralité est réservé aux randonneurs bien entraînés, il est possible d'en effectuer certaines portions accessibles, que l'on peut parcourir en une ou deux journées. Avec ses reliefs exigeants ou plus doux, la Corse est propice à tout type de randonnées, pour tous les niveaux de marche. La proximité de la mer offre en prime des points de vue somptueux.

↑ LE COL ET LES AIGUILLES DE BAVELLA

Les aiguilles de Bavella se dressent dans le massif boisé de l'Alta Rocca. Ces étonnantes pointes de porphyre rouge sculptées par l'érosion culminent à 1 596 m. Si elles ne sont pas les plus hautes, elles sont certainement les plus spectaculaires. Des chemins de randonnée accessibles y conduisent depuis le col de Bavella.

▶ Pour en savoir plus, voir p. 162

↑ LA FORÊT D'AÏTONE

Cette forêt, à quelques kilomètres au nord d'Évisa, s'étend entre 800 m et 2 000 m d'altitude. Traversée par de nombreux sentiers, elle est une étape idéale pour qui souhaite se rafraîchir loin des côtes brûlantes de l'île. À l'ombre des pins laricios et des hêtres, apparaissent des piscines naturelles qui ajoutent à la beauté du lieu.

▶ Pour en savoir plus, voir p. 106

JEAN-BERNARD CARILLET ©

↗ LE PLATEAU DE COSCIONE

En partie traversée par le GR®20, cette vaste étendue constitue une mosaïque de bosquets de hêtres, ruisseaux, pozzines, prairies et pâturages, éboulis et landes. Il n'est pas rare d'y croiser bovins et équidés paissant en liberté. Entre 1 400 m et 1 700 m d'altitude, le plateau peut être pratiqué aussi bien en été avec de bonnes chaussures qu'en hiver sur des skis de fond.

▶ Pour en savoir plus, voir p. 169

↓ LE SENTIER DES DOUANIERS

Le long de la côte ouest, entre le Cap Corse et le désert des Agriates, ce sentier longe le littoral à la rencontre de plusieurs tours génoises. De niveau facile, il est ponctué de nombreuses criques où se baigner.

▶ Pour en savoir plus, voir p. 56

CHRISTOPHE CORBEL ©

Randonnées équestres

- **À la découverte du désert des Agriates depuis la ferme d'Arbo Valley, non loin de l'Île-Rousse.** (p. 88)
- **Dans la pinède de Calvi avec A Cavallu.** (p. 80)
- **Sur les plages longeant le golfe d'Ajaccio avec Le Ranch.** (p. 117)
- **Des sorties sur plusieurs jours dans le Niolo avec U Niolu A Cavallu.** (p. 185)

→ LA PRÉHISTOIRE EN CORSE

La Corse est la première région européenne par la quantité et la qualité de la statuaire mégalithique. Le site préhistorique de Filitosa, avec ses vestiges remontant jusqu'au VIe millénaire avant notre ère, est le plus connu. Tout aussi passionnants, les sites de Cucuruzzu et Capula, aux environs de Levie, ont révélé l'existence d'un village.

▶ Pour en savoir plus, voir p. 139 et p. 141

SHORTY/25/ADOBESTOCK ©

Les plus beaux monuments religieux

- ▶ **La cathédrale d'Ajaccio, de style vénitien.** (p. 122)
- ▶ **La chapelle pisane Santa-Maria à Quenza.** (p. 171)
- ▶ **L'église catholique de rite byzantin à Cargèse.** (p. 115)
- ▶ **L'église restaurée Sainte-Marie à Piana.** (p. 110)
- ▶ **La chapelle romane Saint-Jean-Baptiste de Poggio.** (p. 169)
- ▶ **L'église Sainte-Marie de Sartène.** (p. 115)

6 PATRIMOINE DU SUD

La diversité du patrimoine culturel et architectural de la Corse montre l'intérêt que les hommes portèrent très tôt à cette terre. Partez en Corse du Sud pour un tour d'horizon des différentes civilisations qui y vécurent et combattirent souvent pour s'y installer.

LONA_KIMOA/ADOBESTOCK ©

↑ LA PROCESSION DU CATENACCIU À SARTÈNE

Dans la « plus corse des villes corses » selon Prosper Mérimée, rendez-vous le soir du vendredi saint. Dans les ruelles aux façades de granit gris se déroule la procession du Catenacciu, une réinterprétation du chemin de croix du Christ. L'une des traditions les plus anciennes de l'île.

▶ Pour en savoir plus, voir p. 142

↓ LE MUSÉE DE L'ALTA ROCCA

À Levie, vous aurez le privilège de rencontrer la dame de Bonifacio, le plus ancien vestige humain de Corse, qui vécut il y a quelque 8 500 ans...

▶ Pour en savoir plus, voir p. 167

JEAN-BERNARD CARILLET ©

HASSAN BENSLIMAN/ADOBESTOCK ©

← LE PALAIS FESCH

Un passage obligé à Ajaccio, tant pour le lieu que pour sa collection. Dans ce palais du début du XIXe siècle, construit par l'oncle de Napoléon Bonaparte, découvrez de nombreuses peintures italiennes, parmi lesquelles reposent quelques chefs-d'œuvre...

▶ Pour en savoir plus, voir p. 119

↘ LES FALAISES

C'est depuis la mer que les falaises sont les plus belles. Grimpez à bord d'un voilier et laissez-vous transporter : le panorama est à couper le souffle.

▶ Pour en savoir plus, voir p. 150

Promenades autour de Bonifacio

▶ **Le Campu Rumanilu, qui longe les falaises.** (p. 149)

▶ **Depuis le port, les plus motivés iront jusqu'au phare de Pertusato.** (p. 150)

▶ **Le chemin des Génois, qui mène au phare de la Madonetta.** (p. 149)

↓ ESPLANADE SAINT-FRANÇOIS

Ne manquez pas l'émouvant cimetière marin, à l'ouest de la citadelle, puis rejoignez l'esplanade Saint-François qui le prolonge. L'endroit est parfait pour apercevoir les côtes sardes juste en face.

▶ Pour en savoir plus, voir p. 149

7

LES FALAISES DE BONIFACIO

Bonifacio s'accroche toujours à ses spectaculaires falaises de calcaire blanc. Sculptées par les vents et les embruns, elles abritent des calanques, des criques et des plages au décor féerique. Derrière les remparts, le spectacle continue. Déambulez dans les rues étroites de la citadelle, que bordent des bâtiments médiévaux aux façades ocre.

↑ LE JARDIN DES PAYSAGES

Sur le chemin des fortifications, les terrasses aménagées sont autant de raison de s'arrêter pour admirer la vue.

▶ Pour en savoir plus, voir p. 146

← ESCALIER DU GOUVERNAIL

Si vous n'avez pas l'occasion de voir Bonifacio depuis la mer, gravissez le tunnel de l'Escalier du Gouvernail, long de 168 marches. Ce sera l'unique possibilité d'apercevoir, depuis la ville, le rocher du Gouvernail en contrebas.

▶ Pour en savoir plus, voir p. 149

8 SPÉCIALITÉS CORSES

Un voyage sur l'île ne saurait être complet sans une expérience gastronomique. Parfumée comme le maquis, la cuisine corse doit son goût à ses savoir-faire ancestraux et à ses ingrédients phares. Depuis les produits bruts, comme le miel et la châtaigne, aux recettes savoureuses, les épicuriens seront comblés.

↙ VINS

Pour accompagner vos découvertes gastronomiques, rien de tel qu'un vin de Patrimonio ou du Cap Corse. L'île, reconnue pour son muscat, compte quelques vins d'excellente qualité. Prenez le temps de vous rendre chez les producteurs et de vous fournir directement auprès d'eux. ▶ Pour en savoir plus, voir p. 70

FOODPICTURES/SHUTTERSTOCK ©

← BROCCIU

Produit de décembre à juillet, c'est un fromage frais fabriqué à partir de petit-lait de brebis et/ou de chèvre. On peut le consommer tout aussi bien sucré que salé, ou arrosé à l'eau-de-vie !

▶ Pour en savoir plus, voir p. 235

En direct des producteurs

▶ **Procurez-vous une bouteille d'huile d'olive auprès d'un oléiculteur de Sainte-Lucie-de-Tallano.** (p. 168)

▶ **Parcourez les domaines de Patrimonio à la recherche d'un muscat.** (p. 70)

▶ **Rendez-vous aux bergeries de Grotelle pour faire le plein de fromages.** (p. 184)

↓ HUILE D'OLIVE

Six variétés d'olives sont cultivées en Corse et permettent la production d'une huile labellisée AOC. Sainte-Lucie-de-Tallano, dans l'Alta Rocca, est une référence. Ce village semble vivre au rythme des oliveraies qui l'entourent.

▶ Pour en savoir plus, voir p. 234

JULIEN/ADOBESTOCK ©

CHRISTOPHE CORBEL©

← CHARCUTERIE

Spécialité la plus renommée, la charcuterie de montagne est élaborée à partir de la viande des cochons coureurs, élevés aux glands et aux châtaignes. Fiez-vous aux labels AOC et « Testa Nera ».

▶ Pour en savoir plus, voir p. 232

9 ACTIVITÉS NAUTIQUES

L'absence de pêche intensive, la pollution presque inexistante et l'aménagement de deux sanctuaires marins permettent à l'île de satisfaire les plongeurs les plus exigeants et les explorateurs en palmes, masque et tuba. Les courants et conditions météorologiques de l'île offrent également d'innombrables possibilités d'activités et de découvertes sur l'eau.

JEAN-BERNARD CARILLET ©

↑ SNORKELING

Le Golfe d'Ajaccio permet de chausser vos palmes et d'enfiler votre masque dès la descente de l'avion. Il offre de très belles possibilités de baignade et découverte de la vie marine. Au sud, les îles du Lavezzi sont un *must* pour observer la vie marine et en prendre plein la vue.

▶ Pour en savoir plus, voir p. 151

EMMANUEL DAUTO ©

← VOILE

Pour les férus de voile, la côte corse offre nombre de possibilités. Les sites les plus appréciés se situent à l'ouest, dans la baie de Calvi, ou au sud, sur la plage de la Viva (Propriano).

▶ Pour en savoir plus, voir p. 80 et p. 136

Les meilleurs sites de plongée et de snorkeling

- **Le golfe de Porto, à la lisière de la réserve de Scandola, pour observer une faune riche.** (p. 104)
- **Le banc provençal, au golfe de Lava. À une vingtaine de kilomètres au nord-ouest du golfe d'Ajaccio, il offre des tombants spectaculaires.** (p. 122)
- **Les îles Lavezzi, parfaites pour s'initier au snorkeling, avec une visibilité exceptionnelle.** (p. 151)
- **Le site de la Tête d'homme, près de Bonifacio, est accessible pour tous les niveaux.** (p. 150)

↓ PLONGÉE

La configuration des sites sous-marins fait écho au relief terrestre. Les montagnes se prolongent sous la mer, formant de superbes tombants aux formes torturées habités par une faune riche. De quoi faire le bonheur des plongeurs, même débutants. Des épaves reposent également dans les fonds, offrant de belles expériences.

▶ Pour en savoir plus, voir p. 237

B. BOUVIER/ADOBESTOCK ©

TENRIDERS/ADOBESTOCK ©

← SPORTS DE GLISSE

Le vent étant la condition essentielle, les extrémités de l'île sont les plus propices à la pratique du kitesurf. Le Sud-Ouest est la région la plus appréciée ; les plages de la Tonnara et de Calalonga feront le bonheur des confirmés. Il existe aussi quelques bons sites en Haute-Corse.

▶ Pour en savoir plus, voir p. 144

AN-BERNARD CARILLET ©

← KAYAK DE MER

Imaginez-vous glissant au ras de l'eau, sans bruit pour ne pas déranger la faune aquatique ou terrestre, sur une eau turquoise, le long de criques secrètes et sous l'œil des tours génoises… Cette façon de découvrir le littoral est une option très agréable pour découvrir en famille la côte des Agriates.

▶ Pour en savoir plus, voir p. 66

10 CORSE VERTE

Rien à voir avec les ambiances du littoral dans ces régions du centre et de l'est de la Corse où le pastoralisme est encore très présent. Loin de la frénésie des stations balnéaires, découvrez un univers verdoyant dominé par des forêts de pins laricios et de feuillus, que soutient un enchevêtrement de sommets aux parois abruptes. Les activités nature proposées ici sont autant d'occasions de se ressourcer au milieu de paysages somptueux.

↑ PROCHAIN ARRÊT, CORTE

La découverte du centre de la Corse peut se faire au cours d'un voyage en train. Le chemin de fer corse possède pour nœud Corte : un point de départ qui offre autant d'occasions de contempler des merveilles du centre de l'île que le train est parfois le seul à traverser.

▶ Pour en savoir plus, voir p. 181

↑ VALLÉE DE LA RESTONICA

Aux portes de Corte, cette vallée est parcourue de sentiers de randonnée menant à d'innombrables cours d'eau et piscines naturelles.

▶ Pour en savoir plus, voir p. 182

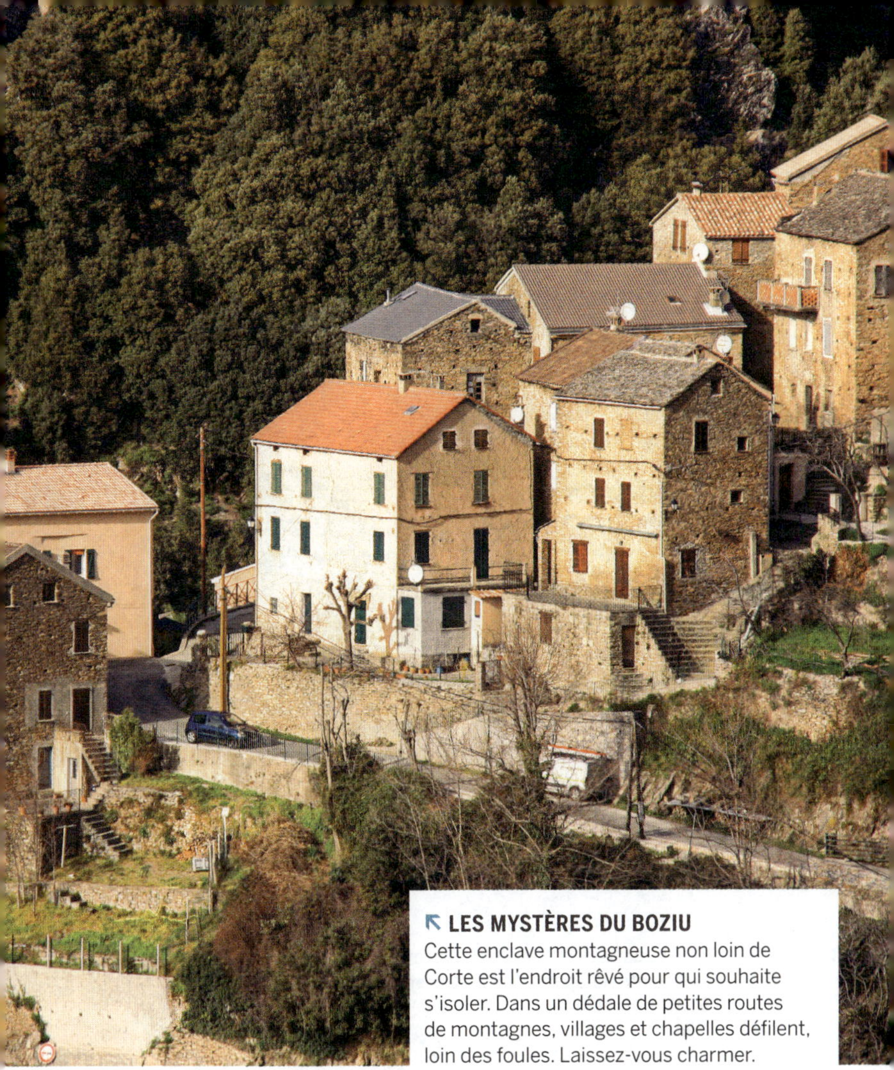

↖ LES MYSTÈRES DU BOZIU

Cette enclave montagneuse non loin de Corte est l'endroit rêvé pour qui souhaite s'isoler. Dans un dédale de petites routes de montagnes, villages et chapelles défilent, loin des foules. Laissez-vous charmer.

▶ Pour en savoir plus, voir p. 189

Le top des activités

- **Faire du canyoning dans le secteur de Bavella.** (p. 163)
- **Réaliser un parcours escalade dans les environs de Corte.** (p. 178)
- **Profiter des vasques de la vallée de la Restonica pour une baignade rafraîchissante et revigorante.** (p. 186)
- **Partir à dos d'âne pour une randonnée équestre de plusieurs jours dans la vallée du Niolo.** (p. 186)

Avant le départ

Itinéraire : 5 jours

SANS VOITURE

La Balagne en train

Longez l'une des plus belles côtes de Corse au fil du petit train " U trinichellu " : pittoresque et pratique, il vous dévoilera des plages de toute beauté.

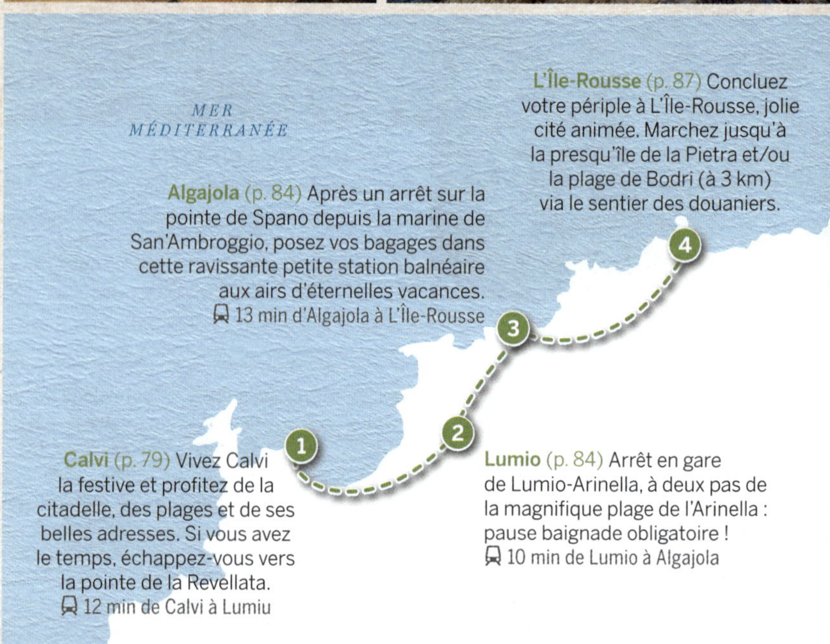

Calvi (p. 79) Vivez Calvi la festive et profitez de la citadelle, des plages et de ses belles adresses. Si vous avez le temps, échappez-vous vers la pointe de la Revellata.
12 min de Calvi à Lumiu

Lumio (p. 84) Arrêt en gare de Lumio-Arinella, à deux pas de la magnifique plage de l'Arinella : pause baignade obligatoire !
10 min de Lumio à Algajola

Algajola (p. 84) Après un arrêt sur la pointe de Spano depuis la marine de San'Ambroggio, posez vos bagages dans cette ravissante petite station balnéaire aux airs d'éternelles vacances.
13 min d'Algajola à L'Île-Rousse

L'Île-Rousse (p. 87) Concluez votre périple à L'Île-Rousse, jolie cité animée. Marchez jusqu'à la presqu'île de la Pietra et/ou la plage de Bodri (à 3 km) via le sentier des douaniers.

Itinéraire : 5 jours

La Corse secrète côté mer

Reliez Propriano à Roccapina par la mer et longez un littoral sauvage. Il vous faudra trouver une embarcation : un bateau électrique est envisageable tout comme, pour les sportifs, un simple canoë-kayak. Bien entendu, vérifiez les conditions météorologiques !

1 Propriano (p. 136) Lovée au creux du golfe de Valinco, Propriano sera le point de départ de cette escapade maritime : équipez-vous bien et dégotez l'embarcation de votre choix.
15 km environ de Propriano à Campomoro

2 Campomoro (p. 141)
De Campomoro commence l'une des plus belles parties du littoral, vous menant jusqu'au cap de Senetosa. De là, vous pourrez aisément rejoindre le ravissant port de Tizzano, en longeant des criques idylliques et désertes. Vous pouvez éventuellement bivouaquer en chemin.
21 km environ de Campomoro à Tizzano

3 Tizzano (p. 144) Un bout du monde comme la Corse en a le secret ! De Tizzano, les merveilles de la côte continuent à s'égrener jusqu'à Roccapina, longeant notamment la sauvage plage d'Erbaju.
15 km environ de Tizzano à Roccapina

4 Roccapina (p. 144) Vous arriverez à Roccapina sous la silhouette majestueuse du fameux "lion" sculptural ! De là, il vous faudra rejoindre Propriano, soit directement par la route, soit en reprenant l'itinéraire en sens inverse.

Itinéraire : 7 jours

SANS VOITURE

Plages et rando d'Ajaccio à Propriano

Après une halte à Ajaccio, découvrez les superbes plages du littoral sud, puis empruntez le Mare e Monti® Sud jusqu'à Propriano.

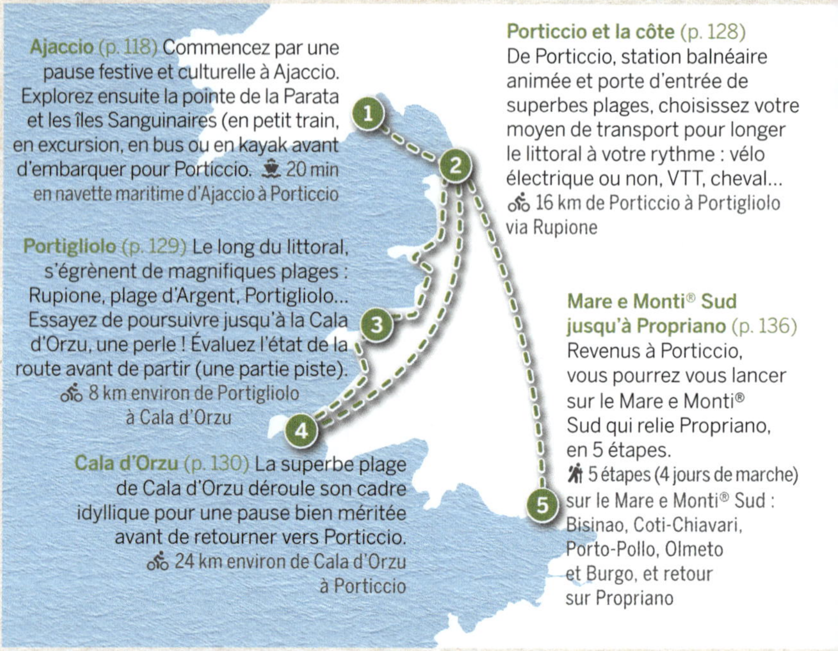

Ajaccio (p. 118) Commencez par une pause festive et culturelle à Ajaccio. Explorez ensuite la pointe de la Parata et les îles Sanguinaires (en petit train, en excursion, en bus ou en kayak avant d'embarquer pour Porticcio. 20 min en navette maritime d'Ajaccio à Porticcio

Porticcio et la côte (p. 128) De Porticcio, station balnéaire animée et porte d'entrée de superbes plages, choisissez votre moyen de transport pour longer le littoral à votre rythme : vélo électrique ou non, VTT, cheval... 16 km de Porticcio à Portigliolo via Rupione

Portigliolo (p. 129) Le long du littoral, s'égrènent de magnifiques plages : Rupione, plage d'Argent, Portigliolo... Essayez de poursuivre jusqu'à la Cala d'Orzu, une perle ! Évaluez l'état de la route avant de partir (une partie piste). 8 km environ de Portigliolo à Cala d'Orzu

Cala d'Orzu (p. 130) La superbe plage de Cala d'Orzu déroule son cadre idyllique pour une pause bien méritée avant de retourner vers Porticcio. 24 km environ de Cala d'Orzu à Porticcio

Mare e Monti® Sud jusqu'à Propriano (p. 136) Revenus à Porticcio, vous pourrez vous lancer sur le Mare e Monti® Sud qui relie Propriano, en 5 étapes. 5 étapes (4 jours de marche) sur le Mare e Monti® Sud : Bisinao, Coti-Chiavari, Porto-Pollo, Olmeto et Burgo, et retour sur Propriano

Itinéraire : 7 jours

Infos pratiques
Munissez-vous aussi de la carte des itinéraires VTT *Costa Verde-Castagniccia Mare e Monti*, labellisée Fédération française (téléchargeable sur castagniccia-maremonti.com). Si vous n'avez pas vos vélos, contactez www.location-velo-corse.com qui propose notamment la livraison du matériel à votre hébergement.

La Casinca et la Castagniccia à vélo

Après un passage à Bastia, partez à vélo à la découverte de la Casinca et de la Castagniccia, trésors encore méconnus de la Corse. Entre villages pittoresques et routes désertes, vous sillonnerez des régions authentiques et secrètes.

1 Bastia (p. 47) Prenez le temps de découvrir la ville, à commencer par le vieux port et l'église Saint-Jean-Baptiste. Prenez ensuite le bus jusqu'à Vescovato.
50 min de Bastia à Vescovato

2 La Casinca (p. 194) De Vescovato, sillonnez des petites routes désertes de la Casinca pour découvrir à votre rythme les villages de Loreto-di-Casinca et Penta-di-Casinca.
8 km de Vescovato à Loreto ; 10 km de Loreto à Penta

3 La Castagniccia (p. 196) De Penta-di-Casinca, reliez d'abord La Porta, en Castagniccia. De là, pédalez jusqu'à Piedicroce puis Cervione.
18 km de Penta à La Porta ; 15 km de La Porta à Piedicroce ; 20 km de Piedicroce à Cervione

4 Le Morianincu (p. 199) Empruntez ensuite la superbe corniche de la Castagniccia et traversez les magnifiques villages du Morianincu (Santa-Maria-Poggio, San Nicolao) avant de rejoindre le bord de mer.
2 km de Cervione à Santa-Maria ; 5 km de Santa-Maria à San Nicolao ; 3 km de San Nicolao à Moriani-Plage

5 Moriani-Plage et le parc Galea (p. 202) Consacrez votre dernière journée au superbe parc Galea. Rendez votre matériel de location et reprenez ensuite le bus jusqu'à Bastia.
7 km de Moriani-Plage au parc Galea

Avant le départ

Itinéraire : 7 jours

SANS VOITURE

À la découverte des Agriates

À pied, en bateau ou en kayak... Partez à l'assaut de l'une des côtes les plus sauvages de l'île ! Depuis Saint-Florent se déroule en effet un littoral vierge de tout accès routier, uniquement accessible par la mer ou à pied.

Les Agriates par la côte (p. 71)
Longez la côte des Agriates, vierge et superbe, à pied ou en kayak. L'itinéraire pédestre se fait habituellement en deux étapes après Saleccia : Ghignu, puis l'Ostriconi. Le bivouac est interdit mais vous trouverez des hébergements sur place.
2 heures 45 de Saleccia à Ghignu
6 heures 30 de Ghignu à la plage de l'Ostriconi

Bastia (p. 47) Passez quelques jours à Bastia et laissez-vous séduire par son atmosphère avant de rallier Saint-Florent en bus.
45 min de Bastia à Saint-Florent

Saint-Florent (p. 66) Succombez à la douceur de vivre de cette ravissante ville balnéaire puis embarquez pour le désert des Agriates qui abrite deux joyaux : les plages du Loto (Lotu) et de la Saleccia. Vous pouvez rejoindre Saleccia en navette maritime, en louant un bateau sans permis, en canoë-kayak ou en randonnée.
De Saint-Florent à Saleccia :
5 heures 30 à pied
1 heure 30 en bateau électrique
30 min en navette maritime

Plage de l'Ostriconi (p. 74)
Magnifique étendue de sable et de dunes, la plage de l'Ostriconi sera l'étape ultime de votre pérégrination. De là, reprenez le bus vers Saint-Florent ou L'Île-Rousse.
55 min de l'Ostriconi à Saint-Florent ou 40 min jusqu'à L'Île-Rousse

Itinéraire : 8 jours

Bastia et le Cap Corse

Après une halte à Bastia, prenez la direction du Cap Corse : cette "île dans l'île" vous révélera un monde à part, entre falaises vertigineuses, villages de pêcheurs et plages idylliques.

Bastia (p. 47) Détendez-vous quelques jours dans cette ville authentique et flânez entre la citadelle, le vieux port et le quartier de Terra Vecchia.
1 heure de Bastia à Macinaggio avec Transports Micheli

Macinaggio (p. 58) Prenez le temps d'explorer la côte est du Cap : si vous pouvez, faites escale à Erbalunga et Porticciolo. Gagnez ensuite Macinaggio, adorable station balnéaire. De là, embarquez sur la navette maritime pour Barcaggio ou allez-y à pied !
1 heure de Macinaggio à Barcaggio
4 heures à pied

Barcaggio (p. 61) Vous êtes au point le plus septentrional de la Corse… autant dire, au bout du monde ! Lézardez sur la belle plage, puis reliez Centuri par le sentier des douaniers (ou en navette maritime).
4 heures 45 de Barcaggio à Centuri
30 min en navette maritime

Centuri (p. 62) Savourez l'atmosphère sympathique de ce ravissant port de pêche. Goûtez à ses spécialités de langoustes avant de revenir par étapes (en bateau ou à pied) jusqu'à Macinaggio, où le bus vous transportera jusqu'à Bastia.
2 heures 30 environ de Centuri à Macinaggio

Avant le départ

Itinéraire : 8 jours

SANS VOITURE

La grande traversée

Traversez l'île de part en part, depuis Bastia jusqu'à Ajaccio, via Corte et Vizzavona. Cet itinéraire en train vous emmènera au cœur du Parc naturel régional de Corse.

1 **Bastia** (p. 47) Flânez un ou deux jours à Bastia avant d'embarquer à bord du train pour Corte et partir à l'assaut de la grande traversée.
🚆 1 heure 45 de Bastia à Corte

2 **Corte** (p. 177) Prenez le temps de découvrir cette ville jeune et animée, au superbe patrimoine. Après quelques jours sportifs dans les vallées voisines de la Restonica et du Tavignano, rejoignez Vizzavona.
🚆 50 min de Corte à Vizzavona

3 **Vallées de la Restonica** (p. 182) **et du Tavignano** (p. 183) Enfourchez un vélo électrique pour remonter la vallée de la Restonica, avec pause baignade dans les superbes vasques. Le lendemain, chaussez vos baskets pour une randonnée dans la sauvage vallée du Tavignano.
🚲 1 heure environ vers la vallée de la Restonica
🚶 2 heures environ vers la vallée du Tavignano (passerelle de Rossolina)

4 **Vizzavona** (p. 192) Séjournez au cœur de la forêt de Vizzavona, empruntez l'un des nombreux sentiers de randonnée et emplissez vos poumons d'air pur !
🚆 1 heure environ de Vizzavona à Ajaccio

5 **Ajaccio** (p. 118) Terminez votre circuit par une pause festive et culturelle à Ajaccio.

Itinéraire : 8 jours

Entre mer et montagne

Après les superbes sites de Bonifacio et de Porto-Vecchio, cet itinéraire vous emmènera au cœur d'une des plus belles régions intérieures de Corse : l'Alta Rocca.

À GAUCHE : PKAZMIERCZAK/ISTOCKPHOTO © ; À DROITE : ARONAZE/ISTOCKPHOTO ©

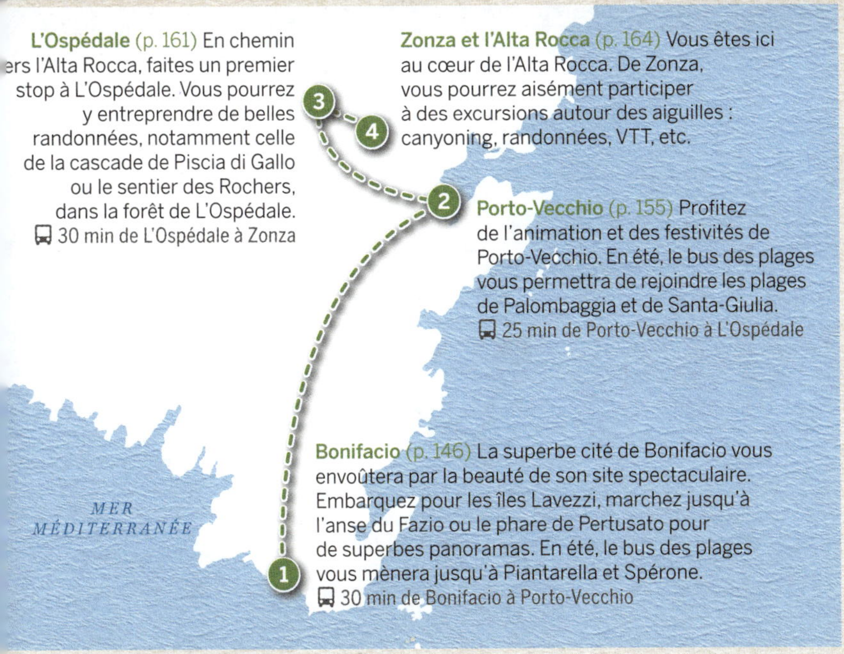

Bonifacio (p. 146) La superbe cité de Bonifacio vous envoûtera par la beauté de son site spectaculaire. Embarquez pour les îles Lavezzi, marchez jusqu'à l'anse du Fazio ou le phare de Pertusato pour de superbes panoramas. En été, le bus des plages vous mènera jusqu'à Piantarella et Spérone.
🚌 30 min de Bonifacio à Porto-Vecchio

Porto-Vecchio (p. 155) Profitez de l'animation et des festivités de Porto-Vecchio. En été, le bus des plages vous permettra de rejoindre les plages de Palombaggia et de Santa-Giulia.
🚌 25 min de Porto-Vecchio à L'Ospédale

L'Ospédale (p. 161) En chemin ers l'Alta Rocca, faites un premier stop à L'Ospédale. Vous pourrez y entreprendre de belles randonnées, notamment celle de la cascade de Piscia di Gallo ou le sentier des Rochers, dans la forêt de L'Ospédale.
🚌 30 min de L'Ospédale à Zonza

Zonza et l'Alta Rocca (p. 164) Vous êtes ici au cœur de l'Alta Rocca. De Zonza, vous pourrez aisément participer à des excursions autour des aiguilles : canyoning, randonnées, VTT, etc.

Itinéraire : 10 jours

SANS VOITURE

De Calvi à Bastia via les montagnes du centre

Empruntez les chemins de randonnée du GR®20 pour découvrir le cœur de la Corse, tout en séjournant dans les agréables villes de Calvi et de Bastia.

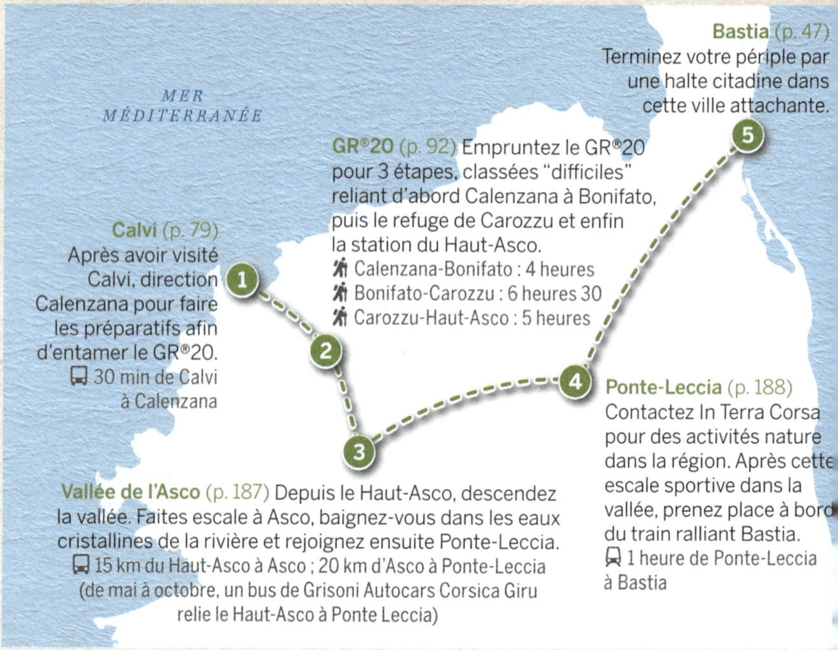

Calvi (p. 79) Après avoir visité Calvi, direction Calenzana pour faire les préparatifs afin d'entamer le GR®20.
🚌 30 min de Calvi à Calenzana

GR®20 (p. 92) Empruntez le GR®20 pour 3 étapes, classées "difficiles" reliant d'abord Calenzana à Bonifato, puis le refuge de Carozzu et enfin la station du Haut-Asco.
🚶 Calenzana-Bonifato : 4 heures
🚶 Bonifato-Carozzu : 6 heures 30
🚶 Carozzu-Haut-Asco : 5 heures

Vallée de l'Asco (p. 187) Depuis le Haut-Asco, descendez la vallée. Faites escale à Asco, baignez-vous dans les eaux cristallines de la rivière et rejoignez ensuite Ponte-Leccia.
🚌 15 km du Haut-Asco à Asco ; 20 km d'Asco à Ponte-Leccia (de mai à octobre, un bus de Grisoni Autocars Corsica Giru relie le Haut-Asco à Ponte Leccia)

Ponte-Leccia (p. 188) Contactez In Terra Corsa pour des activités nature dans la région. Après cette escale sportive dans la vallée, prenez place à bord du train ralliant Bastia.
🚌 1 heure de Ponte-Leccia à Bastia

Bastia (p. 47) Terminez votre périple par une halte citadine dans cette ville attachante.

Itinéraire : 15 jours

Les merveilles de l'Ouest

Les plages de Cargèse, les calanques de Piana, les gorges de la Spelunca, la Réserve de Scandola, la forêt de Bonifato… De somptueux sites s'égrèneront sous vos yeux ébahis le long de cet itinéraire reliant Ajaccio à Calvi. Il inclut un tronçon en randonnée.

Ajaccio (p. 118) Laissez-vous séduire par la première ville de Corse, son front de mer, son port de pêche et ses musées, puis mettez cap au nord, direction Cargèse.
1 heure 15 d'Ajaccio à Cargèse

Cargèse (p. 114) Savourez l'atmosphère de cette ancienne ville grecque et lézardez sur ses superbes plages. De là, rejoignez Piana puis Ota en bus.
20 min de Cargèse à Piana
40 min de Piana à Ota

Mare e Monti® Nord (p. 106) Depuis Ota, empruntez le Mare e Monti® Nord jusqu'à Evisa et aux gorges de la Spelunca. Retournez à Ota pour rejoindre Porto.
2 heures 30 environ jusqu'à Évisa (5 heures aller-retour)
20 min d'Ota à Porto

Porto (p. 103) Émanation balnéaire du village de montagne d'Ota, perché au dessus-d'elle, Porto est une bonne base pour explorer la côte sauvage de la réserve de Scandola. De là, embarquez pour Girolata.
50 min de Porto à Girolata

Girolata (p. 107) Séjournez au plus près de la réserve de Scandola et découvrez les merveilles de ce parc naturel d'exception. Puis, empruntez le Mare a Monti® Nord jusqu'à Calenzana : comptez 4 étapes.
4 étapes entre Girolata et Calenzana :
- Girolata-Galéria : 6 heures
- Galéria-Tuarelli : 5 heures
- Tuarelli-Bonifato : 6 heures
- Bonifato-Calenzana : 5 heures

Calenzana (p. 87) Arrivés à Calenzana, vous pourrez facilement rejoindre Calvi en bus pour terminer en douceur vos vacances.
30 min de Calenzana à Calvi

Avant le départ
L'agenda

Porto Latino, l'un des temps forts de l'été à Saint-Florent

JEAN-MARIE MAILLET/FOTOLIA ©

Mars-avril

Processions de la Semaine sainte

(fin mars ou avril). Les plus célèbres processions sont celles de Bonifacio (procession des cinq confréries) et de Sartène (U Catenacciu). Calvi, Corte, Erbalunga, la Castagniccia ou Bastia fêtent également la Semaine sainte avec ferveur.

A Festa di l'Oliu novu

Sainte-Lucie-de-Tallano (début avril ; www.sainteluciedetallano.com). Au printemps, Sainte-Lucie-de-Tallano organise une foire artisanale pour célébrer l'huile d'olive nouvelle. Également au programme : dégustation de produits fermiers, vente d'artisanat et démonstrations.

Tour de Corse automobile

(fin mars-début avril ; www.tourdecorse.com). Cette célèbre compétition de 3 jours, manche du Championnat du monde des rallyes, se déroule sur route (et quelles routes !).

Mai

Procession du Christ noir des Miracles

Bastia (3 mai). Dans les ruelles du quartier de Terra Nova, les pêcheurs bastiais portent en procession le Christ noir de l'église Sainte-Croix, trouvé en mer en 1428.

A Fiera di u casgiu

Venaco (1er week-end de mai ; www.fromages-corse.org). Une foire rurale dédiée aux fromages corses, avec dégustations de spécialités.

Juin

Saint-Érasme

Ajaccio, Bastia, Calvi (2 juin). La population honore le patron des pêcheurs ; bénédiction des barques de pêche, dégustations…

☆ Cavall'in Festa

Corte (début juin ; www.corte-tourisme.com). Une fête dédiée au cheval tout un week-end durant : défilés, concours, spectacles équestres…

Corsica Raid

(début juin ; www.corsicaraid.com). Depuis 1994, ce raid-aventure qui marie sport et découverte de l'île s'étale sur 4 jours et mêle canyoning, VTT, kayak, trail…

☆ Jazz in Aiacciu

Ajaccio (fin juin ; www.jazzinaiacciu.com). Quatre jours pour quatre concerts de grands noms du jazz.

Juillet

☆ Calvi on the Rocks

Calvi (début juillet ; www.calviontherocks.com). Cinq jours durant, Calvi célèbre les musiques rock, électro et expérimentale.

Foire du vin de Luri

Luri (début juillet). La principale manifestation viticole de l'île, au Cap Corse. Dégustation de produits du terroir, et découverte des vins corses.

☆ Festivoce

Pigna (mi-juillet ; www.centreculturelvoce.org). Les voix et la musique sont à l'honneur à Pigna et dans les villages des environs.

A Notte di a Memoria (relève des gouverneurs)

Bastia (mi-juillet ; www.patrimoine-bastia.com). Une centaine de figurants en costume font revivre la pompe de la cérémonie de la relève des gouverneurs génois, dans la citadelle.

☆ Nuits de la guitare

Patrimonio (mi-juillet ; www.festival-guitare-patrimonio.com). De grands noms de la guitare classique, de jazz ou de flamenco se réunissent au Théâtre de Verdure.

Août

☆ Rencontres internationales de théâtre en Corse

Olmi-Cappella (mi-juillet à mi-août ; www.ariacorse.net). Les stages organisés en été par l'association Aria donnent lieu à une quinzaine de spectacles présentés dans le Giussani.

Fiera di u Pratu

Col de Prato (fin juillet-début août). Concours agricole, artisanat, chants polyphoniques et *chjam'e rispondi* (joute vocale improvisée) sont au programme de cette foire qui se déroule en Castagniccia.

☆ Festival du film de Lama

Lama (fin juillet-début août ; festilama.org). Projections en plein air – productions indépendantes, films internationaux en avant-première –, débats ou encore ateliers sont organisés dans ce charmant village donnant sur la vallée de l'Ostriconi.

☆ Nuits du piano

Erbalunga (fin juillet-début août ; www.lesnuitsdupianoerbalunga.fr). Quatre soirées de concerts classiques dans le Théâtre de Verdure d'Erbalunga, avec de grands interprètes internationaux.

Pèlerinage de Notre-Dame-des-Neiges

Zonza (5 août). Chaque année, des milliers de pèlerins se recueillent devant la statue de Notre-Dame-des-Neiges, au pied des aiguilles de Bavella.

☆ Porto Latino

Saint-Florent (début août ; portolatino.fr). Ce festival fait vibrer le port au son de musiques d'inspiration sud-américaine et espagnole.

Journées napoléoniennes

(autour du 15 août). Parades, spectacles et feux d'artifice sont au programme de cette célébration ajaccienne qui culmine pour l'anniversaire de Napoléon.

☆ Festival de musique d'Erbalunga

Cap Corse (mi-août ; www.festivaldemusique erbalunga.com). Variétés, jazz et guitares résonnent dans le Cap Corse, avec chaque année de grands noms.

☆ Rencontres de Calenzana

Calenzana (3e semaine d'août ; www.musical-calenzana.com). Musique classique et contemporaine dans les églises en Balagne.

Septembre

A Santa di u Niolu

Casamaccioli (8 septembre). Avec A Santa di u Niolu, Casamaccioli célèbrela Vierge trois jours durant. Vieux de 5 siècles, ce pèlerinage annuel se double d'une importante foire commerciale et artisanale, la plus ancienne de Corse.

☆ Rencontres de chants polyphoniques

Calvi (mi-septembre). Elles ont lieu dans la superbe citadelle de Calvi.

U Mele in Festa

Murzo (fin septembre ; www.umeleinfesta. com). Une fête autour du miel et des produits du terroir avec des animations pour les enfants et une présentation du travail des apiculteurs.

Festival d'Automne de la ruralité

Patrimonio, Bastia (septembre-octobre ; www.festivaledautunnudiaruralita.com). Programme de découverte et d'animations autour de Patrimonio et dans la région de Bastia.

Octobre

☆ Tour de Corse historique

(début octobre ; www.tourdecorse.com). La version "historique" du célèbre Tour de Corse automobile, avec des voitures des années 1950 à 1980.

Novembre

☆ Les Musicales de Bastia

Bastia (fin novembre ; www.musicales-de-bastia.com). Jazz, variétés, musique classique, danse, théâtre... avec parfois de grands noms.

☆ Festival de la BD

Ajaccio (fin novembre ; festivalbdajaccio. com). Trois jours durant, Ajaccio vit au rythme de la bande dessinée.

Décembre

Foire à la châtaigne

Bocognano (mi-décembre). La foire à la châtaigne la plus importante de Corse se déroule juste au sud de Vivario. Producteurs et artisans présentent la châtaigne sous toutes ses formes.

Avant le départ
En avant-goût

ALAIN MISKOVIC/FOTOLIA ©

Livres

Histoire de la Corse et des Corses (Paul Arrighi, Olivier Jehasse, Perrin, 2013). Un regard renouvelé sur la Corse depuis le néolithique.

Colomba (Prosper Mérimée, Librio, 2003). Paru en 1841, ce roman est devenu un classique.

Nos anges (Jean-Baptiste Predali, Actes Sud, 2014). Ce roman soulève nombre des problématiques insulaires actuelles sur fond d'enquête, dans une langue parfaitement maîtrisée…

Astérix en Corse (Goscinny et Uderzo, Hachette, 1973). Un classique, qui a fait hurler de rire des générations de lecteurs.

La citadelle de Calvi (p. XXX)

Films

Mafiosa Créée en 2006, cette série télévisée de fiction relate le quotidien mouvementé du clan corse des Paoli…

L'Enquête corse Adaptation à l'écran de la bande dessinée de Pétillon, par Alain Berbérian, en 2004, avec Christian Clavier et Jean Reno dans les rôles principaux.

Une vie violente Un film de Thierry de Peretti réalisé en 2017 sur l'attraction du nationalisme auprès des jeunes.

Les Randonneurs (1996), de Philippe Harel. Les aventures de cinq continentaux sur les sentiers du GR®20.

Musique

Eri, oghje, dumane L'album historique de Canta u Populu Corsu, acteur majeur de la renaissance de la musique insulaire.

Si Di Mè Album d'A Filetta, groupe de six voix d'hommes faisant vivre la tradition polyphonique sacrée et profane.

Sventulerà (I Chjami Aghjalesi). Dernier album en date de ce groupe polyphonique bastiais, considéré comme l'un des piliers du renouveau de la musique corse depuis 1970.

Zamballarana Grande richesse instrumentale et influences métissées pour ce groupe qui fait honneur à la nouvelle scène corse.

Avant le départ
Voyager en famille

Sur la plage de Palombaggia (p. 158)

OLIVIER CIRENDINI ©

L'île ne présente aucun danger particulier pour les plus jeunes, même les bébés, et leur propose de nombreuses activités, tant au bord de la mer (écoles de voile, de planche à voile, etc.) qu'à la montagne (parcours aventure, balades à dos d'âne, etc.).

Ce qu'il faut savoir

Cela n'est pas un hasard si autant de familles choisissent l'île en été. La Corse est en effet une destination accueillante pour les enfants. Méfiez-vous néanmoins des incidents liés à la mer et à la chaleur.

En été, prévoyez une protection contre le soleil : écran total à renouveler plusieurs fois par jour et chapeau sont impératifs.

Faites boire votre enfant fréquemment, même s'il joue sur le rivage.

Préférez les plages surveillées et gardez un œil sur eux lorsqu'ils sont dans une piscine. Méfiez-vous également des bords de rivières, souvent glissants.

Infos pratiques

Vous trouverez sur place des couches, de l'eau minérale, de nombreux médecins et tout ce dont vous pourriez avoir besoin.

Beaucoup d'hôtels installent des lits supplémentaires à la demande, et la plupart des hébergements consentent des réductions pour les enfants (généralement 50% du tarif plein jusqu'à 12 ans).

Côté transports, les agences de location de voitures, dans leur majorité, pourront vous fournir des sièges auto, parfois gratuitement. Les routes sinueuses et la chaleur peuvent occasionner le mal des transports.

Côté repas, les enfants profiteront d'un grand choix de plats, allant des pizzas aux poissons et viandes de qualité. Les frites semblent être la solution de remplacement quasi systématique aux légumes à la carte. Un menu enfant est parfois proposé. Notez que la cuisine corse est peu relevée. En haute saison, de nombreux établissements de bord de plage servent en continu, ce qui simplifie

Parcours aventure dans le Parc Aventure Vizzavona (p. 192)

CLAIRE ANGOT ©

la prise en compte des petits creux et horaires décalés.

Pour les parents souhaitant voyager léger, **A Casetta** (☎ 06 29 18 13 42 ; www.acasetta-depotvente.com ; lieu-dit Teghia, 20230 Canale di Verde) loue du matériel de puériculture que l'on peut prendre sur place ou se faire livrer, moyennant un surcoût, aux différents aéroports de l'île ou directement sur son lieu de vacances.

À voir et à faire

La Corse offre toutes sortes d'activités pour les enfants ; vous ne serez pas souvent en manque d'inspiration pour les occuper.

En bord de mer, des clubs nautiques ouverts en saison proposent des initiations à la voile et à la plongée. Le snorkeling est également une possibilité très intéressante pour eux, pour une première découverte des fonds marins.

Passer un après-midi à la plage, à faire des pâtés de sable et à se baigner, est une activité qui ne se démode jamais. Beaucoup de plages corses sont sûres pour les enfants

Dans la montagne, de nombreux centres équestres et les prestataires proposant des sorties avec âne prennent le relais.

Des parcs aventure proposent des activités spécialement conçues pour les plus jeunes, pour faire comme les grands.

Enfin, une balade dans le maquis sera toujours appréciée.

Le top pour les enfants

Balade à dos d'âne ou de poney (p. 142)

Jardin des mers du Club nautique bastiais (p. 84)

Parc aventure de Solenzara (p. 164)

Plage de l'Ostriconi (p. 74)

A Cupulatta, la cité des tortues (p. 127)

Baignade dans les vasques (p. 186)

BASTIA, LE CAP CORSE ET LE NEBBIO

Quelle belle entrée en matière pour découvrir la Corse ! Comme accrochée à la montagne, Bastia est ornée d'une superbe citadelle dominant les flots. Prenez le temps de flâner à l'ombre des ruelles des quartiers de Terra Vecchia et de Terra Nova et de laisser la soirée s'étirer sur les terrasses de la place Saint-Nicolas, près du vieux port.

Au-delà de la ville commence un autre voyage ; le Cap Corse, en effet, est un monde à part. On se laisse subjuguer par la beauté de reliefs dévalant à pic dans la mer ; on découvre des hameaux reculés et des villages plantés sur les versants montagneux ; on s'attarde dans de minuscules ports de pêche ou de pittoresques marines.

Enfin, depuis les vignobles renommés de Patrimonio jusqu'au port animé de Saint-Florent et aux recoins sauvages du "désert" des Agriates, en passant par les villages charmants de Lama ou de Murato, le Nebbio et l'Ostriconi révèlent un panel d'une belle diversité.

Tour Santa-Maria (p. 66)

0
10 km
Île de la Giraglia
Tour d'Agnello
Tollare
Barcaggio
Réserve des îles Finocchiarola
D153
D253
Tour Santa-Maria
Col de la Serra (365 m)
Baie de Macinaggio
Centuri
D80
Macinaggio
D35
D353
D80
D35
Col de Santa Lucia (381 m)
D80
Pino
Luri
Tour de Sénèque
D180
Marine de Santa Severa
MER MÉDITERRANÉE
D80
D132
Porticciolo
Tour de l'Osse
Marine de Pietracorbara
D232
Cap Corse (p. 55)
D233
D32
Marine de Sisco
Marine d'Albu
D80
Nonza (p. 65)
Monte Stello (1 307 m)
Erbalunga
Marine de Negru
Plages du Loto et de la Saleccia (p. 72)
D80
Plage de Malfalco
D333
La Corniche
Tour de la Mortella
Golfe de Saint-Florent
Patrimonio (p. 70)
D31
Bastia (p. 47)
Nice (180 km), Marseille (250 km) et Toulon (250 km)
Désert des Agriates
D81
Saint-Florent
D81
Plage de l'Ostriconi
Col de Vezzu
Col de Teghime (536 m)
Livourne (150 km), Gênes (200 km) et Savone (200 km)
D38
Ostriconi
D81
Casta
Poggio
D82
Plage
T11 (N193)
Nebbio
T30 (N197)
D62
D62
Ostriconi
D12
Aliso
D82
Urtaca
Étang de Biguglia
D8
Palasca
Novella
Murato
Lama
San-Michele-de-Murato (p. 64)
T20 (N193)
Pietralba
D5
Bastia-Poretta
Casamozza
T20 (N193)
T10 (N198)
Corte (30 km)

BASTIA

Bastia, la deuxième ville de l'île, est un diamant brut. A-t-elle seulement envie qu'on la taille ? Rien n'est moins sûr. Bastia cultive son atmosphère tranquille, et les façades patinées se mêlent harmonieusement à la sophistication de certains de ses cafés et boutiques. Ancien chef-lieu de la Corse génoise, qui perdit son statut de première ville de l'île au profit d'Ajaccio en 1811, le siège de la préfecture de Haute-Corse est une ville d'art et d'histoire, riche en édifices religieux cachés dans l'entrelacs de ses rues. Accueillante et méditerranéenne, Bastia mérite que l'on prenne le temps de se laisser séduire par son atmosphère, de s'attarder sur ses terrasses et de regarder les rayons du soleil jouer sur les façades de son vieux port.

À voir

Terra Vecchia et vieux port — Quartier ancien

C'est le quartier le plus ancien de Bastia. De la place Saint-Nicolas, on le rejoint par la rue Napoléon, qui longe deux oratoires baroques, la **chapelle Saint-Roch** et la **chapelle de l'Immaculée-Conception**. La rue débouche sur la **place de l'Hôtel-de-Ville**, plus connue sous le nom de place du Marché (marché samedi et dimanche matin). Les ruelles étroites et tortueuses, aux maisons hautes, qui descendent vers le vieux port et le quai des Martyrs ne manquent pas de caractère. L'édifice le plus remarquable du quartier est la très belle **église Saint-Jean-Baptiste**, reconnaissable à ses deux campaniles symétriques. Achevée en 1666 et redécorée dans le style baroque au XVIIIe siècle, elle occupe l'angle sud-ouest de la place. C'est de la profonde anse du vieux port, qu'elle surplombe magistralement, que vous la découvrirez sous son meilleur jour.

Citadelle et Terra Nova — Quartier ancien

Du quai sud du vieux port, on rejoint le quartier de la citadelle (ou Terra Nova) en empruntant les escaliers de la rampe Saint-Charles via le **jardin Romieu**, un havre de paix planté d'essences méditerranéennes.

Une rue de la citadelle avec la cathédrale Sainte-Marie en arrière-plan

Bastia

0
200 m
A
B
C
D
1
2
3
4
5
6
Place Dominique Vincetti
Jetée du Dragon
T11 (N193)
Citadelle et Terra Nova
Place du Donjon
Rue de l'Évêché
Place d'Armes
Campinchi
Même échelle que la carte principale
Rue de l'Impératrice Eugénie
Terminal maritime nord
Hôtel Port Toga (150 m) et Club de plongée bastiais (200 m)
Bd Général Graziai
Avenue Emile Sari
Rue du Commandant Luce de Casablanca
Rue du Chanoine Leschi
Rue Notre Dame de Lourdes
R. du Commandant
R. Adolphe Landry
Gare routière
Place Mal Leclerc
Hôtel Best Western (500 m) et Saint-Florent (22 km)
Av. Maréchal Sébastiani
Square St-Victor
Av. F Pietri
Terminal maritime sud
Nouveau port
Gare ferroviaire
Rue Gabriel Péri
Bus pour l'aéroport
Rue du Conventionnel Salicetti
Rue César Campinchi
Boulevard Paoli
Boulevard du Général de Gaulle
Place Saint-Nicolas
Bassin Saint-Nicolas
Rue st-François
Rue Miot
Rue Napoléon
Cours Henri Pierangeli
Rue Saint-Roch
Terra Vecchia
Tunnel sous le vieux port et la citadelle
Quai des Martyrs de la Libération
R. des Zéphyrs
Place de l'Hôtel de Ville
Rue Fontaine Neuve
Rue des Terrasses
R. St-Jean
(Bd Général Giraud)
Rue Favalelli
Bd Paoli
Rue Carbuccia
Rue de la Marine
Église Saint-Charles-Borromée
R. Général
Vieux port
Quai du Sud
T11 (N193)
Voir l'encart
1
2
3
4
5
6
7
8
9
10
11
12
14
15
16
17
18
19
20
21
22
23

Bastia

À voir

1 Cathédrale Sainte-Marie....A2
2 Chapelle de l'Immaculée-Conception....B5
3 Chapelle Saint-Roch....B5
4 Église Sainte-Croix....B2
5 Église Saint-Jean-Baptiste....B6
6 Jardin Romieu....A1
Musée d'Histoire de Bastia....(voir 7)
7 Palais des Gouverneurs....A1
8 Statue de Napoléon....B4

Activités

9 Objectif Nature....B2

Où se loger

10 Hôtel Central....B4
11 Hôtel des Gouverneurs....B1

Où se restaurer

12 Chez Vincent....A1
13 L'Epica....B5
14 La Table du Marché....B5
15 Le Col Tempo....B5
16 Raugi....B2

Où prendre un verre

17 L'Alba....C5
18 Café Wha !....C6
19 La Rhumerie....C6
20 LVP Café....C6

Achats

21 Cap Corse Mattei....B3
22 Chez Mireille....B6
23 Isula Créa....B5

À la différence de Terra Vecchia, les façades des bâtiments de Terra Nova ont été restaurées, et les enduits colorés éclatent sous la lumière de midi. On y pénètre par la **place du Donjon**. Immédiatement à droite se trouve le **palais des Gouverneurs**, dans lequel est installé le **musée d'Histoire de Bastia** (04 95 31 09 12 ; www.musee-bastia.com ; adulte/enfant 5/2,50 €, gratuit - 10 ans ; 10h-18h30 tlj juil-août, 10h-18h30 mar-dim mai-juin et sept, 9h-12h et 14h-17h mar-sam oct-avr). Le musée retrace l'histoire de la ville. La citadelle accueille également deux remarquables édifices religieux : la splendide **cathédrale Sainte-Marie**, à l'imposante façade jaune et blanc, et l'**église Sainte-Croix**, qui mérite le coup d'œil pour son superbe plafond et son Christ noir. Remarquez enfin l'élégant parvis en galets verts et blancs.

Place Saint-Nicolas — Place historique

Longue de près de 300 m, bordée de palmiers et de terrasses de cafés sur sa face ouest, cette place édifiée au XIXe siècle est le centre névralgique de la ville.
Au sud de la place, une imposante **statue de Napoléon**, drapé dans la tunique d'un empereur romain, plonge son regard dans l'horizon marin... Tout un symbole : face à lui, l'île d'Elbe est à moins de 50 km.

Au sud-est de la place, une promenade construite au-dessus du tunnel routier qui traverse la ville permet de gagner le quartier du vieux port en longeant la mer.

Activités

L'Arinella — Plage

Au sud de la ville, la plage de L'Arinella est équipée d'aires de jeux pour enfants. Accessible en voiture, elle est aussi desservie par un bus gratuit de la STIB/SAB en juillet-août, qui part place Saint-Nicolas (à côté de l'office du tourisme, toute l'année) et dessert notamment la mairie. Plus au sud, la lagune de la Marana compte plusieurs plages.

Objectif Nature — Multi-activités

(06 12 02 32 02 ; corsica-loisirs-aventure.fr, 3 rue Notre-Dame-de-Lourdes ; tte l'année). Randonnées pédestres d'une journée ou d'une demi-journée, sorties plongée et pêche à la demi-journée, parcours de canyoning tous niveaux, randonnées en rivière, kayak, parapente... le choix est vaste.

Club de plongée bastiais — Plongée

(04 95 39 48 27, 06 18 39 96 37 ; www.plongee-bastia.com ; port de Toga ; mi-juin à mi-sept). Ce centre établi de longue date propose des baptêmes, des formations

SI VOUS AIMEZ...
Les marines peu fréquentées

Plusieurs marines ceinturent le cap, pour le plus grand bonheur des amateurs de calme. La majorité proposent des possibilités d'hébergement et de restauration.

1 Marine de Pietracorbara
Le principal atout de cette paisible petite marine est sa belle plage de sable, qui, à défaut d'être large, s'étire sur près d'un kilomètre.

2 Marine de Santa Severa
La marine du bourg de Luri décline les habituels ingrédients des hameaux capcorsins – quiétude en tête –, ce qui lui vaut d'attirer chaque été une clientèle familiale d'habitués.

3 Marine d'Albu
Sur la côte ouest, une plage de galets noirs protégée par une tour génoise.

4 Marine de Sisco (Siscu)
Une marine modeste à l'ambiance intimiste et décontractée, à 5 km au nord d'Erbalunga. Elle séduit avant tout les familles et les habitués.

Ci-dessus : Marine de Porticciolo (p. 57)
JON INGALL / ADOBESTOCK ©

pour adultes et enfants et des plongées d'exploration sur des tombants, des roches et des épaves entre Bastia et Miomio.

Où se loger

Sud Hôtel Hôtel-restaurant €
(04 95 30 20 61 ; www.sudhotel-bastia.com ; 490 av. de la Libération ; s/d/tr/qua/quin 49-68/56-84/69-104/79-119/89-139 € selon saison, petit-déj 9,50 € ; ❄ Wi-Fi P). À 1,5 km du centre de Bastia en direction du sud, en longeant la mer, cet hôtel n'est qu'à quelques minutes de la plage de l'Arinella. Les jolies chambres rénovées sont agrémentées de couleurs gaies et décorées avec soin. Bonus : une cour colorée pour le petit-déjeuner ou la restauration, un potager bio sur le toit, dégustation de vins tous les mercredis en saison, une démarche éco-responsable et quelques places de parking juste devant l'établissement.

Hôtel Central Hôtel de charme €€
(04 95 31 71 12 ; www.centralhotel.fr ; 3 rue Miot ; /d/ste 57-100/65-140/130-200 € selon saison, petit-déj 9 € ; ❄ Wi-Fi). Ce petit hôtel de charme au patio fleuri donne l'impression de séjourner dans une maison de campagne. Vous serez séduit par le bel escalier central de ce bâtiment datant de la fin du XIXe siècle, son grand salon confortable au rez-de-chaussée et l'aménagement des chambres, toutes personnalisées, avec parquet, tomettes, mobilier chiné, alcôves et balcon. Aux étages supérieurs se trouvent 7 belles suites climatisées à la décoration contemporaine. Très agréable courette où prendre son petit-déjeuner agrémenté de yaourts et jus de fruits maison. Pas d'ascenseur ni de parking.

Hôtel Port Toga Hôtel moderne €€€
(04 95 34 91 00 ; www.hotel-port-toga.com ; rond-point de Toga ; d/tr 72-168/116-180 € selon confort et saison, ste fam/royale 146-234/300-360 € selon confort et saison ; petit-déj 10,50 € ; Wi-Fi ❄ P). Fort d'un succès mérité depuis son ouverture en 2018, le Port Toga s'agrandit : lors de notre passage, des travaux étaient en cours pour créer une piscine sur le toit, une salle de sport et 20 chambres, en complément des 40 déjà existantes.Toutes sont plutôt spacieuses et dotées d'excellentes literies, avec une décoration contemporaine. Certaines offrent une vue sur la mer. La suite "royale" comporte un jacuzzi sur une terrasse panoramique de 36 m² ! On aime

Marine d'Albu (page ci-contre)

le calme, l'accueil aussi pro que chaleureux, et le *rooftop* avec vue. Parking (9 €/jour).

Hôtel des Gouverneurs — Luxe €€€

(04 95 47 10 10 ; www.hoteldesgouverneurs.fr ; 3 bis rue des Turquines ; d/ste 155-305/ 265-515 € selon confort et saison, petit-déj 22 € ; fermé jan ;). Le seul établissement lové à l'intérieur de la Citadelle allie le charme de l'ancien à un haut niveau de standing. Chaque chambre est soigneusement décorée dans un style classique, élégant et feutré. Les "supérieures" profitent d'une vue sur la grande bleue, certaines avec balcon. Service impeccable, espace bien-être avec sauna, hammam et piscine intérieure.Petit-déjeuner sur la terrasse panoramique (brunch un dimanche par mois) et petites collations (tapas) proposées du mercredi au dimanche. Il est impossible de rejoindre l'hôtel en voiture, mais vous trouverez un parking public à 200 m.

Où se restaurer

Les bonnes adresses sont surtout situées dans la citadelle et aux abords de la place du Marché, tandis que le vieux port doit son succès à son cadre et à son animation.

Raugi — Glacier €

(04 95 31 22 31 ; 2 rue du Chanoine-Colombani ; coupe 8,50-22 € ; mar-dim avr-sept, mar-dim matin oct-mars,). Ouverte depuis 1937, cette institution bastiaise prépare une soixantaine de crèmes glacées et de sorbets, servis en cornet ou en pot (1,70 € la boule à emporter). En plus des classiques, certains parfums ne manquent pas d'originalité : brocciu-huile d'olive-menthe, clémentine-gingembre, nougat de Soveria, *canistrelli* de Zilia... Son annexe, au vieux port, est plus charmante. L'établissement sert aussi des pizzas, des tartes aux pois chiches et des salades, midi et soir.

Le Col Tempo — Bistronomie €€

(04 95 58 14 22 ; vieux port ; plats 22-32 € ; soir uniquement juil-août, mer-sam reste de l'année). La bistronomie a fait irruption sur la scène culinaire bastiaise grâce à cet établissement situé sur le vieux port. Le chef y travaille avec originalité les bons produits qu'il trouve en fonction des arrivages. La carte se limite

Tours génoises

Impossible de ne pas remarquer leur silhouette caractéristique ! Une soixantaine de tours génoises – sur les 85 construites par les Génois au XVIe siècle – se dressent en Corse. Ronds, ou plus rarement carrés, ces édifices fortifiés d'une quinzaine de mètres de hauteur jalonnent le pourtour de l'île, notamment le Cap Corse. Ceinturant le littoral de façon à ce que chacune soit visible, ces tours constituaient un vaste réseau de guet. Grâce à un système de signaux relayé de l'une à l'autre, un message pouvait parcourir le tour de l'île en seulement 1 heure. La marine de Scalo, le hameau de Pino, Erbalunga ou encore le sentier des douaniers (voir l'encadré p. 56) – qui passe par plusieurs belles tours – donnent l'occasion d'admirer ces édifices. Il en demeure également en de nombreux autres points de l'île.

Ci-dessus : Tour génoise

à quelques plats, régulièrement renouvelés, et les faux pas sont rares. De mai à juillet, laissez-vous tenter par les pâtes aux araignées. Le risotto aux langoustines ou le filet de rascasse accompagné de polenta sont aussi des valeurs sûres !

Chez Vincent — Corse, pizzeria €€

(04 95 31 62 50 ; 12 rue Saint-Michel ; plats 11-27 € ; fermé sam midi et dim). Mention spéciale pour cet établissement de la citadelle, avec de bonnes pizzas et des viandes savoureuses, comme le filet de bœuf en croûte, la spécialité de la maison. Très prisées, les tables en terrasse, au bord des remparts, offrent une vue superbe sur le port de commerce et la ville basse. Quant à la petite salle, elle est parfaite en cas de pluie. Service souriant mais parfois un peu long en saison.

L'Epica — Corse €€

(04 95 35 86 07 ; 2 rue de la Marine ; plats 13-21 € ; fermé dim et lun midi). Un sans-faute pour cette nouvelle adresse ! Dans une petite rue au calme, vous dégusterez une cuisine « de grand-mère » parfaitement exécutée et aux tarifs plus que raisonnables. Les sardines au brocciu – spécialité de la maison – sont excellentes. Réservez si vous souhaitez manger sur le balcon au-dessus du Vieux-Port. Accueil pro et très chaleureux.

La Table du Marché — Brasserie chic €€

(04 95 31 64 25 ; pl. de l'Hôtel-de-Ville ; plats 15-46 €, menus 35-76 € ; tlj sauf lun tte l'année). Ambiance "brasserie chic" pour ce restaurant à la décoration élégante, avec véranda vintage et tables nappées. Situé sur la tranquille place du Marché, il compte parmi les valeurs sûres de la ville, notamment pour ses plateaux de fruits de mer. Sa carte variée mêle aussi poissons (selon arrivage), viandes, pâtes et suggestions du jour. Service professionnel.

Où prendre un verre

La vie nocturne bastiaise n'est pas très animée, mais vous pouvez tenter votre chance du côté du vieux port, où se trouvent de nombreux bars, dont le **Café Wha !** (04 95 34 25 79 ; rue de la Marine), un pub-brasserie d'inspiration mexicaine, qui sert de bons cocktails à prix raisonnables (à partir de 7 € ; margaritas excellentes). Également sur le vieux port, le **LVP Café** (rue Spinola) a ses inconditionnels, tout comme **La Rhumerie** (pl. Galetta), juste derrière. Pour une ambiance plus lounge, optez pour le club **L'Alba** (quai des Martyrs-de-la-Libération).

Achats

En été, un marché aux puces a lieu le dimanche matin place Saint-Nicolas.

Cap Corse Mattei Produits régionaux
(☎ 04 95 32 44 38 ; www.capcorsemattei.com ; pl. Saint-Nicolas, 15 bd du Général-de-Gaulle ; ⌚ tlj 10h-20h juin-oct et déc). Véritable institution, la société fondée par Louis-Napoléon Mattei embouteille le "Cap Corse" depuis 1872. Outre le célèbre apéritif, ce magasin historique vend des produits locaux et donne à voir certains des objets publicitaires qui ont contribué au succès de la marque : tapis de cartes, étiquettes de bouteilles, affiches...

Isula Créa Créateurs
(☎ 04 95 44 02 07 ; www.isulacrea.fr ; 3 rue Saint-Jean ; ⌚ juin à mi-sept mar-sam 10h-12h et 15h-19h, dim 10h-13h). Déco, savons, pochettes colorées, huiles, coussins, bijoux, arts de la table... Cette adorable boutique regroupe le meilleur de la création insulaire.

Chez Mireille Gâteaux et biscuits corses
(☎ 04 95 32 41 05 ; 5 rue des Terrasses ; ⌚ 8h15-12h et 15h30-18h15 tlj sauf lun et dim après-midi). Impossible de résister à l'alléchante odeur qui s'échappe de cette boutique en surplomb du vieux port. Chez Mireille est l'incontournable rendez-vous des amateurs de *fiadone* et de *canistrelli*, parfumés au vin blanc, à la châtaigne ou encore au citron... Comptez 1,40-1,70 € les 100 g.

Renseignements

Office du tourisme (☎ 04 95 54 20 40 ; www.bastia-tourisme.com ; pl. Saint-Nicolas). Infos sur les circuits thématiques, horaires des bus pour le Cap Corse, accès Internet et Wi-Fi gratuits. Également une visite guidée "Les Légendines" (20 €, gratuit -12 ans ; ⌚ avr à mi-oct, mar 16h30) à travers des lieux insolites de la ville, le récit de contes et légendes. Cette visite se conclut par une dégustation de produits locaux. De juin à septembre, l'office organise

Erbalunga (p. 55)

VAUT LE DÉTOUR

La traversée du Cap Corse

De Santa-Severa, la D180 permet de traverser le Cap Corse d'est en ouest pour rejoindre Pino. Cette quinzaine de kilomètres de route sinueuse, dans le calme olympien du cœur du cap, commencera par vous mener au village de **Luri** – aussi dénommé Piazza sur les cartes. Assez peu touristique, Luri accueille tous les ans la **Fiera di u Vinu**, la grande foire régionale des vignerons, le premier week-end de juillet.

L'itinéraire grimpe ensuite jusqu'au **col de Sainte-Lucie** (Santa Lucia, 381 m), où une route secondaire, sur la gauche au coin de la chapelle, serpente sur 1 km puis se prolonge par un sentier menant à la **tour de Sénèque**, une tour génoise bien préservée, qui toise le cap et la Méditerranée depuis une crête. Perché à 564 m d'altitude, l'édifice offre un panorama sur les deux côtes du cap.

Ci-dessus : Route du Cap Corse
JEAN-BERNARD CARILLET ©

tous les vendredis des soirées **Bastia in cantu** dédiées à la musique corse : enchaînement de chants sacrés, populaires ou polyphoniques avec à chaque fois une introduction explicative. À 18h à l'église Saint-Jean Baptiste.

Environs de Bastia

Étang de Biguglia et lido de la Marana

Long de plus de 11 km, large de 2,5 km et totalisant une superficie de 1 450 ha, l'étang de Biguglia est le plus grand plan d'eau de Corse. Il n'est séparé de la Méditerranée que par le lido de la Marana, étroit cordon littoral de plus de 20 km, aujourd'hui colonisé par les infrastructures touristiques.

À voir et à faire

Réserve naturelle de l'étang de Biguglia — Ornithologie

Classé réserve naturelle en 1994, ce petit trésor méconnu du sud de Bastia est une étape pour nombre d'oiseaux migrateurs lors de leur voyage entre l'Europe et l'Afrique. Outre de nombreux flamants roses, on y dénombre plus de 100 espèces d'oiseaux. Vous pourrez les observer par centaines entre octobre et mars (pic de présence de décembre à février) ; ce sera par contre plus difficile durant les mois les plus chauds. Au cœur de la réserve, l'**écomusée du Fortin** (04 95 59 51 00 ; www.reserves-naturelles.org/etang-de-biguglia ; rte de l'étang, Furiani, suivre le fléchage ; adulte 2 €, gratuit -18 ans ; mar-sam 9h-12h et 13h-19h juin-sept) est un sympathique moyen de s'initier à la richesse de la faune et de la flore de l'étang. Vous pourrez observer les oiseaux sur la terrasse panoramique à l'aide d'une longue-vue. Visite commentée de la réserve les mardis et jeudis matin sur réservation (4 €, gratuit -18 ans).

Plages du lido de la Marana — Farniente et activités nautiques

Le bord de mer n'a rien d'extraordinaire, mais la place pour étendre sa serviette de bain ne manque pas. Installé sur la plage de Tombulu Biancu, le **Club nautique bastiais** (06 11 83 09 14 ; www.clubnautiquebastiais.com ; plage de Tombulu Biancu, Furiani ; tte l'année 9h-18h) loue des planches à voile, des kayaks, des paddles, des dériveurs et des catamarans. Il dispense également des cours particuliers et collectifs de kayak et d'initiation à la voile aux adultes, et d'Optimist, de catamaran et planche à voile pour les enfants. Les moins de 8 ans pourront découvrir la voile et le milieu marin dans le cadre d'un jardin des mers.

La Corniche

Plus vraiment bastiaise, mais pas encore complètement capcorsine, l'étroite et sinueuse D31 serpente sur les versants montagneux du nord de la ville, révélant un large panorama sur les environs de Bastia, de l'île d'Elbe et ses voisines à l'étang de Biguglia. Pour la rejoindre, prenez la route du cap et obliquez vers San Martinu di Lota, puis Santa-Maria di Lota, avant de redescendre vers Miomo et le littoral. Un bon point de départ pour ceux qui quittent Bastia en direction du Cap Corse.

Où se loger et se restaurer

La Corniche Hôtel-restaurant €€

(☎04 95 31 40 98 ; www.hotel-lacorniche.com ; 1 chemin di U Fornu, Castagneto, San-Martinu-di-Lota ; d/fam 61-180/102-280 € selon confort et saison, plats 26,50-35 €, formules 29-34 €, menus 33-57 € ; ⏲restaurant mar-dim ; P 📶). Piscine, petit jardin, vue imprenable sur la mer, l'île d'Elbe et les montagnes environnantes, le tout au cœur d'un charmant village... Cet établissement accueillant aux chambres fraîches et agréables réserve de bonnes surprises. Au restaurant, savourez une cuisine corse revisitée, concoctée à partir de produits du terroir soigneusement sélectionnés, et maîtrisée par le chef Wilfrid Travet. Belle carte des vins. Réservez une table en terrasse le long de la balustrade pour profiter du somptueux panorama.

La Place Restaurant, pizzeria €

(☎04 95 31 82 61 ; San-Martinu-di-Lota ; plats 9-25,50 €, menu 25 € ; ⏲tlj midi et soir sauf mer midi mai-sept). Dans cette belle maison en pierre sèche, on sert une cuisine simple et généreuse (pizzas au feu de bois, viandes, pâtes) à prix doux et dans la bonne humeur. Terrasse avec vue sur la mer.

CAP CORSE (CAPI CORSU)

Souvent décrite comme "une île dans l'île", cette langue de maquis de 40 km de long et d'une dizaine de kilomètres de large, qui rend les contours de la Corse si caractéristiques, est un monde à part. Rares sont les visiteurs qui ne succombent pas au charme d'Erbalunga, à la douceur de Centuri et à la vue de Nonza. Bordé d'un nombre impressionnant de tours génoises, le cap voit des villages de pêcheurs alterner avec des hameaux juchés en équilibre sur les hauteurs, et de douces ondulations couvertes de maquis plonger dans des côtes au relief vertigineux. Il présente des visages différents sur ses côtes occidentale et orientale. Son rivage ouest, plus sauvage, est le plus spectaculaire. En haute saison, c'est l'un des rares secteurs de la Corse qui conserve une certaine tranquillité.

Renseignements

Office du tourisme du Cap Corse (☎04 95 35 40 34 ; www.capcorse-tourisme.corsica ; ⏲juil-sept lun-sam 9h-12h et 14h-18h,sam-dim 9h-12h, oct-avr lun-ven 10h-12h et 14h-17h). Sur le port de Macinaggio, il fournit la carte des 18 promenades du Cap Corse. Itinéraires disponibles sur le site.

DAB Attention, si vous avez besoin d'espèces pour régler vos dépenses, sachez qu'il n'y a que deux distributeurs automatiques dans tout le Cap Corse : l'un à la poste d'Erbalunga, l'autre à celle de Macinaggio. Tous deux sont accessibles 24h/24.

Erbalunga

À une dizaine de kilomètres au nord de Bastia, Erbalunga se laisse à peine découvrir de la route. Il serait pourtant dommage de ne pas s'arrêter pour explorer les quelques ruelles de ce hameau aussi beau que tranquille – du moins hors saison. En ordre serré, elles forment un promontoire qui enserre un minuscule port de pêche ponctué d'une tour génoise.

Où se loger

Corinne Fabiani Chambre d'hôtes €€

(☎06 09 52 93 68 ; corinettef.wix.com/location-kohrin ; Maison Valéry ; d 70-80 € ; ⏲avr-sept,

SI VOUS AIMEZ...

Marcher en bord de mer

Le **sentier des douaniers**, qui borde le Cap Corse et les Agriates, offre de belles possibilités. Le niveau est facile mais vous devrez prévoir de l'eau et une protection solaire.

1 Depuis Macinaggio
Au départ de la plage de Tamarone, une boucle de 2 heures aller-retour mène à la jolie tour Santa-Maria. Après la plage (où se promènent parfois des vaches !), prenez à l'aller la direction "Chapelle Santa-Maria par le sentier des douaniers" et continuez jusqu'à la tour. Au retour, une large piste passe par la chapelle.

2 Depuis Barcaggio
De la plage, le sentier pas toujours bien indiqué mène d'un côté à la tour d'Agnello, puis aux criques de Cala Francese et de Cala Genovese, où la baignade est agréable. Il est possible de poursuivre jusqu'à la tour Santa-Maria. En partant de l'autre côté, on rejoint rapidement le hameau de Tollare.

3 De la plage du Loto à la Saleccia
Cette jolie balade en boucle de 1 heure 30 vous obligera tout d'abord à prendre un bateau pour rejoindre la plage du Loto, à environ 30 minutes de mer de Saint-Florent. De là, un sentier rejoint la très belle plage de la Saleccia en s'enfonçant dans l'odorant maquis des Agriates. Au retour, choisissez le sentier littoral. Voir aussi p. 71.

Ci-dessus : Tour génoise dans le désert des Agriates

oct sur demande ; wifi). Mention spéciale pour cette chambre d'hôtes installée dans une magnifique maison de maître qui se dresse sur la place, au cœur du village. Vaste, décorée avec goût et dotée d'une sdb impeccable, l'unique chambre vous offrira également le luxe de dormir sous les fresques et stucs qui ornent son plafond. Pas de petit-déjeuner, mais bouilloire et plateau d'accueil composé de fruits et de délicieux *canistrelli*.

Villa Elisabeth Chambres d'hôtes €€€
(☎06 20 26 81 80 ; www.villaelisabeth.fr ; Brando ; d avec petit-déj 135-155 € ; ⏲avr-sept, oct sur demande ; P piscine wifi). Une "escale artistique" et un havre de paix, perdus dans les hauts de Brando, en bordure de maquis. On se sent vite à l'aise dans ce lieu plein de personnalité, décoré d'œuvres et d'objets d'artistes par Marie-Pierre, sculptrice, et doté de trois chambres irréprochables, d'une superbe piscine et d'un belvédère-coin détente dans le jardin, avec une vue imprenable sur le littoral.

Castel Brando Hôtel de charme €€€
(☎04 95 30 10 30 ; www.castelbrando.com ; rte du Cap, Erbalunga ; d/ste 105-200/150-290 € selon confort et saison ; ⏲mars-Toussaint ; P clim piscine wifi). Unique hôtel du bourg, cet établissement de caractère totalise 40 chambres, claires et agréables. À la bâtisse principale, une élégante demeure de maître datant de 1853, viennent s'ajouter trois annexes plus récentes, au charme architectural nettement plus discutable, deux piscines (dont une chauffée), un espace beauté et massage (avec hydrojet et hammam), et un court de tennis. Location de vélos et de kayaks. Accueil à la fois pro et chaleureux.

Où se restaurer

A Piazzetta Restaurant-pizzeria €
(☎04 95 33 28 69 ; plats 12,50-25 € ; ⏲avr-oct tlj, fermé lun-mar le reste de l'année). Sur la place d'Erbalunga, A Piazzetta propose une carte de pâtes, pizzas et viandes, et des suggestions à l'ardoise. L'ensemble, simple

Voiliers au mouillage non loin de la plage de Tamarone, près de Macinaggio

et très bon, est servi sur l'agréable terrasse, à l'ombre d'un imposant platane, ou dans une petite salle chaulée. Pas de CB.

Le Pirate Gastronomique €€€
(04 95 33 24 20 ; www.restaurantlepirate.com ; plats 22-41 €, menus midi/soir 45/75-95 €, menu langouste 195 € ; oct-mai tlj sauf lun-mar, juin-sept tlj, fermé nov-mars). Certes, les tarifs sont stratosphériques, mais cet établissement passe pour l'une des meilleures tables de Haute-Corse. Dans le cadre soigné d'une élégante salle voûtée et d'une belle terrasse donnant sur l'adorable petite marina, on y déguste une cuisine de haute volée, à base de produits frais du marché. Belle carte de vins. Menu du midi plus abordable.

Marine de Porticciolo (Porticciolu) et environs

Plus petite qu'Erbalunga, mais tout aussi ravissante, Porticciolo est une étape de charme sur la côte est, qui ravira notamment les amateurs de calme. Les maisons anciennes, aux toits de lauzes grises, enserrent un petit port où quelques barques de pêche dodelinent sur des eaux cristallines.

Où se loger et se restaurer

Misincu Hôtel de luxe €€€
(04 95 35 21 21 ; www.hotel-misincu.fr ; Misincu ; d 300-900 €, petit-déj 35 € ; avr-oct ;). Dernier-né des établissements de luxe, le Misincu est une escale de rêve. Il joue sur la simplicité, la nature et le bien-être : architecture à la grecque, toute de blanc, chambres parées de matières naturelles... Tout invite à se ressourcer : le superbe spa, avec piscine intérieure et soins experts, le potager cultivé en permaculture et la promenade détente aménagée. Restaurant bistronomique à tendance locavore sur place. Vélos électriques à disposition ; accueil impeccable.

U Capezzu Corse €
(06 66 26 08 61 ; plats 14-22 € ; Santa Severa ; tlj juil-août, fermé lun juin et sept-oct). Reprise

PHOTO/ADOBESTOCK©

À NE PAS MANQUER

Le col de Serra

Entre Ersa et Centuri, le col de Serra (361 m) est célèbre pour porter en son point culminant l'une des icônes du Cap Corse : le **Moulin Mattei**. Longtemps laissé à l'abandon, ce petit édifice rond qui vante les mérites de la liqueur "Cap Corse Mattei" (voir p. 53) a bénéficié d'une restauration bienvenue. Il déploie ses ailes et ses murs blanchis dans le ciel azur, sur une esplanade d'où l'on découvre une superbe vue sur l'île de la Giraglia et les montagnes du Cap. Quelques minutes de marche mènent au moulin depuis le col. Un tout autre panorama se révèle en tournant le dos à la mer : celui des batteries d'éoliennes qui s'élèvent sur les hauteurs de Centuri et de Rogliano.

en 2019 par une nouvelle équipe, cette adresse a conservé sa bonne réputation. Nez à nez avec les bateaux ancrés au port ou dans une petite salle aux allures de bistrot chic, on y savoure une cuisine très bien maîtrisée à prix domptés. La carte fait la part belle aux produits de la mer débarqués à deux pas. Côté terre, la salade de veau au parmesan ou le gratin d'aubergines valent eux aussi le coup de fourchette. Service souriant et efficace. À moins de 3 km au nord de Porticciolo.

Macinaggio (Macinaghju)

Reconnu comme le meilleur mouillage du Cap Corse depuis l'Antiquité, le port de Macinaggio, ancienne base navale de Pascal Paoli, est en premier lieu fréquenté par les plaisanciers. Les "terriens" apprécient également ses atouts, car Macinaggio est la localité la plus animée du cap et proche de la plus belle plage de sable de la péninsule : Tamarone. De plus, elle est traversée de sentiers de randonnée reliant plusieurs tours génoises et propose diverses activités sportives et nautiques.

À voir et à faire

Tamarone Plage

Avec ses eaux limpides dans une superbe baie, la plage de Tamarone est certainement la plus belle plage du cap. Elle se trouve à quelque 2,5 km de Macinaggio, en direction du camping U Stazzu (suivez le fléchage). Paillote sur place.

San Paulu Sorties en mer, navettes

(06 14 78 14 16 ; www.sanpaulu.com ; avr-sept). Cette vedette touristique assure différentes sorties en mer, notamment une promenade de 1 heure 45/2 heures jusqu'à Barcaggio incluant un arrêt baignade l'été et la visite des îles Finocchiarola (adulte/enfant 24/14 €). Ces 3 minuscules îlots protégés, à quelques encablures de la côte, forment un sanctuaire animalier exceptionnel. Le bateau propose également des itinéraires vers la plage de Barcaggio, appréciés des amateurs de farniente comme des randonneurs, qui peuvent ainsi rejoindre la plage par le sentier littoral et en revenir par la mer. S'ajoute un tour du Cap Corse avec escale de 3 heures à Centuri (adulte/enfant 39/26 €). Le *San Paulu* organise aussi des sorties de pêche en mer et dessert l'île toscane de Capraia.

Club nautique Activités nautiques

(06 86 72 58 40 ; plage de Macinaggio ; fin juin-fin août). Ce club nautique loue des planches à voile, des paddles, des kayaks et des catamarans, et propose aussi des stages de voile sur Optimist pour les 5-7 ans (à partir de 145 €), de catamaran pour les ados (à partir de 175 €) et des cours particuliers de planche à voile et de catamaran (50/60 €/heure).

Capi Corsu TSM Plongée

(06 85 75 17 06 ; www.capcorseimmersion.fr ; port de plaisance ; mi-mai à oct). Encore très sauvages, les fonds marins bordant l'île de la Giraglia et la tour Santa-Maria réservent d'excellentes surprises aux plongeurs de tous niveaux. Le club propose également des explorations sur les épaves des environs.

Clos Nicrosi Vignoble

(04 95 35 41 17 ; closnicrosi.fr ; lun-sam 10h-12h et 16h-19h juin-sept, sur rdv reste de l'année). Les amateurs de vin pourront faire un tour au bureau de vente et de dégustation de ce domaine viticole réputé pour ses vins blancs issus de l'agriculture raisonnée.

Où se loger et se restaurer

U Stazzu Camping €

(04 95 35 43 76 ; camping-u-stazzu.jimdo.com ; forfait adulte/enfant 11/5 € avec tente et voiture ; mai-sept). À droite à la sortie de la ville en direction de Centuri, par un chemin en face de la poste, ce terrain a pour principal atout son joli cadre, proche de la plage et du bourg. Les emplacements sont ombragés et les sanitaires corrects (mais pas assez nombreux), et les services limités (ni Wi-Fi ni supérette). Pas de CB.

Casa Santa Maria Chambres d'hôtes €€

(06 21 72 40 30 ; www.casasantamaria.fr ; s/d/tr avec petit-déj 70-75/75-95/105-125 € selon saison, 2 nuitées minimum ; tte l'année ; P). À l'orée du village, les Cesari ont aménagé trois chambres à l'étage d'une maison moderne, avec entrée indépendante ; deux d'entre elles sont mansardées. Murs blancs et carrelage au sol, tout est net, propre et confortable. Les petits plus : un jardin, un parking, et un salon commun (avec frigidaire) où l'on peut pique-niquer. À 5 minutes à pied de la plage de Macinaggio et environ 20 minutes de la plage de Tamarone.

Marina d'Oro Hôtel €€

(04 95 37 49 36 ; www.hotelmarinadoro.fr ; d 55-145 € selon confort et saison ; mi-mars à mi-nov ;). De l'extérieur, cette bâtisse blanche, située à l'entrée de Macinaggio, ne respire guère l'esprit vacances. En revanche, vous serez agréablement surpris par la décoration des chambres, lumineuses et attrayantes, avec parquet flottant, sdb modernes et literie de qualité.

Le port langoustier de Centuri

Les moins chères sont mansardées ou sans vue particulière ; préférez celles avec vue sur la mer et balcon (à partir de 80 €). Jacuzzi extérieur.

Le Tomino Hôtel design €€€

(04 95 46 35 98 ; www.hoteltamino.fr ; lieu-dit A Girasca, Tomino ; d 180-415 € selon confort et saison, pers supp 80 €, petit-déj 19 € ; mi-avr à mi-oct ; P). L'option luxe et charme des alentours. Toute en bois, elle présente une architecture design, en harmonie avec la nature. S'y déploient 5 "cubes" contemporains, largement ouverts sur le panorama et prolongés par de grandes terrasses, qui abritent autant de vastes chambres, épurées, élégantes et de haut standing (climatisation, minibar). Belle piscine chauffée ; service de restauration le soir et personnel vraiment sympathique. Un sans-faute.

La Vela d'Oro Corse traditionnel €

(04 95 35 42 46 ; Macinaggio ; plats 15-28 €, menus 18-20 €, menu langouste 58 € ; fermé jan-fév). En poussant la porte de cette adresse, dissimulée en retrait du port, on n'imagine pas sa grande salle et sa terrasse, sur l'arrière, qui s'ouvre sur un agréable décor champêtre. La carte mêle spécialités de la terre et de la mer.

Dans les environs : à Rogliano

Palazzu Nicrosi Chambres d'hôtes de luxe €€€

(06 78 00 84 18 ; www.palazzu-nicrosi.com ; Vignale ; d/ste 150-190/220-290 € selon saison, petit-déj 14 € ; avr-sept ; P). Cette superbe maison d'Américains du XIXe siècle magnifiquement restaurée est un petit palais : moulures, tapisseries et tomettes anciennes, mobilier d'époque... Les espaces intérieurs ont un charme fou. Dans les 2 chambres et 3 suites, la décoration respecte l'histoire des lieux, tout en intégrant des touches de modernité. Salons, bibliothèque, bar et fumoir pour les hôtes. À l'extérieur, on profite d'un panorama grandiose et d'un magnifique jardin avec piscine. Visite du chai (voir p. 70) sur demande, service de conciergerie, navette gratuite pour Macinaggio... Une halte d'exception.

Renseignements

Office du tourisme (04 95 35 40 34 ; www.macinaggiorogliano-capcorse.fr). Sur le port.

DAB À la poste. Le seul du Cap Corse en dehors d'Erbalunga.

Capitainerie (04 95 35 42 57 ; 7h-21h juil-août, lun-sam 8h-12h et 14h-19h avr-oct, lun-ven 8h-12h et 14h-17h, sam 8h-12h reste de l'année). Le port peut accueillir 150 bateaux de passage. Toilettes, douches et bulletins météorologiques.

BARCAGGIO ET ENVIRONS

Bienvenue au bout du monde ! Dernier bastion de Corse avant l'infini méditerranéen, la marine de Barcaggio semble perdue dans la contemplation silencieuse de l'inaccessible **îlot de la Giraglia** et de son sémaphore. Atteindre le point le plus septentrional de Corse est la principale motivation des visiteurs qui s'engagent sur la D253 pour s'y rendre. La route, aussi belle que sinueuse, serpente dans le maquis sur 10 km et offre deux choix : aller directement à Barcaggio ou passer par **Tollare**, un minuscule village de pêcheurs situé 2,5 km plus à l'ouest. La plage de Barcaggio, le sentier des douaniers, l'ambiance particulière de ce "bout du cap" et de bonnes possibilités d'hébergement sont les principaux atouts de Barcaggio et de ses environs, qui séduisent ceux qui préfèrent la contemplation de la mer à la suractivité touristique estivale de Centuri.

À voir et à faire

La paisible Barcaggio et sa **plage** bordée de dunes magnifiques n'incitent pas à la suractivité... Il serait cependant dommage de ne pas marcher un peu sur le **sentier des douaniers** (voir l'encadré p. 56), ponctué de petites criques où il est possible de se baigner.

Où se loger et se restaurer

Barcaggio

Petra Cinta Hôtel-restaurant €€
(04 95 36 87 45, 06 03 35 45 97 ; hotelpetracinta.free.fr ; s/d/tr/qua 65-125/75-175/105-195/125-215 € selon confort et saison, petit-déj 7,50 € ; plats 14-22 €, menu demi-pension 22,50 € ; mi-avr à mi-oct ;). Un deux-étoiles à l'atmosphère familiale et détendue, remarquablement bien tenu, face au port de Barcaggio. Les 9 chambres, claires et spacieuses, donnent sur un jardinet, à l'arrière. Le restaurant a bonne presse (tout est fait maison ; langouste grillée, poisson au four...). Location de kayaks de mer monoplaces, de paddles, de bateau à moteur (permis requis) et de vélos (10 €/jour) pour les clients de l'hôtel. Wi-Fi dans les parties communes uniquement.

Route de Tollare

Casa A Rota Chambres d'hôtes €€
(07 81 56 09 82, 06 59 61 02 36 ; locations-cap-corse.fr ; lieu-dit Rota, D153 ; d avec petit-déj 85-110 € ; tte l'année ;). Cette maison d'hôtes de caractère propose, dans le cadre d'une belle demeure datant de 1871, impeccablement restaurée, 3 chambres au confort douillet. Petit-déjeuner à base de produits maison servi sur la terrasse, avec vue sur la mer. Également deux gîtes à la semaine (310-1 200 €/semaine). Au lieu-dit Rota, à 1,5 km de la D80 en descendant vers Tollare (prendre la D153).

Latu Corsu Chambres d'hôtes €€
(04 95 35 99 95, 06 16 10 70 70 ; www.cote-corse.fr ; Poggio ; d/tr-qua avec petit-déj 77-125/122-148 € ; avr-sept ;). Rénovée avec le confort moderne en préservant son style, cette maison d'hôtes nichée dans un village de poche est une adresse de charme. Elle se décline en 5 belles chambres confortables et très bien conçues au hameau de Poggio (indiqué depuis la D153). À savoir : vous devrez garer votre voiture à l'entrée du hameau et parcourir une centaine de mètres à pied.

CENTURI

Blotti en contrebas du col de Serra, le port miniature de Centuri, qui perpétue au ralenti la tradition capcorsine de la pêche à la langouste, figure parmi les incontournables du Cap Corse. Revers de la médaille, l'ancien premier port de pêche du cap est maintenant sa première destination touristique. En été, le "langouste business" bat son plein, même s'il n'a pas encore eu raison de tout le charme du port.

À voir et à faire

Outre ses plaisirs gustatifs et son atmosphère décontractée, Centuri est une base agréable pour découvrir l'extrémité du cap et le **sentier des douaniers**, dont la direction est indiquée dans le village.

Pensez aussi à prendre de la hauteur, et à visiter les hameaux dans les montagnes, comme le ravissant **Cannelle**, parcouru de venelles pavées, et **Camera** ou **Ortinola**, aux superbes maisons d'Américains.

Marine de Mute Baignade

Il n'y a pas de plage à Centuri, mais la petite marine de Mute, exposée plein ouest, est agréable au couchant.

Bleu Marine Compagnie Plongée

(☎04 95 35 60 46 ; www.bleu-marine-compagnie.fr ; marine de Mute ; ⌚juil-août). Installé en été à la marine de Mute, ce club est le seul à proposer des plongées sur les hauts-fonds de Centuri, un secteur régulièrement cité parmi les plus belles plongées de Corse.

Où se loger et se restaurer

Ne vous faites pas d'illusions : à quelques exceptions près, tout est surévalué à Centuri. La plupart des restaurants font partie de la catégorie "pièges à touristes". Faites fi des "menus langouste" – ces dernières sont généralement importées.

L'Isulottu Camping €

(☎04 95 35 62 81 ; rte de Morsiglia, D35 ; www.isulottu.fr ; adulte/tente/voiture/forfait électricité 7-7,90/3,80-4,90/3,50-3,70/3,90 €

Saint-Florent (p. 66)

selon saison, chalet 550-850 €/sem ; mi-mai à sept). Indiqué à 1,5 km du port de Centuri en direction du sud, il offre un cadre plein de charme, des emplacements ombragés, 2 chalets, un snack-bar, un dépôt de pain et un service de petit-déjeuner. Un chemin mène en 5 minutes à une petite plage de galets. Le camping affiche une volonté de protéger l'environnement (sanitaires chauffés à l'énergie solaire notamment). Pizzas et quelques plats corses le soir, dont un recommandable poulpe à la basquaise.

Casamatta Chambres d'hôtes €€
(06 66 36 39 74, 06 22 44 46 65 ; lacasamatta.squarespace.com ; hameau de Camera ; d avec petit-déj 75-120 € selon confort et saison ; tte l'année ;). On apprécie le confort et le cachet de cette belle demeure familiale du XVIIe siècle. Trois chambres, dont une avec une double exposition (vue mer).

Le Vieux Moulin Hôtel-restaurant €€€
(04 95 35 60 15 ; www.le-vieux-moulin.net ; d 80-230 € selon confort et saison ; plats 30-75 €, menus 45-85 € ; fév-nov ; P). L'adresse haut de gamme de Centuri offre des chambres réparties entre une demeure cossue du XIXe siècle et une annexe moderne, plus calme mais à la déco plus banale. Le restaurant sert sur une belle terrasse des spécialités plutôt onéreuses.

A Macciotta Restaurant €
(04 95 35 64 12 ; menus 18,50-69 € ; avr à mi-oct). Une affaire de famille, près du port. La carte, sans surprise, est largement tournée vers la langouste et les poissons selon arrivages. L'ensemble est touristique mais la terrasse est agréable.

PINO ET MARINE DE SCALO (SCALU)

Premier village important de la côte ouest du cap en venant de Morsiglia, Pino semble flotter entre mer et montagne. On y arrive par une route sinueuse, longeant les contours du littoral particulièrement escarpé, et ménageant des points de vue époustouflants.

Ne manquez pas d'aller jusqu'à la magnifique **marine de Scalu**. Dans cette crique miniature peu connue se dressent les ruines d'une **tour** et de l'ancien **couvent Saint-François**.

Où se loger et se restaurer dans les environs

Maison Battisti Chambres d'hôtes €€
(04 95 35 10 40, 06 85 40 68 29 ; www.maisonbattisti.com ; Conchigliu ; d avec petit-déj 95-130 € ; tte l'année ;). Impossible de ne pas être séduit par l'accueil des Battisti, ni par l'atmosphère de leur superbe demeure de caractère ! Décorée dans un style rustique, la première chambre profite d'une vue magnifique sur la mer. Plus vaste, la deuxième "chambre" (70 m²), mansardée, se compose de 3 pièces en enfilade. Par une échelle en bois, elle donne accès à une terrasse privative, avec un panorama à 360°. Seul inconvénient : les WC sont à l'extérieur, quelques marches plus bas. Possibilité de table d'hôtes (25 € hors saison), sur réservation. Boutique sur place (épicerie fine, vêtements, parfums, livres et bijoux). La marine de Giottani est à 15 minutes de marche.

Morganti Restaurant €€
(04 95 37 85 10 ; www.restaurantmorganti.com ; Marine d'Albu, Ogliastru ; plats 17-29 € ; tlj sauf dim soir et lun hors saison, fermé 20 déc-jan). Une valeur sûre ! Associant tarifs raisonnables et accueil souriant, cette bonne table est réputée dans tout le cap. On y savoure d'excellents plats de poissons : saint-pierre à la plancha et émulsion d'algues, denti grillé, salade de poulpe, excellents crustacés, tartares de poisson… Les amateurs de viande trouveront également leur bonheur avec, par exemple, un médaillon de veau farci au fromage frais ou du cochon de lait. L'adorable terrasse profite de l'ombre d'un immense mûrier ; à l'intérieur, la salle offre une atmosphère plus classique.

CHRISTOPHE CORBEL ©

À NE PAS MANQUER

Église San-Michele-de-Murato

L'un des joyaux architecturaux du Nebbio, cette belle église s'élève majestueusement sur un pré qui domine la vallée de Saint-Florent et le "désert" des Agriates, entouré de collines rocheuses. Outre son cadre somptueux, ce petit édifice roman de style pisan frappe par sa polychromie, ses lignes pures et la beauté des sculptures naïves qui en ornent l'extérieur. L'agencement des deux couleurs de la façade – le calcaire blanc vient de Saint-Florent, la serpentine verte du lit de la rivière U Bevincu – relève d'une association singulière, où des bandes horizontales monochromes succèdent à un damier irrégulier. La légende raconte qu'elle aurait été construite en une nuit. On sait qu'elle fut édifiée vers 1140, restaurée dans un style baroque et visitée par Prosper Mérimée, qui en fit des esquisses et la description. Hors saison, demandez la clé à la mairie du village si vous souhaitez voir les fresques murales de l'intérieur.

O Lamparo Restaurant €€

(☎04 95 36 49 25 ; Minerbio ; plats 16-26 € ; ⏲juil-août tlj 9h-14h30, 18h30-21h30, fermé le mer hors saison). Après plus de dix ans comme saisonniers dans la restauration, Harmonie et Jean-Charles se sont mis à leur compte en 2019, avec un credo exigeant : une cuisine corse, à base de produits frais et locaux. Excepté le saumon et le chocolat, tout provient de l'île et, quand c'est possible, du Cap Corse. Grâce à des plats traditionnels et légers, l'adresse s'est vite imposée comme une des meilleures des environs. Goûtez les *migliaccioli*, ces petites crêpes au fromage de brebis. D'autant plus délicieuses qu'elles sont servies sur une terrasse suspendue offrant un panorama époustouflant sur la côte occidentale jusqu'à Calvi avec le mont

Cinto en arrière-plan. L'adresse ouvrant à 9h le matin, n'hésitez pas à profiter du spectacle devant un café.

NONZA

Point fort de la côte ouest du cap, Nonza est une apparition : imaginez un village en partie bâti sur un spectaculaire piton rocheux au sommet duquel une tour génoise surplombe de plus de 150 m une plage de galets noirs. Un superbe point final au tour du cap...

À voir

Église Sainte-Julie — Architecture religieuse

Fierté du village, cette église du XVIe siècle se dresse au bord de la route. Outre ses murs et plafonds peints et sculptés, vous admirerez un autel baroque en marbre polychrome réalisé à Florence en 1693 et un tableau représentant sainte Julie crucifiée.

Tour carrée — Tour Paoline

Accessible par une série de ruelles et d'escaliers, cette tour du XVIe siècle domine le bourg. Elle fit parler d'elle en 1768, lorsqu'elle fut défendue par un habitant du village, Jacques Casella, qui, manœuvrant à lui seul de multiples armes grâce à un ingénieux système de ficelles, parvint ainsi à faire croire aux assaillants français que des dizaines d'hommes défendaient Nonza. Superbe panorama.

Les terrasses et la marine — Promenade pédestre

(1 heure ; 1,5 km). Ce sentier débute juste après l'église Sainte-Julie, sur la gauche de la route. Il mène notamment à la **fontaine Sainte-Julie**, réputée miraculeuse, et surmontée d'une chapelle blanche sur le fronton de laquelle une plaque rappelle l'histoire de la sainte patronne de la Corse : en l'an 303, "sainte Julie fut martyrisée et crucifiée pour sa fidélité en la foi chrétienne. Après son martyre, ses seins coupés furent projetés contre le rocher, duquel jaillit cette source miraculeuse". Au-delà, le sentier continue à travers les terrasses et dégringole jusqu'à la plage de galets noirs.

Plage — Galets noirs

Au-delà de la fontaine, le sentier dégringole jusqu'à la plage de galets noirs. Écrasée de chaleur en été, elle ne jouit d'aucune ombre et la remontée à pied est éprouvante. En voiture, vous pourrez vous y rendre en continuant sur 2 km environ jusqu'à l'étroite route goudronnée qui rejoint le rivage.

Où se loger et se restaurer

Casa Lisa — Chambres d'hôtes €

(04 95 37 83 52, 06 11 70 45 73 ; www.casalisa.fr ; d 60-75 € selon saison, petit-déj 7 € ; avr-oct ;). Une série de panneaux guident les visiteurs jusqu'à cette agréable adresse située dans le bas du village, accessible uniquement à pied par les ruelles pentues. Installées dans une fraîche demeure ancienne, ces 5 chambres au charme champêtre sont proposées à un tarif raisonnable. Pas de CB.

Casa Maria — Chambres d'hôtes €€

(04 95 37 80 95 ; www.casamaria-corse.com ; d/ste fam avec petit-déj 80-105/135-175 € ; tte l'année ;). Cette ancienne maison de maître au cœur du village comprend 5 belles chambres et une suite familiale pouvant accueillir 4 personnes. Vastes et décorées dans des tons clairs, elles sont sobres et élégantes, et certaines ont vue sur la mer. Table d'hôtes en hors saison sur réservation. Pas de parking. Pas de CB.

La Sassa — Restaurant-bar €€

(04 95 38 55 26 ; castalibre.com/lasassa ; tour de Nonza ; plats 24-29 € ; mai-sept tlj 10h-2h). Si l'adresse se mérite – la montée par l'escalier est un peu éprouvante –, les efforts sont récompensés par un emplacement sublime : juché au sommet de Nonza, au pied de la tour, La Sassa offre une vue époustouflante sur le littoral et la plage de Nonza. Sur sa belle terrasse, on peut goûter des plats variés

à des tarifs très corrects, ou déguster une glace artisanale ! Réservation en ligne fortement conseillée en juillet-août.

Boccafine Bistronomique €€€

(06 80 95 85 07 ; www.boccafine.fr ; Nonza ; plats 32-34 € ; mai-sept fermé lun, mar, jeu, sam midi). Au-dessus du café de la Tour, sous une pergola couverte de vignes se cache une grande table à l'ambiance décontractée. Ex-chef du Misincu (voir p. 57), Clément Collet a repris son indépendance pour marier à son aise viande et poisson sélectionnés méticuleusement avec tout ce que la Corse peut offrir de meilleur : huile d'olive, girolles, cebette, herbe du maquis. Un mets surprise accompagne toujours les plats. Un vrai régal de l'entrée au dessert !

LE NEBBIO

Saint-Florent (San Fiurenzu)

Certains sont d'emblée séduits par cette ville balnéaire qui cultive sous le soleil corse son bronzage tropézien. D'autres la trouvent superficielle et lui préfèrent le cap Corse ou L'Île-Rousse. Prenons "Saint-Flo" pour ce qu'elle est : une ville entièrement vouée au tourisme en été, dont les principaux atouts sont le golfe, le port animé où des yachts rutilants s'amarrent en saison, et la plage de la Roya…

À voir

Citadelle Édifice génois

(expositions 1,50 € ; juil-août). Un enduit couleur sable donne à la citadelle un air de bâtisse du Sud marocain. Juchée sur les hauteurs de Saint-Florent, elle se résume à un édifice unique depuis que ses remparts ont été détruits lors des nombreuses attaques auxquelles elle a dû faire face. Fermé au public la plupart du temps, ce beau bâtiment accueille de rares expositions en été. Ses abords révèlent cependant une large perspective sur les environs.

Cathédrale du Nebbio Architecture pisane

(visite avec/sans audioguide 2/1,50 € ; 9h30-12h et 15h-18h30 lun-ven, 9h30-12h sam, 15h-18h30 dim juin-oct, hors saison se renseigner auprès de l'office du tourisme). Également appelée église Santa-Maria-Assunta, c'est un bel exemple d'architecture religieuse pisane du XIIe siècle. Dressant sa façade de style roman à 800 m environ du centre, à l'emplacement de l'ancienne cité romaine, elle présente d'étonnantes sculptures figurant des serpents et des fauves. Visite avec conférencier le vendredi à 18h (renseignements et réservation 06 83 17 06 54 ; adulte 8 €).

Activités

La Roya et d'Olzo Plage

Outre un long ruban de sable (parfois souillé en présence de vents contraires), la plage de la Roya, à 2 km du centre-ville vers le sud-ouest, offre un joli panorama sur Saint-Florent, le Cap Corse et des hauteurs du Nebbio. Au nord, l'étroite frange de galets de la plage d'Olzo n'incite pas vraiment à étendre sa serviette mais permet de se baigner.

Plages des Agriates Excursions

Saint-Florent est un point d'accès privilégié pour accéder aux plages de la Saleccia et du Loto, par les terres ou par la mer. On peut les rejoindre à pied, en kayak ou en navette, ou louer un bateau.

Kayak de mer

Pour des sorties adaptées à tous les niveaux et/ou la location de kayaks, adressez-vous à **Agriates Kayak** (04 95 37 22 20, 06 15 77 81 13 ; www.agriateskayak.com).

Location de bateaux

Pour découvrir le littoral à votre rythme, vous pouvez louer un bateau à moteur sans permis – comptez, par exemple, 1 heure 30 environ jusqu'à la plage de la Saleccia. Les loueurs, comme **Dominique Plaisance** (04 95 37 07 08, 06 16 90 58 02 ; www.dominiqueplaisance.com ; au bord de l'Aliso ; avr à mi-nov), vous fourniront une carte

Le village de Nonza et sa tour surplombant le Cap Corse (p. 65)

ainsi que des conseils sur l'itinéraire et des bons plans pour vous baigner dans des criques.

Vous pouvez également opter pour une location de voilier ou de catamaran à la semaine avec skipper. Contactez **Croisiera** (www.croisiera.com ; 06 77 27 22 58 ; à partir de 1 290-2 490 €/sem selon saison).

Sorties en mer

Le Popeye Sorties en mer

(06 62 16 23 76, 04 95 37 19 07 ; www.lepopeye.com ; aller-retour plage du Lotu adulte/2-10 ans 16-20/10-12 € selon saison, plage de la Saleccia 25-30/18-30 € ; fin avr à mi-oct). Promenades en mer de 2 heures avec commentaires et baignade, et liaison avec les plages des Agriates – un circuit combine les deux plages, du Loto et de la Saleccia. Également des excursions à la journée en direction du Cap Corse, avec arrêt au port de Centuri.

Plongée

Les fonds sous-marins du golfe de Saint-Florent recèlent quelques trésors qui raviront les plongeurs de tous niveaux. Adressez-vous à **Actisub** (06 12 10 29 71, 06 07 70 18 01 ; www.actisub.com ; quai de l'Aliso ; avr-oct) ou au **CESM** (04 95 37 00 61 ; www.cesm.net ; plage de la Roya ; Pâques-oct).

Autres activités

Altore Multi-activités

(06 88 21 49 16, 04 95 37 19 30 ; www.altore.com). Spécialiste des loisirs sportifs, Altore propose notamment du canyoning (60 € la journée) et du parapente (90 € le baptême). Propose aussi des baptêmes de bateau-volant, un ULM hydro qui décolle et atterrit sur la mer (120 €, 30 min). Le club s'installe en saison au camping Aqua Dolce, sur la plage de la Roya.

Où se loger

Camping d'Olzo Trois-étoiles €

(04 95 37 03 34 ; www.campingolzo.com ; entrée nord de Saint-Florent, lieu-dit Strutta ; adulte/enfant/tente/voiture 4-8,50/3-7,50/3-12/2-4 € selon saison ; avr-sept ;). Cet agréable camping, avec une belle piscine et des emplacements calmes et ombragés, est à 2 km de la ville en

Tour Santa Maria (p. 56)

direction de Patrimonio. Il loue des chalets, des mobile-homes et des "coques" (cabanes en bois sans équipement).

Villa Baraka Chambres d'hôtes €€

(☎ 06 20 33 10 72 ; www.lavillabaraka.com ; route de Bastia ; d 60-115 € selon saison et confort ; avr-nov ;). Une adresse accueillante en retrait de la plage d'Olzo. Dans la maison principale, une chambre avec entrée indépendante et terrasse collective et, au fond du jardin, une maisonnette louée à la nuitée sauf en été (500-800 € selon la semaine). Le jardin, la piscine, la plage de galets à 3 minutes à pied et l'accueil des propriétaires suffiront aux amateurs de chambres d'hôtes pour opter pour cette adresse.

Dolce Notte Hôtel de charme €€

(☎ 04 95 37 06 65 ; www.hotel-dolce-notte.com ; plage de l'Ospedale ; d/tr/qua 90-198/150-236 €, petit-déj 9 € ; mi-avr à mi-oct ;). Une belle option. Bordant une plage de galets, à la sortie de Saint-Florent en direction du Cap Corse, ce trois-étoiles abrite 20 chambres qui ont toutes une vue sur la mer, dotées d'un balcon ou d'une terrasse (manquant un peu d'intimité). Il affiche une décoration classique, sobre et soignée, et offre un confort d'un bon standing (TV, minibar, climatisation). Espace séparé pour les chambres triples ; petit-déjeuner en chambre ou sur la terrasse, face à la grande bleue. Il n'y a pas de piscine mais on peut profiter de l'accès direct à la mer et de quelques transats posés sur les galets.

Maxime Hôtel €€

(☎ 04 95 37 05 30 ; www.hotel-maxime-saint-florent.fr ; rte de la Cathédrale ; d/tr 63-99/98-145 € selon saison et confort, petit-déj 9,50 € ; mi-mars à nov ;). À deux pas du rond-point central de la ville, à l'écart de la circulation, le Maxime doit à son emplacement, à son parking et à son bon rapport qualité/prix d'être souvent complet en saison. Les chambres, fonctionnelles, claires et bien équipées, sont installées au calme. Jolie terrasse.

L'Europe Hôtel €€

(☎ 04 95 35 32 91 ; www.hotel-europe2.com ; pl. des Portes ; d 88-143 € selon confort et saison, demi-pension 195-250 € ; mars-déc ;). Cet ancien relais de poste du XVIIIe siècle se trouve au cœur de l'animation, face au port. Les chambres, climatisées et lumineuses, sont réparties sur 3 étages desservis par un grand escalier en pierre (pas d'ascenseur). Certaines, rénovées, ont de belles tomettes et du mobilier ancien. Deux disposent d'un balcon ouvrant sur le port. Le restaurant au rez-de-chaussée jouit d'une très bonne réputation. Il mise sur le frais et a obtenu le label maître restaurateur.

La Roya Hôtel de luxe €€€

(04 95 37 00 40 ; www.hotelroya.com ; d 200-550 € selon vue et saison, ste 2-4 pers 360-800 €, petit-déj 24 € ; avr à mi-nov ; P). Îlot de luxe et de raffinement, l'hôtel La Roya accueille ses hôtes au son cristallin du petit bassin qui orne la réception. Mobilier asiatique, peignoirs sur les lits, piscine chauffée... rien n'est laissé au hasard. Ajoutons que le site est exceptionnel – face à Saint-Florent et en bordure d'une plage privatisée – et que le restaurant gastronomique est la table la plus romantique de la ville.

Où se restaurer

Le Grill Cuisine de saison et circuits courts €€

(04 95 37 19 69, 06 75 71 56 93 ; quai d'honneur ; plats 17-27 € ; mars à mi-déc, fermé lun et jan-fév). Sur le port, ce grill à la méditerranéenne propose un joli choix de viandes et de poissons grillés accompagnés de légumes du jardin. Coup de cœur pour les *penne* aux gambas et chorizo et le burger Nustrale, aux saveurs corses.

La Gaffe Spécialités de la mer €€

(04 95 37 00 12 ; www.restaurant-saint-florent.com ; port de Saint-Florent ; plats 32-34 €, menu 55 € ; mars-nov tlj sauf mer). Le cadre à l'atmosphère maritime plante le décor : on voue ici un culte aux spécialités du royaume de Neptune. On y déguste aussi des viandes issues de la production locale. La terrasse est particulièrement agréable et la cuisine est à la hauteur de la réputation des lieux. En sus, une très belle carte des vins.

L'Auberge du Pêcheur Poisson €€

(09 72 15 54 60, 06 24 36 30 42 ; www.aubergedupecheur.net ; rte de Bastia ; plats 30-38 €, menu 55 € ; restaurant tlj soir uniquement mai à mi-oct, poissonnerie tlj 8h-13h). L'entrée de ce restaurant se fait par la poissonnerie Saint-Christophe, du nom d'un des bateaux qui approvisionnent cuisine et commerce. C'est l'occasion d'admirer espadons, dentis, pagres, homards, langoustes... et de commencer à saliver ! Notre coup de cœur va au carpaccio de thon rouge – le *Saint-Christophe II* est détenteur de l'une des rares autorisations européennes de pêche du thon rouge aux palangres accordées à la Corse. À déguster dans un jardin intérieur où s'épanouissent bougainvilliers, palmiers, bananiers, et oiseaux du paradis... Réservation indispensable. Notez que le restaurant privilégie le bio. La poissonnerie réalise aussi de délicieux sushis, makis et sashimis certains jours de la semaine (sur place ou à emporter).

L'Europe Maître restaurateur €€

(04 95 35 32 91 ; www.hotel-europe2.com ; pl. des Portes ; menu 29 €, plats 25-38 € ; tte l'année ;). Les années passent et la réputation de ce restaurant ne se dément pas. La cuisine fait honneur aux produits de la mer, aux spécialités corses et aux saveurs du terroir. Chaque jour, la carte affiche 3 ou 4 propositions (15-20 €) selon l'arrivage de poissons et de crustacés. Desserts maison et savoureux. Service rapide et jolie carte des vins.

Patrimonio

À 6 km de Saint-Florent en direction du Cap Corse, Patrimonio est l'un des fers de lance du vignoble insulaire. La tournée des caves est ainsi l'une des raisons majeures de la venue des visiteurs dans ce joli village, surplombé par la haute **église Saint-Martin** (XVIe siècle).

Activités

Pays du muscat, le vignoble de Patrimonio, qui fut le premier à recevoir une appellation d'origine contrôlée (AOC) sur l'île, produit également de bons vins rouges, rosés et blancs. Plus d'un tiers des vignerons de Patrimonio ont déjà acquis la certification de culture biologique ou sont en passe de l'obtenir. Quelques suggestions parmi la trentaine de viticulteurs qui se partagent l'appellation…

Domaine Gentile Cave

(04 95 37 01 54 ; www.domaine-gentile.com ; lieu-dit Olzo). Des rouges intéressants et une curiosité : un muscat sec.

Domaine Orenga de Gaffory Cave

(04 95 37 45 00 ; www.orengadegaffory.com ; lieu-dit Morta Majo). L'un des plus importants domaines. La Cuvée du Gouverneur passe pour l'un des meilleurs rouges de l'île.

Clos Arena Cave

(04 95 37 08 27 ; lieu-dit Morta Majo). L'une des références de l'appellation. Excellents blancs et rouges élevés en biodynamie.

Clos de Bernardi Cave

(04 95 37 01 09 ; au-dessus de la rte de l'Église). Bons rouges bio et dégustations en petit comité.

Domaine Leccia Cave

(04 95 37 11 35 ; www.domaine-leccia.com ; rte de la Cathédrale, lieu-dit Morta Piana). Une référence, et l'un des rares viticulteurs à proposer des rouges de garde, 100% monocépages.

Domaine Lazzarini Cave

(04 95 37 18 61 ; sortie de Patrimonio). Très apprécié pour son muscat. Des vins d'orange et de pêche, et un rouge primé.

Clos Marfisi Cave

(04 95 37 07 49 ; lieu-dit Fornelli, à la sortie du village en venant de Bastia). Un blanc plusieurs fois primé et un rouge surprenant.

Clos Montemagni Cave

(04 95 37 00 80 ; www.domaine-montemagni.com ; lieu-dit Puccinasca). Un vaste domaine qui produit des rouges et des muscats.

Où se loger et se restaurer

Casa Eva Maria Chambres d'hôtes avec piscine €€

(06 28 46 24 27 ; www.casaevamaria.com ; rte Impériale ; d avec petit-déj 70-115 € selon saison ;). En pleine campagne, au milieu des vignes, ce havre de paix profite d'une vue magnifique sur les environs. En surplomb de la piscine, un bâtiment indépendant abrite les 4 chambres, décorées avec soin : mobilier chiné ou cérusé, matières naturelles. Très confortables, elles profitent aussi d'une terrasse, sans vis-à-vis. Également : un gîte de 65 m² (4 pers) avec une chambre et un canapé-lit dans le salon (550-900 €/sem). Bel accueil de la famille Orsini, délicieux petit-déjeuner, cuisine d'été à disposition. Un très bon rapport qualité/prix.

Libertaria Bistrot Tropical Cuisine et potager €€

(06 23 16 41 25 ; www.facebook.com/restaurant.patrimonio ; route de l'Église ; plats 20-27 €, pizzas 13-15 € ; tlj en été). Cette adresse, tenue par la famille Maestracci, est devenue une référence au-delà des frontières du Nebbio. Côté cuisine, deux chefs sont aux commandes : Malik pour les assiettes de viandes accompagnées de légumes du potager et Paolo pour les pizzas croustillantes cuites au feu de bois. L'ensemble est délicieux et servi sous le grand marronnier, illuminé par les lampions. En sortant, jetez un coup d'œil à l'architecture insolite de la maison familiale construite par l'aïeul parti faire fortune à Puerto Rico. Un vrai roman d'aventures !

L'Assiette du Vigneron Traditionnel corse €€

(04 95 31 61 35 ; plats 16-25 €, menu corse 30 € ; tlj sauf lun midi et mar midi avr à mi-oct, reste de l'année se renseigner). Dans une belle salle en pierre rustique, cette adresse propose une cuisine corse simple, mais basée sur d'excellents produits frais :

soupe de poissons maison, tripettes guillerettes, ballotins de volaille, sauté de veau corse, pièce du boucher sauce vigneronne... Côté dessert, le *fiadone* est un des meilleurs qu'on ait pu goûter sur l'île. L'accueil est excellent et les assiettes copieuses.

Le Bartavin Bar à vins €

(04 95 38 37 94 ; hameau de Palazzu ; plats 14-20 €, pizzas 11-12 € ; tlj sf lun midi, tte l'année). Dans un virage en montant dans le village, au-dessus du domaine Lazarini, ce bar à vins-restaurant-pizzeria, aménagé dans une ancienne étable, vous accueille dans une belle salle en pierre, sur une terrasse ou autour de quelques tables disposées dans le jardin aux allures de verger. Si ce n'était la vue sublime sur la Méditerranée et les collines du Neubiu, l'ambiance autour de la terrasse a quelque chose de la Normandie, avec ses arbres fruitiers et le gazon verdoyant. On peut s'initier aux crus de Patrimonio, proposés au verre (à partir de 3 €), et se restaurer dans la bonne humeur. Sur la carte : pizzas, grillades, poisson et spécialités corses. Le tout bien frais et à des prix très corrects. La terrasse n'étant pas ombragée, mieux vaut attendre le coucher du soleil pour s'attabler.

LES AGRIATES ET L'OSTRICONI

Désert des Agriates (E Agriate)

Entre Saint-Florent et l'embouchure de l'Ostriconi, le désert des Agriates révèle sur une trentaine de kilomètres un paysage aride et grandiose de maquis brûlé par le soleil, d'où émergent de basses montagnes de couleur crayeuse. Il est difficile de croire en contemplant ce paysage rocheux que la région fut jadis considérée comme le grenier à blé de Gênes. Ce "désert" fut en effet aussi verdoyant et agricole qu'il est aujourd'hui stérile et dépeuplé. Jusqu'au début du XXe siècle, la vie des Agriates était rythmée par l'alternance de la transhumance et des semis. L'écobuage (une technique de culture sur brûlis) et les incendies sont à l'origine de sa physionomie actuelle. Aujourd'hui, cette vaste étendue attire surtout les visiteurs grâce à deux joyaux enchâssés dans son

Paysage aux environs de Patrimonio

VAUT LE DÉTOUR
Lama

Toisant la vallée de l'Ostriconi, Lama compte parmi les plus beaux villages de l'île. Pour vous y rendre depuis la côte, prenez la T30 en direction de Ponte-Leccia sur 10 km, puis empruntez à gauche la petite route qui monte en serpentant sur 3 km jusqu'au hameau, perché sur un éperon rocheux. Prenez le temps de flâner dans les ruelles étroites du vieux quartier médiéval puis d'admirer les maisons bourgeoises des XVIIIe et XIXe siècles, qui ont appartenu jadis aux riches oléiculteurs de la vallée. Des hauteurs du bourg, on distingue nettement la Casa Bertola, au remarquable belvédère toscan, et le Stallo, d'anciennes écuries transformées en salle d'exposition. Plusieurs sentiers de randonnée partent de Lama (renseignez-vous à l'office du tourisme), qui abrite par ailleurs une adresse de charme : **Case Latine** (06 22 37 14 16 ; www.caselatine.com ; d/ste/tr 158-278/198-378/268-388 € selon saison, petit-déj 20 € ; mi-avr à mi-oct ;), dont les "maisons latines", accrochées sur un terrain pentu sur les hauteurs de Lama, sont une leçon de bon goût. Elles marient à merveille la rusticité de la pierre et l'agrément d'un confort moderne. Chacune des 8 suites, de plain-pied, dispose en outre d'un accès indépendant et d'une terrasse privative. L'adresse compte deux piscines à débordement. Restaurant sur place (soir uniquement, plats 16-26 €) .

Ci-dessus : Lama
RALF WERNER FROELICH/ADOBESTOCK ©

littoral : les **plages du Lotu** (ou Loto) et de la **Saleccia**. Elles sont principalement accessibles en bateau, à VTT ou à pied (voir p. 66 et ci-dessous).

À voir et à faire

Plages

Protégée par le Conservatoire du littoral, la côte des Agriates doit sa place de choix dans les brochures touristiques à deux sublimes plages.

Un sentier littoral (page ci-contre) s'étire de Saint-Florent à la plage de l'Ostriconi. En chemin, on croise d'abord la jolie **crique de Fornali** puis la **plage du Loto** (ou Lotu, en corse). Cette étendue de sable blanc est la plus connue, la plus proche de Saint-Florent et sans doute aussi la plus fréquentée.

De là, on peut facilement gagner à pied la **plage de la Saleccia** (comptez 1 heure 30 depuis Lotu), qui s'étend sur près de 1 km de long. Son sable blanc et l'irréelle lumière turquoise de ses fonds marins en font l'une des merveilles de l'île.

Également superbes et plus sauvages, les plages de **Ghignu** (2 heures 45 de marche depuis la Saleccia) et de **Malfalco**, plus à l'ouest, sont moins fréquentées en saison.

La **plage de l'Ostriconi** (p. 74) forme l'extrémité ouest de la côte agriate.

Bateau

C'est le moyen le plus simple et le plus direct d'atteindre les plages du Loto et de la Saleccia. Deux sociétés assurent des départs en saison depuis le port de Saint-Florent (p. 67). Vous pouvez également louer un bateau sans permis à Saint-Florent (p. 66) et explorer le littoral à votre guise.

VTT

C'est l'option la plus sportive. Une piste cahoteuse de 12 km praticable à VTT part du hameau de Casta et rejoint la plage de la Saleccia. Elle permet au passage de découvrir les paysages de l'intérieur désertique des Agriates, avant l'apothéose de la côte. Le sol dur et caillouteux rend cependant la descente particulièrement physique. Prévoyez de l'eau, un chapeau, de la crème solaire et… du temps. Évitez les heures les plus chaudes et gardez à l'esprit que si la descente est relativement éprouvante, la montée vous demandera encore plus d'ardeur. Comptez environ 1 heure 30 jusqu'à Casta. L'hôtel-restaurant **Le Relais de Saleccia** (voir ci-dessous), à une centaine de mètres du départ de la piste, loue VTT et VTT électriques (17/40 €) avec matériel anticrevaison. Possibilité de combiner un aller à VTT et un retour en 4×4 (27 €). Il existe deux autres pistes, allant de Bocca di Vezu à Ghignu (13 km), et près de l'Ostriconi jusqu'à Ghignu (10 km).

4×4

Plusieurs sociétés assurent un service de navette en 4×4 pour rejoindre les plages depuis la route principale. Les navettes de **Corsica Découverte** (☎06 78 48 62 99 ; corsica-decouverte.fr) se rendent aux plages de la Saleccia (adulte/enfant à partir de 25/15 €) et du Loto (à partir de 30/20 €).

Marche

Le **sentier littoral** (ou sentier des douaniers) est aménagé entre Saint-Florent (plage de la Roya) et l'Ostriconi, à l'autre bout des Agriates. Long de 45 km, il se divise en 3 étapes (pour 3 jours de marche) : Saint-Florent-Saleccia (5 heures 30, un passage à gué à la plage de Fiume Santu) ; Saleccia-Ghignu (2 heures 45) ; Ghignu-l'Ostriconi (6 heures 30). Praticable en toute saison, le sentier ne présente pas de difficultés particulières, excepté le soleil et la chaleur qui peuvent être écrasants. Prévoyez de l'eau et de quoi vous protéger.

Cheval

La **ferme équestre d'Arbo Valley** (☎06 16 72 53 12 ; arbovalley.fr ; ⏲tte l'année) propose une découverte des Agriates à cheval. Différentes formules sont possibles, dont une balade à la journée (90 €), une balade matinale et une balade au coucher du soleil de mi-juin à mi-septembre (55 €).

Kayak de mer

Une autre option destinée aux sportifs : basé à Saint-Florent, **Agriates Kayak** (☎04 95 37 22 20, 06 15 77 81 13 ; www.agriateskayak.com) organise des randonnées en kayak de mer à la découverte des criques secrètes des Agriates.

Où se loger et se restaurer

En bordure de la route (D81)

Le Relais de Saleccia — Auberge €€

(☎04 95 37 14 60, 06 67 99 35 90 ; www.hotel-corse-saleccia.com ; hameau de Casta ; d/tr/qua 60-65/70-80/90-110 € selon saison, chambre d'hôtes 65-85 € selon saison, petit-déj 7 € ; plats 12-21 € ; ⏲tlj midi et soir avr-sept ; 📶❄). Idéalement située pour partir à la découverte des Agriates par l'intérieur, cette auberge accueillante se trouve à 2 minutes du début de la piste qui descend à Saleccia. Le bâtiment, qui ne brille pas par le charme de son architecture, bénéficie en revanche d'une vue splendide. L'auberge loue 11 chambres fonctionnelles (certaines avec terrasse ou climatisées) et des familiales communicantes. Les moins chères donnent sur un couloir extérieur. Également : une chambre d'hôtes, à l'écart, avec sdb et accès à une terrasse-jardin (sans clim). Le restaurant sert une cuisine simple, un petit-déjeuner très basique et des en-cas. L'établissement offre de bonnes possibilités de découverte des Agriates à VTT, en quad ou en buggy.

U Salone — Restauration, épicerie €

(☎06 65 90 19 48 ; Casta ; plats 5,50-12 €, menu 32 € ; ⏲tlj midi avr-oct). Cette halte sympathique et discrète est nichée le long de la D81, près de Casta. Délicieux sandwichs faits minute, assiettes de charcuteries ou de fromages, et quelques plats parfaitement mitonnés et relevés d'influences provençales (les tians sont à tomber !). Menu corse sur réservation. Accueil amical et vente de délicieux produits (charcuterie, fromages, sirops maison, confitures).

Plage de l'Ostriconi

Sur le littoral

U Paradisu Camping-gîte-restaurant €
(04 95 37 82 51, 06 16 97 75 62 ; www.camping-uparadisu.com ; plage de Saleccia ; adulte/tente 5-6,50/2-3,50 €, ch demi-pension 55 € par adulte, gîte d'étape 25 € par pers ; plats 10-20 € ; menus 18-22 € ; camping tte l'année, gîte d'étape mi-sept à déb juin, restaurant juin-sept).
À 300 m de la plage de la Saleccia, en bas de la piste reliant Casta à la côte, ce camping jouit d'une situation exceptionnelle. Outre des emplacements ombragés, une petite épicerie (avec produits bio et sans gluten), un bar-restaurant, une pizzeria et une aire de jeux pour les enfants, il possède 2 roulottes, des tentes insolites (2-6 pers) et 7 maisonnettes en pierre sèche avec terrasse, proposées en demi-pension. Le restaurant (fin juin à début sept) sert un menu souvent renouvelé. Pas de CB.

La Cabane du Lotu Paillote €€
(06 16 82 67 55 ; plats 19,50-26 € ; juin-oct tlj). À 5 minutes à pied du débarcadère du Lotu en direction de Saleccia (par le sentier littoral), cette agréable paillote propose une courte carte de produits frais bien inspirée : côtelettes d'agneau marinées, gambas à la plancha, pavé de thon mi-cuit... Cadre impeccable, face à la mer, à l'ombre des genévriers rouges. Idéal aussi pour prendre un verre dans les hamacs ou sur les canapés de palettes-coussins. Réservation indispensable. Pas de CB.

L'Ostriconi

Pour un peu, on l'oublierait... Charnière entre la Balagne, le désert des Agriates et les massifs du centre de la Corse, l'Ostriconi est une région discrète qui doit son nom à la rivière dont le delta constitue, avec la plage du même nom, le site naturel d'Ostriconi. Nombre de visiteurs se contentent de la traverser en filant le long de la Balanina, la route reliant Bastia à Calvi (la T30). Cette région de transition, entre mer et montagne, a pourtant de superbes atouts à faire valoir, dont de magnifiques villages bâtis sur les hauteurs, de part et d'autre de la vallée, et une plage extraordinaire.

À voir et à faire

Plage de l'Ostriconi — Baignade

L'un des grands attraits de l'Ostriconi vous attend sur le littoral, dans l'anse de Peraiola, au débouché de la vallée. Magnifique étendue de sable et de dunes entre lesquelles serpentent des bras de mer bordés de roselières, la plage de l'Ostriconi est surveillée en été (méfiez-vous des courants), et passablement fréquentée. On y accède par l'ancienne route, qui part en face du camping Village de l'Ostriconi et se termine en cul-de-sac en contrebas de la Balanina. De la route, plusieurs chemins dévalent la colline qui surplombe la plage.

Villages perchés — Pittoresque

Outre Lama, les 4 autres villages-belvédères de cette microrégion ne manquent pas d'atouts pour vous charmer. De Lama, une route secondaire mène à **Urtaca**, un superbe village perché, à quelques kilomètres au nord. À 4 km vers le sud, **Pietralba** présente également de belles maisons de caractère. De l'autre côté de la vallée, accessible par une pittoresque route en corniche, **Novella** fait aussi belle impression, avec son bâti ancien. Le panorama des Agriates et de la mer est époustouflant. Quant à **Palasca**, encore plus à l'écart, il se mérite ; vous aurez l'impression d'arriver au bout du monde.

Où se loger et se restaurer

Le Village de l'Ostriconi — Camping €

(☎04 95 60 10 05 ; www.village-ostriconi.com ; D81, plage de l'Ostriconi ; adulte/voiture/tente 8-9,90/3,50-4,60/3,50-4,60 €, bung d/tr 55-70/55-85 € selon saison, 3 nuitées min ; ⏲mi-avr à fin sept ; 🏊). Au niveau de la plage, ce "village" bien équipé et idéalement placé se compose d'un camping trois étoiles, de bungalows et de mobile-homes, d'une piscine, d'un tennis, d'une épicerie et d'un restaurant. On accède à la plage en 700 m de marche via un joli sentier traversant les étangs grâce à une passerelle en bois.

L'Agriate Café – Domaine de l'Ostriconi — Restaurant, chambre d'hôtes €

(☎06 70 84 40 53 ; T30, domaine de l'Ostriconi ; d avec petit-déj 55-75 €, plats 14-22 € ; ⏲avr-sept). Au bord de la T30, cette belle maison est une agréable surprise : idéalement située sur le chemin de l'Ostriconi et/ou des Agriates, cette unique chambre d'hôtes, ravissante, propose une délicieuse cuisine du jardin, dans un cadre tout aussi délicieux. Dommage qu'elle soit si près de la route, nuisant au calme qui siérait à un tel lieu.

LA BALAGNE

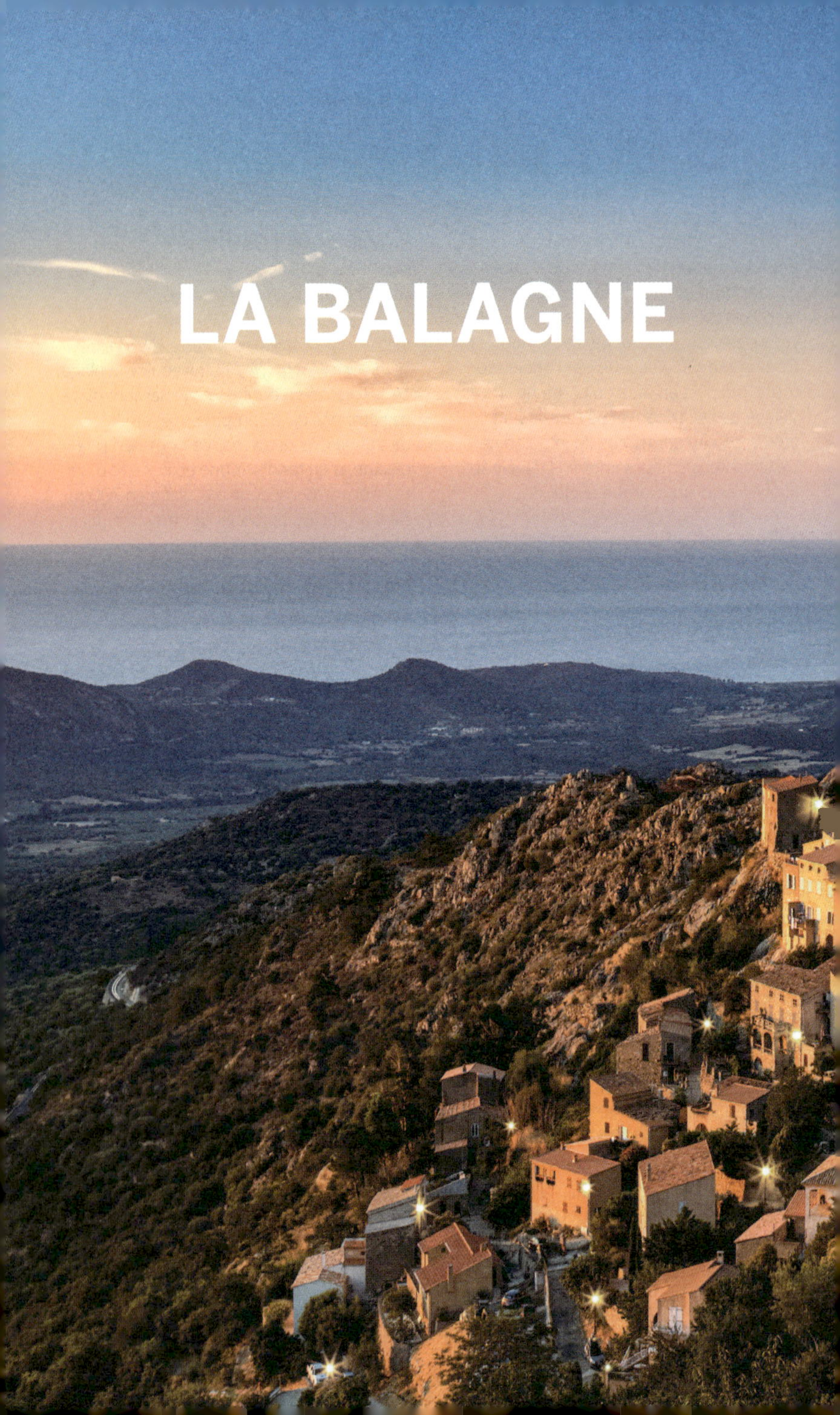

Avec un littoral et un arrière-pays rivalisant d'attraits, la Balagne est la région touristique la plus prisée de Haute-Corse. Longtemps considérée comme le jardin de la Corse, elle doit son essor à ses terres fertiles, à sa proximité avec le continent et à ses ports importants.

Historique dans les ruelles de son imposante citadelle, Calvi sait se faire résolument balnéaire côté plage ou un rien sophistiquée le long des quais du port. Non loin, L'Île-Rousse préserve une atmosphère plus détendue autour d'une place centrale ombragée de platanes et de palmiers-dattiers. Mais c'est dans l'arrière-pays que trône le véritable trésor de la Balagne : ses villages suspendus au-dessus de la plaine comptent parmi les plus beaux de l'île. Leurs édifices intacts, parés de vieilles pierres, se détachent noblement sur la silhouette massive du Monte Grosso.

Le col passé, on découvre l'une des microrégions les plus mystérieuses de l'île : le Giussani. Enfin, la superbe route côtière qui relie Calvi à Porto compte son lot de merveilles, entre les plages sauvages de Nichiareto ou de l'Argentella, et les piscines naturelles de la vallée du Fango.

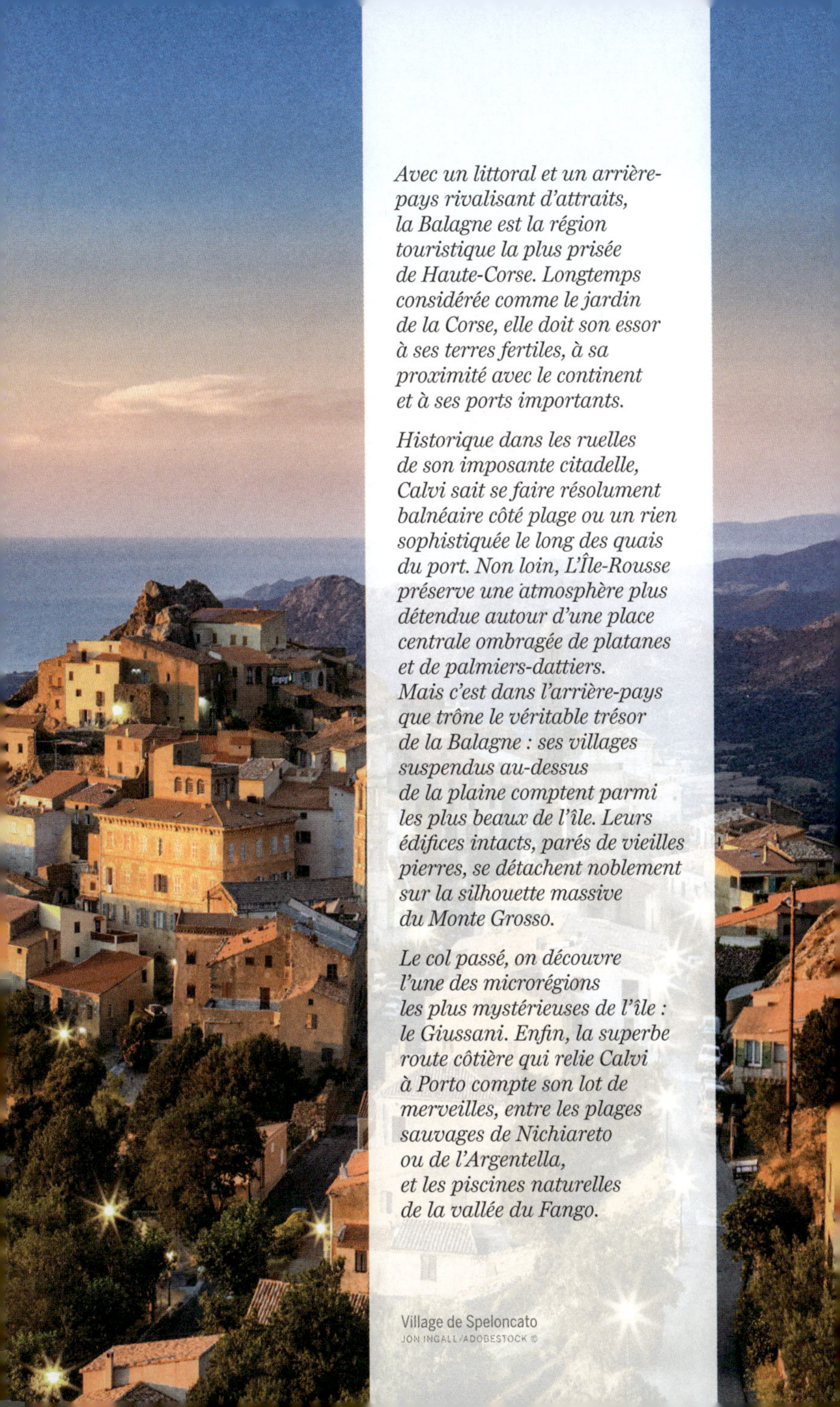

Village de Speloncato
JON INGALL/ADOBESTOCK ©

Nice (65 km),
Marseille (140 km)
et Savone (140 km)
Plage de l'Ostriconi
Désert des Agriates (20 km),
Saint-Florent (35 km)
et Bastia (54 km)
L'Île-Rousse
(p. 87)
T30
(N197)
Parc
de Saleccia
D13
Monticello
Algajola
D263
D151
Santa-Reparata-
di-Balagna
D551
Pigna
Corbara
N197
Punta Carchincu
Sant'Antonino
(p. 97)
D13
D63
Barrage
de Codol
Belgodère
Pointe de la
Revellata
Plage de l'Arinella
Calvi
(p. 79)
Golfe de
Calvi
Lumio
D413
MER
MÉDITERRANÉE
T30
(N197)
Villages de
Balagne intérieure
(p. 92)
D71
Speloncato
Col de
Battaglia
(1 099 m)
T30
(N197)
Notre-Dame-
de-la-Serra
D151
D63
D451
Feliceto
Baie de
Nichjaretu
Calvi-Sainte-
Catherine
D151
D151
Pioggiola
Olmi-Cappella
D963
Vallica
San Parteo
(1 680 m)
D81
D51
Calenzana
Monte Grosso
(1 937 m)
Suare
La Figarela
GR®20
Mare e
Monti
Nord
Forêt de Tartagine-Melaja
D81B
Baie de
Crovani
Plage
d'Argentella
D251
Col de Rezza
Bonifatu
(510 m)
Monte
Corona
(2 144 m)
Monte Padru
(2 393 m)
D147
Vallée
du Fango
(p. 95)
Forêt
de Bonifato
(p. 82)
Galéria
Porto
(40 km)
0
8 km

CALVI

La prospère "capitale" de la Balagne s'étend le long de son golfe sous la double surveillance de sa citadelle et du Monte Cinto (2 706 m). Ville corse la plus proche du continent, cette ancienne place forte génoise fut, dès les années 1920, l'une des premières destinations touristiques de l'île. Estivale par sa plage, culturelle par sa citadelle et ses festivals, Calvi figure parmi les escales les plus appréciées et fréquentées de Corse.

À voir

Citadelle — Centre historique

Érigée à la fin du XVe siècle par les Génois, la citadelle de Calvi (accès libre) domine la ville de son promontoire rocheux. Elle forme un quartier à part, le plus souvent désert, même si quelques cafés et restaurants dressent leurs tables à l'ombre de ses fortifications. Après avoir traversé la place Christophe-Colomb, on y pénètre par un porche surmonté de l'inscription *Civitas Calvi semper fidelis*, qui rappelle qu'au XVIe siècle la ville proclamait haut et fort sa fidélité à Gênes. Une enfilade de ruelles mène ensuite à la place d'Armes et à l'**ancien palais des gouverneurs génois** (fermé au public). Rebaptisée caserne Sampiero, cette imposante bâtisse du XIIIe siècle abrite aujourd'hui le mess des officiers parachutistes de la Légion étrangère.

Non loin, la **cathédrale Saint-Jean-Baptiste** (San Giovanni Battista) renferme un maître-autel en marbre polychrome du XVIIe siècle et la statue en ébène du Christ des Miracles, qui fait l'objet d'une vénération particulière depuis le siège de la ville de 1553. Quant à la Vierge du Rosaire, également dans la cathédrale, elle possède trois tenues, et seules les femmes ont le droit de la vêtir.

Derrière la cathédrale, on rejoint la **maison de Laurent Giubegga**, le parrain de Napoléon. Sur la façade, une inscription rappelle le séjour de son filleul, en 1793. Une ruelle mène à l'**oratoire de la confrérie Saint-Antoine**, une institution caritative active en Corse depuis le XIVe siècle. L'édifice renferme des fresques des XVe

Ruelle de la citadelle et cathédrale Saint-Jean-Baptiste

INSOLITE !
Un Calvais nommé Colomb ?

Place Christophe-Colomb, avenue Christophe-Colomb, stèle de Christophe Colomb commémorant la découverte de l'Amérique... Calvi voue au découvreur du Nouveau Monde la même admiration qu'Ajaccio à Napoléon. Pourquoi la mémoire du célèbre navigateur hante-t-elle les ruelles de la citadelle ? Selon certains, Cristóbal Colón serait né à Calvi. Et qu'importe si la majorité des sources le proclament génois : à sa naissance, vers 1450, Calvi n'était-elle pas génoise ?

et XVIe siècles et un Christ en ivoire attribué au sculpteur florentin Jacopo d'Antonio Tatti, dit "le Sansevino".

Cinq **bastions**, érigés depuis la fin du XVe siècle et offrant de belles vues sur la baie et la ville, sont répartis dans la citadelle. Au nord-ouest, le **bastion Celle** est flanqué d'une échauguette, guérite de pierre suspendue au-dessus des remparts.

Bien qu'elle soit bâtie à l'extérieur des remparts, ajoutons la **tour du Sel**, une jolie tour ronde située sur le quai Landry, utilisée jadis pour entreposer le sel de la ville.

Église Sainte-Marie-Majeure — Architecture baroque

Derrière son enduit rose, cette église située au cœur de la basse ville cache une impressionnante coupole. Bâtie entre 1765 et 1838 dans un style baroque, elle témoigne de l'extension de la basse ville, précédemment cantonnée au pied de la citadelle. L'église Sainte-Marie-Majeure contient deux toiles classées (une Assomption du XVIe siècle et une Annonciation du XVIIIe siècle) et une statue de la Vierge de l'Assomption, portée chaque année en procession dans la ville.

Activités

Plage — Farniente

Longue de 4 km, la plage de sable fin de Calvi débute au port de plaisance et s'étend le long du golfe et d'une pinède. Elle révèle la plus belle vue qui soit sur la citadelle et, présentant très peu de profondeur sur les 50 premiers mètres, est idéale pour les enfants. Une promenade "des planches", façon Deauville, la borde sur toute sa longueur, donnant également accès à une série de bars-restaurants ouverts en saison.

Calvi Nautique Club — Voile, kayak

(☎04 95 65 10 65 ; www.calvi-nautique-club.com ; ⏲fermé déc-mars). Ce club installé sur la plage organise des stages collectifs (à partir de 95 € les 3 demi-journées pour tout-petits) et des cours particuliers (à partir de 60 € de l'heure), et propose du matériel en location.

A Cavallu — Promenades équestres

(☎04 95 65 22 22 ; www.acavallu.com ; T30, face à l'embranchement pour l'aéroport ; ⏲tte l'année, fermé dim). À 3 km du centre-ville en direction de l'aéroport, A Cavallu propose des balades à cheval sur rendez-vous. En été, les cavaliers confirmés peuvent même se baigner avec les chevaux. Comptez 32 € pour une promenade de 1 heure dans la pinède.

A Scimia Calvese — Parcours aventure

(☎06 83 39 69 06 ; www.altore.com ; extrémité nord de la plage ; initiation 5 €, parcours moyen 12 €, grand parcours adulte/-14 ans 18/15 €, circuit tyroliennes +14 ans 20 € ; ⏲9h30-18h30 tlj juil-août, tlj 14h-18h avr-Toussaint vacances scolaires, mer et sam-dim hors vacances scolaires). Créé par Altore, spécialiste des loisirs sportifs, ce parcours aérien dans la pinède comprend une vingtaine d'ateliers de 4 niveaux différents (taille minimale 85 cm, à partir de 4 ans accompagné). Baptêmes de parapente également (90/130 € les 15/30 min ; ⏲avr-nov), sur réservation.

Plongée

Calvi est un haut lieu de la plongée sur l'île, avec un bel éventail de sites pour tous les niveaux, dont une épave célèbre, le *B17*, au large de la citadelle. Plusieurs clubs sont présents sur le port : **Plongée Castille** (04 95 65 14 05, 06 07 89 77 63 ; www.plongeecastille.com ; tte l'année), **EPIC** (06 13 38 61 26 ; www.epic-plongee.com ; avr-oct), **Calvi Plongée** (04 95 65 33 67, 06 18 01 41 83 ; www.calviplongee.com ; avr-nov).

Circuits organisés

Colombo Line Sorties en mer
(04 95 65 32 10 ; www.colombo-line.com ; port de plaisance ; avr-oct). Cette société propose une gamme complète d'excursions en mer, à la demi-journée ou à la journée, à destination de la réserve de Scandola, de Girolata, des calanques de Piana et même des îles Sanguinaires dans le golfe d'Ajaccio. Comptez de 53 à 90 € selon la sortie (demi-tarif jusqu'à 10 ans, gratuit pour les moins de 4 ans). Des croisières en catamaran (maximum 30 pers), mettant l'accent sur la détente et la baignade, sont également organisées. Elles incluent la visite de la réserve de Scandola ou de la grotte des Veaux marins (à partir de 35 €).

Où se loger

La Pinède Camping €
(04 95 65 17 80 ; www.camping-calvi.com ; rte de la Pinède ; forfait 2 pers 26-51 € selon saison ; mars-déc ;). Près de la plage, à environ 1 km du centre-ville, ce camping s'étend dans une pinède de 5 ha et comprend d'excellents équipements, dont une piscine. Des mobile-homes, roulottes et chalets climatisés pouvant accueillir jusqu'à 6 personnes sont loués à la nuit ou à la semaine, ainsi que des lodges tout neufs de 4 personnes, non climatisés (49-166 €).

Hôtel du Centre Hôtel €
(04 95 65 02 01 ; 14 rue d'Alsace-Lorraine ; d/tr 38-61/47-77 € selon confort et saison ; juin-sept). Seul hôtel économique du centre-ville, cet établissement monacal loue des chambres spartiates mais propres et bien tenues. Les moins chères partagent des sanitaires sur le palier ; les autres disposent d'une douche. L'hôtel est mal indiqué, en haut d'un escalier à deux pas

Calvi

VAUT LE DÉTOUR
La forêt de Bonifato

Rafraîchissante parenthèse à l'ombre des conifères, la forêt de Bonifato (Bonifatu) séduit autant les promeneurs que les randonneurs. Située entre 300 et 1 950 m d'altitude, la forêt de Bonifato est plantée de pins maritimes, de pins laricios, de chênes verts et d'autres feuillus. Ces différentes essences couvrent une superficie d'environ 3 000 ha, en grande partie dans le cirque du même nom. Plutôt qu'une cuvette, celui-ci présente l'aspect d'une suite de crêtes et d'arêtes enchevêtrées, étonnantes pour les couleurs rougeâtres, cuivrées ou vert-de-gris que leur donne le soleil au fil de sa course.

La forêt et le cirque de Bonifato vivaient naguère au rythme de la transhumance. De nos jours, ils sont principalement fréquentés par les randonneurs. Bonifato est en effet le point de départ du sentier qui mène aux refuges de Carozzu (2 heures 30 environ) et d'Ortu di u Piobbu (3 heures 30 environ), situés sur le GR®20. Ces itinéraires partent du parking, où débute également un sentier facile qui longe la rivière de la Figarella, agrémentée de vasques dans lesquelles il est possible de se baigner.

Pour atteindre Bonifato depuis Calvi, prenez la route de l'aéroport et continuez sur une vingtaine de kilomètres. Un panneau signale la forêt domaniale de Bonifato 7 km après l'embranchement de la route de Calenzana. Après le col de la Bocca Rezza (510 m), vous atteindrez la maison forestière, l'**Auberge de la Forêt** (☎04 95 65 09 98 ; www.auberge-foret-bonifatu.com ; possibilité de repas et d'hébergement ; ⏲avr-sept ; P Wi-Fi) et le parking, payant en été (moto/voiture 2,50/4 €).

du marché, dans le bâtiment d'une ancienne gendarmerie du Second Empire. Pas de CB.

Casa Bianca Hôtel €€
(☎04 95 60 08 33 ; www.hotel-casa-bianca.com ; ch. San Francesco, rte du stade ; d/ste 75-180/140-350 € selon confort et saison, petit-déj 12 € ; ⏲tte l'année ; Wi-Fi Clim P). Un hôtel qui se démarque du reste de l'hôtellerie calvaise par son rapport qualité/prix. Dans une belle maison blanche à trois étages, les chambres, climatisées, sont très lumineuses et s'appuient sur un design épuré mais chaleureux. Certaines disposent d'une terrasse privative. Literie très confortable et accueil excellent. Une belle escale.

Hôtel Christophe-Colomb Hôtel-restaurant €€
(☎04 95 65 06 04 ; www.hotelchristophecolomb.com ; pl. Bel-Ombra ; d/tr/q 72-170/98-195/130-320 € selon vue et saison ; ⏲avr-oct ; Clim Wi-Fi). Trois-étoiles correct et bien situé, refait ces dernières années, aux chambres confortables avec climatisation – préférez celles donnant sur la citadelle ou la mer, un peu plus chères. Restaurant sur place. Parking devant l'hôtel sur réservation (10-15 €).

Saint-Érasme Face à la Revellata €€€
(☎04 95 65 04 50 ; www.hotel-calvi-corse.fr ; rte de Porto ; s/d/tr/qua 88-136/99-229/156-276/220-285 € selon confort et saison ; ⏲avr-oct ; Clim Piscine P Wi-Fi). La (merveilleuse) situation face à la presqu'île de la Revellata est une invitation à profiter de cet espace naturel grandiose. Ce trois-étoiles impeccable, contemporain et confortable, possède une piscine chauffée avec vue sur la mer. Les 33 chambres déclinent un style actuel, assez sobre ; les plus chères jouissent bien entendu d'une terrasse avec vue sur la grande bleue.

A Muredda Chambres d'hôtes €€€
(☎04 95 38 52 85, 06 88 62 62 47 ; amureddadicalvi.com ; rte de Pietramaggiore ; d avec petit-déj 125-195 € ; ⏲mars-nov ; P Wi-Fi Clim Piscine). À 1 km de la plage et à 2 km de Calvi, cette adresse de charme nichée

entre les pins et les oliviers est entourée d'un jardin méditerranéen avec piscine (chauffée !). Chacune des 4 chambres situées de plain-pied possède une entrée indépendante et une terrasse privative au bord de la piscine. La décoration est soignée, tout comme les petits-déjeuners à base de produits locaux. Les enfants de moins de 12 ans ne sont pas acceptés.

Où se restaurer

En ville et sur le port

Le Chalet du Port Pizzas et grillades €
(06 23 21 14 53 ; quai des ferries ; plats 13-18,50 € ; soir tlj avr-oct, midi tlj et soir sam-dim fin nov-mars). À l'opposé de l'ambiance des terrasses un peu m'as-tu-vu du port, cette adresse sans prétention est dissimulée sur le quai Landry après la tour du Sel. Dans une ambiance décontractée, on y sert des grillades à prix doux qui n'ont rien à envier à celles qui sont servies sur des terrasses bien plus chics !

U Casanu Méditerranéen €
(04 95 65 00 10 ; 18 bd Wilson ; plats 11-26 € ; tlj, fermé nov-déc). L'ambiance intime est le premier atout de cette minuscule salle du centre-ville aux pierres apparentes, où l'on sert une cuisine familiale (souris d'agneau et poulpe rôti sont les spécialités de la maison) sans esbroufe et à des tarifs tout à fait raisonnables. Desserts maison (mousse de châtaigne, *fiadone*...). Réservation recommandée.

Le Resto Sur le port €€
(04 95 46 00 04 ; 10 rue Joffre ; plats 14-31 €, menu midi 16,50 € ; mi-mars à nov tlj, fermé lun nov-avr). Cette option pratique et efficace côté port est l'une des rares adresses ouvertes hors saison. Bien calé dans des fauteuils en daim, dans un décor actuel et décontracté, on y profite de la vue (depuis une véranda en hauteur) et d'une cuisine de brasserie simple et bien préparée : moules, gnocchis, cordon bleu maison...

U Fanale Corse moderne €€
(04 95 65 18 82 ; rte de Porto ; plats 16-24 €, menus 26-29 € ; avr-oct tous les soirs). En 2020, U Fanale a troqué la bistronomie qui faisait sa réputation pour une formule plus simple : des plats à base de produits en circuit court (cannellonis au brocciu, filet de poisson snacké, burger avec haché de veau corse...) servis autour d'une rôtissoire qui fait tourner la viande du soir. Ambiance de village corse dans le cadre agréable d'une terrasse ombragée par un énorme pin parasol. Parking. À 500 m seulement de la sortie de la ville en direction de Porto et de la Revellata.

Sur la plage

In Casa Bord de mer €€
(04 95 60 18 21 ; www.plageincasa.com ; plats 12-26 € ; mai-sept). Le long de la promenade de la plage, au bout de la pinède, cocktails de fruits frais, spécialités japonaises (excellents sushis !) et DJ sets en saison.

Le Marco Plage Bord de mer €€
(04 95 65 11 14 ; plats 18-22 € ; avr-sept). Sous une pergola en bambou, la citadelle en ligne de mire, cette "paillote" a la faveur des locaux. Et en effet, on y déguste de bons petits plats à prix domptés.

Où prendre un verre

Outre l'**Eden Port** (04 95 60 57 44 ; quai Landry), terrasse branchée où se retrouve la jeunesse calvaise pour déguster cocktails et sushis, citons une institution de la citadelle :

Chez Tao Bar musical
(04 95 65 00 73 ; www.cheztao.com ; rue Saint-Antoine ; juin-août tlj, mai sam, sept sam-dim). Juché au sommet de la citadelle dans un ancien palais, ce piano-bar est indissociable de la nuit calvaise. Chez Tao est la scène privée de son propriétaire, Tao-By, qui s'installe chaque soir au piano de 23h30 à environ 2h. Avant cela, un prélude-apéritif a parfois lieu sur la terrasse (dans les faits, l'adresse est rarement animée avant 23h). Un DJ prend ensuite le relais jusqu'au bout de la nuit... Les consommations atteignent cependant des prix stratosphériques au regard d'une ambiance nocturne pas toujours au rendez-vous.

VAUT LE DÉTOUR
Les plages de Lumio

Les environs de ce village juché au-dessus de la route territoriale (T30) comptent quelques curiosités, parmi lesquelles le hameau abandonné d'**Occi**.

D'avril à septembre, un marché bio s'installe à Lumio le mercredi matin. Mais son attrait principal reste indubitablement ses plages, idéales pour piquer une tête et se restaurer. À environ 2,5 km après Lumio en direction de Calvi, la petite **plage de Sainte-Restitude** est accessible par une courte piste adaptée aux voitures légères. Outre du sable, on y trouve un restaurant ouvert d'avril à octobre, **Le Pain de Sucre** (04 95 60 79 45 ; www.le-pain-de-sucre.com ; plage de Sainte-Restitude ; plats 22-35 € ; tlj midi et soir avr-oct), une adresse à l'ambiance romantique en soirée appréciée pour ses produits de la mer (réservation indispensable en saison). Autre bel endroit pour la baignade, la plage de sable fin de l'**Arinella** est accessible par une petite route qui bifurque depuis la T30 environ 500 m après Lumio en direction de Calvi. La plage tapisse une petite crique réservant une belle vue sur la citadelle de Calvi. Vous pourrez vous restaurer les pieds dans l'eau au **Matahari** (04 95 60 78 47 ; www.lematahari.com ; plage de l'Arinella ; plats 18-38 € ; midi uniquement avr-mai, midi et soir tlj sauf lun soir juin-sept), au décor exotique, qui propose une carte à base de produits de saison. La route continue jusqu'à la **Punta Carchincu**, parsemée de criques rocheuses.

Ci-dessus : La plage de l'Arinella au coucher du soleil
JONINGALLI/ADOBESTOCK ©

Achats

Annie Traiteur Produits corses
(04 95 65 49 67 ; www.annietraiteur.com ; 5 rue Clemenceau ; 7h-20h tlj mi-mars à déc). L'adresse – un véritable petit supermarché – promet de "mettre la Corse à votre table". On y trouve de tout, des *canistrelli* aux vins insulaires et de l'huile d'olive aux préparations pour gâteau à la farine de châtaigne...

A Loghja Calvi Produits corses
(07 77 88 94 39 ; 3 rue Clemenceau). Mitoyenne d'Annie Traiteur, une petite boutique voûtée bien approvisionnée en charcuteries, vins et autres produits locaux.

Renseignements

Office du tourisme de Calvi et de Balagne
(04 95 65 16 67 ; www.balagne-corsica.com ; port de plaisance). L'office propose notamment des audioguides accompagnant un parcours balisé dans la citadelle (7 €, disponibles à l'entrée de la citadelle en juillet et août, à l'office le reste de l'année). Une version chasse aux trésors existe aussi pour les enfants. Visite guidée de la ville le mercredi à 9h30 (15 €). Dans l'office, accès Wi-Fi gratuit (30 min).

ALGAJOLA

À mi-chemin entre Calvi et L'Île-Rousse, cette ancienne place forte génoise devenue une localité balnéaire tranquille attire avant tout un public familial souhaitant échapper à la foule de Calvi. Reliée en été à ses deux voisines par le train des plages, Algajola compte quelques restaurants et boutiques, et surtout une belle plage de sable.

À voir

Peu de traces subsistent du passé militaire du bourg, mais vous pourrez voir les vestiges bien restaurés de l'ancien fortin entre le restaurant U Castellu et l'hôtel Saint-Joseph, où un emplacement aménagé face à la mer est idéal pour voir le coucher du soleil.

FRETTY/ADOBESTOCK ©

Golfe de Calvi

Activités

Plages Baignade et activités nautiques

La petite plage située en ville se double de la belle **plage d'Aregno**, quelques centaines de mètres plus loin, qui déroule son tapis de sable sur 3 km entre la sortie est du bourg et la pointe Varcale. Elle fait la joie des familles, des adeptes des sports nautiques et des surfeurs. **Sport & Nature** (☎06 80 24 82 47, 06 83 85 15 31 ; www.algajola-sportetnature.com ; plage d'Aregno ; ⏲mars-oct) propose des activités de kayak de mer, surf, planche à voile, snorkeling, plongée et stand-up paddle. Des adeptes du naturisme fréquentent parfois le secteur de la pointe Varcale.

Où se loger

Hôtel Saint-Joseph Hôtel familial €€

(☎04 95 60 73 90 ; www.hotel-algajola.com ; 1 ch. de Ronde ; s/d/tr 55-110/65-142/110-155 € selon confort et saison, petit-déj 7 € ; ⏲avr-oct ; P ❄ Wi-Fi). Cet accueillant hôtel familial bâti au pied de l'ancienne poudrière propose deux types de chambres : les "standard", un peu petites mais accueillantes, et les "supérieure", qui peuvent accueillir des familles. Toutes affichent une décoration plutôt moderne utilisant des éléments fabriqués par des artisans locaux. Dommage que le parking (gratuit sous vidéosurveillance) s'interpose entre l'hôtel et la mer. Wi-Fi dans les parties communes.

Hôtel de la Plage – Les Arcades Bord de l'eau €€

(☎04 95 60 72 12, 06 20 33 07 63 ; hotelalgajola.com ; 15 rte nationale ; s/d/tr/qua 55-140/60-145/80-160/110-170 € selon vue et saison ; ⏲mi-avr à mi-oct ; P ❄ Wi-Fi). Voilà une adresse qui sent bon les vacances ! Installé dans une bâtisse à arcades, l'hôtel doit son attrait à la proximité immédiate de la plage. Ses chambres, refaites dans des couleurs pimpantes, sont toutes différentes. Certaines sont un peu petites, deux disposent de grandes terrasses. Confort simple, bon accueil et parties communes agréables.

Stella Mare Hôtel avec vue €€

(☎04 95 60 71 18 ; www.stellamarehotel.com ; ch Santa-Lucia ; d 99-109 € selon vue et saison ; ⏲fin-avr à mi-oct ; P ❄ wifi). L'accueil estl'un des points forts de ce trois-étoiles installé dans une demeure aux volets bleus entourée d'un beau jardin, à deux pas de la gare. Les chambres, confortables, affichent une élégante décoration au goût du jour, et la belle terrasse et ses alcôves aménagées sous des arcades sont particulièrement agréables. Copieux petit-déjeuner buffet (13 €).

U Castellu Chambres d'hôtes €€

(☎04 95 36 26 13, 06 24 40 04 20 ; www.ucastelluchambresdhotes.com ; 10 pl. du Château ; d avec petit-déj 68-173 € selon confort et saison ; ⏲avr-oct ; ❄ wifi). Avant tout connue pour son restaurant (ci-contre), cette adresse située au cœur des ruelles d'Algajola propose 5 chambres d'hôtes de charme dans une ancienne maison de village. Lumineuses et accueillantes, elles sont décorées avec soin, en mélangeant éléments contemporains et notes rustiques. Les plus : un agréable salon à l'étage et un toit-terrasse pour prendre le petit-déjeuner.

Où se restaurer

La Vieille Cave Valeur sûre €€

(☎04 95 60 70 09 ; 9 pl. de l'Olmo ; plats 18-23 €, menus 24-29 € ; ⏲tlj sauf lun midi mi-mars à mi-oct). Rien d'exceptionnel côté carte – poissons, viandes, plats de pâtes, pierrades –, mais l'adresse reste l'une des valeurs sûres d'Algajola. Selon la saison, vous vous installerez dans l'ancienne cave voûtée transformée en salle de restaurant ou sur la terrasse, à l'ombre d'un aulne. Service rapide.

U Castellu Belle terrasse €€

(☎04 95 60 78 75 ; 10 pl. du Château ; plats 15-25 €, menu 25 € ; ⏲fin mars-déb nov ; ❄ wifi). Installé sur une placette bordée de lauriers-roses face à l'ancien château fortifié de la ville, en plein cœur d'Algajola, U Castellu se distingue en premier lieu par son cadre. La cuisine, que ce soit côté terre ou côté mer, rend un bel hommage aux produits corses – civet

La plage de L'Île-Rousse

JEAN-BERNARD CARILLET ©

de sanglier, couscous de la mer, beignet de fromage de brebis… Une valeur sûre.

Sur la plage d'Aregno

A Rotta Spécialités de poisson €€

(☎04 95 60 74 85 ; plats 13-38 € ; ⏲tlj midi et sam-dim soir en mai et de mi-mai à mi-oct, fermé nov-avr). Dissimulée au milieu des tamaris et des lauriers-roses, à l'extrémité nord de la plage vers la pointe Varcale, A Rotta s'est bâti une bonne réputation locale grâce aux plats de poisson cuisinés par la patronne. La cuisine et la terrasse, calme et ombragée, justifient le déplacement jusqu'à cette adresse un peu excentrée. Pas de CB.

L'ÎLE-ROUSSE (ISULA ROSSA)

La belle *Isula Rossa* se distingue en premier lieu par son site : la vieille ville, parcourue de venelles pavées, campe au bord d'une baie bordée d'un côté par une presqu'île de porphyre rouge (qui lui a valu son nom) et de l'autre par une plage de sable bordée par une agréable promenade. La ville fit parler d'elle à partir de 1758, lorsque Pascal Paoli la choisit pour édifier une cité portuaire capable de rivaliser avec la génoise Calvi. Maintenant dédiée au tourisme, L'Île-Rousse est une bonne base pour découvrir les villages de l'arrière-pays.

À voir

Vieille ville Centre ancien

La **place Paoli** (remarquez la statue du grand homme), où les joueurs de pétanque ont leurs habitudes, marque le cœur de la cité. À l'ouest se détache l'**église de l'Immaculée Conception**, à l'allure altière. Au nord de la place, le **marché couvert**, bel édifice du XIXe siècle classé monument historique, se signale par ses 21 colonnes. En saison, il accueille le matin des étals animés proposant miel, charcuteries, fromages et autres. Derrière le marché, les rues du centre ancien sont flanquées de belles demeures aux volets colorés.

SI VOUS AIMEZ…

Les villages authentiques

Envie de passer davantage de temps dans les villages des hauteurs balanines ? Quelques suggestions…

1 Monticello

Ce beau village perché 4 km au-dessus de L'Île-Rousse offre de fabuleux points de vue sur la ville et les Agriates. Un chemin balisé qui part de la chapelle conduit notamment à Santa-Reparata-di-Balagna (1 heure 30 aller-retour).

2 Feliceto

Longtemps au cœur de la production locale d'huile d'olive, Feliceto, entre Speloncato et Cateri, mérite le détour pour son moulin à huile, l'un des derniers de Balagne.

3 Corbara

Sur les hauteurs de L'Île-Rousse, Corbara se distingue avant tout par son patrimoine religieux : chapelle des Sept-Douleurs, église A Nunziata et couvent Saint-Dominique, à environ 1,5 km du village en direction de Pigna.

4 Calenzana

Dans l'arrière-pays calvais, Calenzana est avant tout fréquenté par les adeptes de la randonnée. Le village est en effet le point de départ nord du GR®20.

Ci-dessus : L'église d'Aregno, en Balagne intérieure

Presqu'île de la Pietra Promontoire

Envie d'une balade en ville ? Rejoignez à pied la presqu'île de la Pietra, coiffée d'une **tour génoise** et d'un **sémaphore**.

Belgodère (p. 93)

Le panorama de la mer et de la ville est particulièrement beau au coucher du soleil, lorsque le phare blanc se détache sur les rochers orangés.

Activités

Plages — Au centre-ville… ou plus loin

La belle **plage de L'Île-Rousse**, idéale avec des enfants, est bordée par la promenade A Marinella, la "Croisette" locale. Elle se prolonge vers le nord après quelques rochers par la **plage de Caruchetu**, d'où l'on peut emprunter un sentier pour se balader sur les falaises parmi les eucalyptus. Jalonné de jolies petites criques, il mène en une heure (balisage rouge) jusqu'au parc de Saleccia (voir p. 92). À 3 km à l'ouest du centre-ville, la belle **plage de Bodri** (ou Botre) accueille des naturistes à son extrémité nord. Juste à l'ouest de cette dernière, sable et eau limpide sont aussi au rendez-vous sur la **plage de Ghjunchitu** (ou Junquidou).

Club nautique de L'Île-Rousse — Activités nautiques

(04 95 60 22 55 ; www.cnir.org ; mi-mars à mi-déc). Sur la plage, en face de la gare, ce club propose des séances d'initiation et de perfectionnement à la voile (Optimist, catamaran, entre autres ; à partir de 35 €) et à la planche à voile (à partir de 20 €). Il est également possible de louer un kayak de mer ou un paddle (15 €/heure) et de participer à une excursion guidée en kayak ou en paddle autour des îlots de la Pietra (1 heure 30-2 heures, 35 €).

Ferme équestre d'Arbo Valley — Équitation

(06 16 72 53 12 ; www.arbovalley.fr ; T30). Installée 2,5 km au nord de L'Île-Rousse, cette ferme équestre propose en été des balades de 2 heures 30 (55 €) ou d'une journée (120 €, repas et eau compris) vers le désert des Agriates. Tarifs possibles pour les familles.

Plongée et snorkeling

L'Île-Rousse est une bonne base pour découvrir les richesses des fonds sous-marins de la baie. **Beluga Diving** (☎06 82 04 95 10 ; www.beluga-diving.com ; port de plaisance ; ⏲avr à mi-oct) et **EPIR École de plongée de L'Île-Rousse** (☎06 81 97 86 82 ; www.epirplongee.com ; port de pêche ; ⏲avr-oct) sont les deux centres de plongée de la ville. Ils organisent des sorties adaptées à tous les niveaux. Comptez 55-70 € le baptême et environ 56 € pour une plongée d'exploration guidée et équipée (30-35 € si vous avez votre propre matériel). Pour les amateurs de snorkeling, des randonnées palmées encadrées par un moniteur sont également organisées, le long des îlots de la Pietra (25 € les 2 heures).

Où se loger

Le Bodri — Camping €

(☎04 95 60 10 86, 06 13 02 97 41, hiver 04 95 60 06 47 ; www.campinglebodri.com ; rte de Calvi, lieu-dit Bodri ; adulte/tente/voiture 9/6/5 € ; ⏲mai-sept ; 📶). À 1 km après L'Île-Rousse en direction de Calvi, ce camping descend en pente douce parmi les eucalyptus et les pins vers la belle plage de Bodri, à 200 m de là par un sentier. Vaste et bien équipé, il met à disposition une épicerie, une cafétéria et une laverie. Rabais de 30% en mai, juin et septembre.

Le Grillon — Hôtel €

(☎04 95 60 00 49 ; www.hotel-grillon.net ; 10 av. Paul-Doumer ; d/tr 40-80/60-90 € selon saison ; ⏲mi-mars à oct ; P ❄ 📶). Une aubaine pour les budgets serrés ! Ne soyez pas découragé par l'emplacement, au bord de l'artère principale, car la partie hôtel est située dans la rue adjacente. Les chambres de cet établissement à l'esprit pension de famille sont un peu petites mais bien entretenues et joliment décorées. Certaines possèdent un balcon donnant sur les montagnes. Petit-déjeuner buffet (8 €) avec confiture et pâtisseries maison. Accueil très sympathique. À 100 m de la plage. Parking fermé pour les motos.

Splendid Hôtel — Hôtel €€

(☎04 95 60 00 24 ; www.le-splendid-hotel.com ; av. Comte-Valéry ; s/d/tr standard avec petit-déj 64-114/80-135/110-185 €, d sup 120-230 €, selon saison ; ⏲fin mars-nov ; P ❄ 🏊 📶). Impossible de ne pas remarquer cette imposante demeure art déco blanc et vert olive précédée de palmiers, à 150 m de la place Paoli et 100 m de la plage. Le Splendid propose des chambres simples, carrelées, rehaussées de touches de couleur. Les "supérieure" sont plus vastes et plus modernes. Bon point pour le copieux buffet du petit-déjeuner, l'ambiance décontractée et les tarifs très raisonnables. Parking payant en saison (5 €/jour). Restaurant le soir sur réservation.

Cala di L'Oru — Hôtel €€

(☎04 95 60 14 75 ; www.hotel-caladiloru.com ; bd Pierre-Pasquini ; s/d 54-119/55-120 € selon confort et saison ; ⏲avr-oct ; P ❄ 🏊 📶). Dans un quartier calme, à seulement 600 m du centre-ville, cet établissement familial et confortable est posé au milieu d'un petit jardin avec piscine. Les chambres présentent un confort simple mais sont accueillantes et lumineuses, et les tableaux colorés disposés dans les parties communes apportent une note d'originalité. Un bon rapport qualité/prix.

L'Escale Côté Sud — Hôtel de charme €€€

(☎04 95 63 01 70 ; www.hotel-cotesud.com ; 22 rue Notre-Dame ; d/ste 85-210/295-470 € selon saison et vue, petit-déj 12 € ; ⏲tte l'année ; ❄ 📶). Une belle adresse pour les amateurs de design contemporain. En plein centre-ville, vous y trouverez des chambres dont le confort frise le luxe, à la décoration épurée et zen, dans les blancs et les gris. Certaines disposent de balcons avec vue sur mer, notamment les "privilèges", les plus récentes. Au dernier étage, la magnifique suite avec Jacuzzi extérieur est sans doute le plus beau nid d'amour de L'Île-Rousse. Au rez-de-chaussée, restaurant agréable, avec fauteuils en cuir et baies vitrées face à la mer.

FANNYES/ADOBESTOCK ©

Poterie de Pigna (p. 95)

Où se restaurer

Pour un déjeuner dans un cadre bucolique et original, pensez au petit restaurant du parc de Saleccia (p. 92).

L'Escale Brasserie €

(04 95 63 01 70 ; rue Notre-Dame ; plats 18-34 €, menu 27 € ; tte l'année, service continu en saison). Quel changement depuis le café familial ouvert en 1903, dont des photos anciennes sont affichées au mur ! Toujours familiale, cette adresse accueillante et professionnelle affiche maintenant une déco design et branchée et remporte un franc succès grâce à une formule qui a fait ses preuves : une carte variée misant avant tout sur des produits de la mer de qualité à prix raisonnables – moules, gambas, poissons –, ainsi que des plats du jour et des glaces.

L'Osteria Bistrot corse €€

(04 95 55 92 14 ; pl. Santelli ; plats 16-26 €, menu midi 16 € ; tte l'année, fermé mer et jeu midi hors saison). Cette *osteria* séduit d'abord par sa terrasse et sa salle voûtée dont la déco mêle l'ancien et le moderne, et la cuisine savoureuse, présentée à l'ardoise, ne trahit pas cette première bonne impression : *fusilli* au pesto, burger corse, croustillant d'épaule d'agneau confite… la majorité des produits sont bio et locaux. Un régal. Bonne sélection de vins.

U Spuntinu Traditionnel €€

(04 95 60 00 05 ; 1 rue Napoléon ; formule déj 19 €, assiette corse 29 € ; tlj sauf lun midi avr-oct, fermé lun midi et soir intersaison). Une honnête cuisine locale est servie dans cet établissement familial installé depuis 1974 dans une ruelle de la vieille ville. Idéale pour les indécis, la copieuse assiette corse, spécialité de la maison, fait le tour des saveurs insulaires, du gratiné d'aubergines aux beignets de courgettes.

A Siesta Paillote chic €€

(04 95 60 28 74 ; promenade A Marinella ; plats 13-32 € ; mi-avr à oct tlj, fermé mer mai à mi-juin et mi-sept à oct, fermé nov-avr). A Siesta et ses tables impeccablement dressées vous accueillent face à la mer dans une salle vitrée qui se prolonge par une agréable terrasse en teck. À la carte :

marmite du pêcheur façon bouillabaisse, tartares de poisson, filet mignon et risotto aux girolles. L'adresse dispose de son propre vivier de langoustes. Une bonne table, certes, mais la qualité a un coût.

A Casa Corsa Bar à vins €
(04 95 60 23 63 ; Maison Giansily, 22 pl. Paoli ; 8h-2h mi-mars à mi-oct). Installez-vous autour d'un tonneau devant la boutique ou sur la terrasse, pour déguster un verre de vin corse (3,80 €), accompagné d'une planche d'excellentes charcuteries maison, de fromages (10-16 €), de salades ou de tartines chaudes garnies de produits corses.

Où prendre un verre et faire la fête

Outre les classiques comme le **Café des Platanes** (04 95 60 00 36 ; pl. Paoli ; tte l'année), dont la terrasse est une institution de la place Paoli, une série de bars servent en saison des tapas et assiettes autour d'un verre. C'est une bonne option en soirée, pour changer de l'habituel menu corse.

La Casela Sur la plage €
(06 07 67 67 95 ; promenade de la Marinella ; plats 16-22 € ; tlj avr-oct). Pour la séance de soleil couchant sur la presqu'île, c'est ici ! Au bout de la plage de la ville, vous attendent des bancs en bois flotté recouverts de coussin et des tables en bobine de chantier judicieusement disposés sous les tamaris face à la mer. On peut se contenter d'y siroter un mojito corse à base de liqueur du maquis (11 €) accompagné de tapas, mais l'adresse propose aussi des plats (risotto de Saint-Jacques, calamarata au thon...) à un très bon rapport qualité-prix pour un restaurant de plage.

Pub's Discothèque
(04 95 60 02 58 ; rte de Calvi ; tte l'année). Ce bar-restaurant-discothèque est l'un des lieux les plus animés de la ville les nuits d'été et ce depuis 1965 ! Il vous attend à environ 800 m du centre.

VAUT LE DÉTOUR

Le Giussani et la forêt de Tartagine

Enclavée entre de hauts versants, à une altitude moyenne de 900 m, la microrégion du Giussani (Ghjunsani) révèle une atmosphère montagnarde, rude et âpre, qui lui donne son charme. De Speloncato, on la rejoint par le col de Battaglia (1 099 m), où on peut faire une pause dans le restaurant **A Merendella** (04 95 46 24 28 ; en-cas à partir de 8 €, plats 16-22 €, menu 26 € ; Pâques-oct midi tlj, nov-Pâques sam-dim, vac scol tlj).

On arrive ensuite à **Olmi-Cappella** via **Pioggiola**. Isolés face à un panorama exceptionnel, ces hameaux se réveillent l'été grâce aux **Rencontres internationales artistiques de Haute-Corse** (www.ariacorse.net), créées à l'initiative du comédien Robin Renucci, qui font alors du Giussani l'une des scènes les plus actives de l'île.

À 5 km d'Olmi-Capella, face au Monte Padro, **Vallica** mérite une halte pour son pont génois et ses balades douces. En voiture, un bel itinéraire part de Poggiola et rejoint la **forêt de Tartagine-Melaja** en une quinzaine de kilomètres. Le décor se fait plus minéral à mesure que s'étire l'étroite route, le long d'une corniche à flanc de montagne. Elle mène à la **maison forestière de Tartagine** (07 86 0482 58, 09 74 77 63 02 ; nuitée/demi-pension 25/50 € ; repas 12-25 € ; avr-oct, reste de l'année sur réservation à partir de 8 pers ; P) environ 3,5 km après un pont, où des vasques invitent à se rafraîchir.

Ci-dessus : Maison forestière, forêt de Tartagine
JON INGALL/ADOBESTOCK ©

Le GR®20, sentier mythique

Dites "GR®20" et les yeux des randonneurs s'illuminent. Ce sentier créé en 1972, qui relie Calenzana, dans l'arrière-pays de Calvi, à Conca, près de Porto-Vecchio, est en effet devenu mythique. Il attire chaque année plus de 25 000 courageux, venus de toute l'Europe se frotter à ses dénivelés. Le parcours suit grossièrement une diagonale orientée nord-ouest/sud-est sur environ 180 km, que l'on fractionne généralement en 16 étapes d'une durée moyenne de 4 heures 30 à 8 heures. En plein cœur du Parc naturel régional de Corse (PNRC), il traverse les magnifiques paysages sauvages de l'intérieur de l'île, perché à une altitude moyenne de 1 000 à 2 000 m, avec un point culminant à 2 607 m. La diversité des milieux rencontrés en fait un parcours d'exception : forêts de hêtres ou de pins laricios, paysages granitiques lunaires, crêtes ventées, torrents, lacs glaciaires, maquis, sommets enneigés, tourbières, plateaux, névés... Les amoureux de la nature sont comblés. Ceux de la tranquillité également, puisque le GR® ne croise que trois hameaux. Des refuges et bergeries jalonnent l'itinéraire. Si l'aventure vous tente, gardez à l'esprit que cet itinéraire est un parcours de montagne qui nécessite un véritable engagement physique (il totalise plus de 11 000 m de dénivelé positif !), et ne doit pas être pris à la légère. Renseignez-vous sur le site du **Parc naturel régional de Corse** (PNRC ; 04 95 51 79 00 ; www.pnr.corsica).

Renseignements

Office du tourisme (04 95 60 04 35 ; www.balagne-corsica.com ; av. Calizi). L'office propose une pochette de 14 fiches de randonnée (14 €), un guide de randonnée (18,90 €) et un guide géologique de découverte de la Balagne (17 €). Les itinéraires sont aussi téléchargeables via l'appli Cyclo-Rando Balagne.

Environs de L'Île-Rousse

Parc de Saleccia Jardin botanique

(04 95 36 88 83 ; www.parc-saleccia.fr ; rte de Bastia ; tarif plein/réduit 9,50/7,50 €, gratuit -4 ans ; tlj 9h30-19h juil-août, mar-sam 9h30-19h, lun 14h-19h, dim et jours fériés 10h-19h avr-juin et sept, mar-dim 10h-18h oct). À 4 km du centre-ville en direction de Bastia, ce magnifique parc botanique et paysager de 7 ha est dédié à la flore du maquis et aux espèces méditerranéennes au sens large. Oliviers, figuiers, cistes, myrtes, immortelles et lauriers n'auront plus de secrets pour vous après sa visite (comptez 1 heure 30). Les plus petits peuvent s'adonner à des chasses aux trésors et des loisirs créatifs ou observer ânes, chèvres naines et dindons dans deux enclos. Ruche pédagogique. Le restaurant sur place prépare des plats avec les produits du jardin (5-17 €).

Baie de Lozari Farniente

En partant vers l'est depuis L'Île-Rousse par la T30, ménagez-vous une halte baignade sur la très belle plage de Lozari. Elle offre une superbe étendue de sable et s'inscrit dans un cadre montagneux et champêtre enchanteur. Privilégiez ses extrémités pour les enfants – au milieu, les fonds descendent assez rapidement.

LA BALAGNE INTÉRIEURE

Changement de décor. Quelques kilomètres de routes sinueuses dans des paysages spectaculaires suffisent à remplacer la Balagne côtière et ses rivages dorés par un univers radicalement différent : celui de villages-belvédères perchés sur les hauteurs maquisardes, où la vie coule à un rythme serein à l'ombre des platanes et des pierres des maisons ancestrales.

De L'Île-Rousse, un bel itinéraire consiste à rejoindre Belgodère, puis à poursuivre via Speloncato, Sant'Antonino et Pigna, jusqu'à retrouver la côte au niveau d'Algajola. Il est aussi possible de poursuivre par la montagne jusqu'à Calvi, via Montemaggiore et Calenzana.

Outre les villages présentés ici, qui comptent parmi les plus célèbres, d'autres suggestions sont présentées dans les encadrés p. 87 et p. 91.

Belgodère (Belgude)

Facilement accessible depuis L'Île-Rousse, Belgodère domine les oliviers de la vallée du Prato. Outre un arrêt à la terrasse de l'un des cafés de la place, étape obligée pour prendre le pouls du village, une promenade dans ses ruelles assoupies s'impose. L'**église**, sur la place principale, mérite le coup d'œil pour son retable baroque (renseignez-vous à l'annexe de la mairie ou dans les cafés voisins).

On peut rejoindre un **fort** en partie en ruine, dominant un magnifique panorama des vallées environnantes parsemées d'oliviers, en passant sous un porche entre les deux cafés de la place, derrière le monument aux morts.

Où se loger et se restaurer

Outre l'adresse suivante, les deux bars-restaurants installés sur la place principale de Belgodère servent des plats du jour et des sandwichs.

Le Niobel Hôtel-restaurant **€€**

(04 95 61 34 00 ; www.leniobel.com ; rte de Ponte-Leccia, lieu-dit Rimessa ; s/d 58-116/88-154 €, demi-pension 43 €/pers, petit-déj 12,50 € ; plats 12-23 € ; fermé nov-Pâques). À 300 m de la place du village, cette auberge propose des chambres à la déco marine assez exiguës, mais qui possèdent toutes une sdb étincelante. La plupart sont dotées d'un balcon offrant une vue splendide sur la vallée. Très prévenants pour leurs hôtes, Jean-Michel et Jacqueline concoctent le soir *cannelloni* à la daube de joues de bœuf, tartare de thon à la mangue fraîche, raviolis aux cèpes, suprême de poulet corse, burger

Chapelle de Sainte-Anne-des-Bergers, Sant'Antonino (p. 97)

maison... Vins au verre AOC insulaires (5,50 €). Les couchers du soleil sont magnifiques.

Dans les environs

A Pasturella Hôtel-restaurant **€€**
(04 95 60 05 65 ; www.a-pasturella.fr ; pl. du Village ; s/d/tr 70-105/81-118/97-137 € selon saison ; plats 17-26 €, menu 28 € ; midi jeu-dim jan-mars, tlj en saison, fermé nov-déc ;). Au cœur de Monticello, cet hôtel-restaurant très accueillant se distingue par son cadre soigné et sa cuisine de qualité. Ses 10 chambres claires et élégantes ont toutes une terrasse ou un balcon. Son restaurant invite à s'attarder dans sa salle cossue ou sur l'agréable terrasse protégée par une pergola en fer forgé où grimpe une vigne vierge, face à un superbe paysage de montagnes. Dans les assiettes : *tagliata* de bœuf au balsamique, pavé de maigre rôti, filet de dorade grillée... Belle sélection de vins corses, également servis au verre. Accueil très prévenant. Un véritable coup de cœur !

I Salti Restaurant gastronomique **€€€**
(04 95 34 35 59 ; rte du Reginu, Belgodère ; plats 25-30 € ; tlj soir sauf lun avr-oct). Dans la plaine du Reginu, entre les villages de Monticello et de Belgodère, cette belle table raffinée propose une cuisine fine, sophistiquée et gourmande. Une belle halte à l'ambiance table d'hôtes, dans un agréable cadre avec jardin. À 6 km de l'Île-Rousse.

Speloncato (Spiluncatu)

À 11 km au-dessus de Belgodère par une route sinueuse, Speloncato mérite de figurer au tableau des plus beaux villages de Balagne. Perché à plus de 500 m d'altitude, ce village assez actif doit son nom à des **grottes** (*spelunche*) voisines, et son charme à ses ruelles où s'imbriquent des maisons de pierre. Conjuguant le style roman et un chœur baroque de 1755, l'**église Saint-Michel** (également connue sous le nom de Sainte-Marie, ou Santa-Maria-Assunta) mérite la visite pour ses peintures, ses sculptures, son orgue de facture toscane (1810) et son reliquaire en bois du XVIIe siècle. Le clocher a été ajouté en 1913. Sur la place, l'église Sainte-Catherine fait maintenant office de mairie.

Prenez le temps de boire un verre sur l'une des terrasses de la place du village, près de la fontaine.

Speloncato est un passage obligé vers la région du Giussani et la très belle forêt de Tartagine (voir l'encadré p. 91).

Où se loger et se restaurer

Plusieurs petits bars-restaurants, rassemblés sur la place, servent des repas. Parmi eux, l'accueillant **Gallieni** (04 95 61 51 76 ; plats 9-23 € ; tlj midi et soir avr-oct) dispose d'une terrasse ombragée et sert des plats sans prétention, mais corrects : charcuteries, fromages, grillades, omelettes...

A Spelunca di U Sechj Hôtel de charme **€€**
(04 95 61 50 38 ; www.hotel-a-spelunca.com ; Speloncato ; d 50-90 € selon vue et saison ; avr-oct ;). L'unique hôtel du village occupe une belle maison de 1850 et est tenu par la même famille depuis 1954. Disposées autour d'un très bel escalier central en pierre, les 10 chambres refaites à neuf dans des tons très clairs ont conservé leurs moulures au plafond et leurs tomettes au sol. Les sdb impeccables ne sont séparées de la chambre que par un rideau. L'espace de la bâtisse garantit des nuits très calmes.

Dans les environs

Mare e Monti Hôtel-restaurant **€€**
(04 95 63 02 00 ; www.hotel-maremonti.com ; Feliceto ; d/suite 85-139/170-190 € selon confort et saison, petit-déj 13 € ; plats 16-50 € ; mai-début oct ; P). À Feliceto (voir p. 87), cette maison de maître du XIXe siècle pleine de charme a été construite par un Corse à son retour d'un long séjour à Porto Rico. Les chambres, remarquablement soignées, s'inscrivent dans le style classique de l'ensemble, avec mobilier ancien et jolies

JEAN-BERNARD CARILLET ©

À NE PAS MANQUER

La vallée du Fango

Des vasques naturelles aux eaux cristallines, un pont génois à l'arche parfaite, des rochers pour se sécher au soleil… la vallée du Fango, à quelques kilomètres de **Galéria**, est une merveille naturelle.

Depuis la route côtière, on la rejoint en prenant la D351 sur la gauche, au niveau du lieu-dit Fangu. Les premiers mini-canyons et piscines naturelles creusées par la rivière vous attendent 1 km plus loin, au niveau d'un superbe petit **pont génois**. Les gorges étroites, tout simplement sublimes, s'égrènent sur plusieurs kilomètres. On pourrait passer la journée à remonter le cours d'eau jusqu'au gîte d'étape de Fango et au-delà, en suivant l'itinéraire du **Mare e Monti®**, et à s'y prélasser…

En voiture, on peut suivre la vallée, jusqu'au village de Manso, qui se résume à quelques habitations et à une église, puis à **Montestremo**, tout au fond de la vallée, où vous aurez l'impression d'être arrivé au bout du monde.

tomettes au sol. C'est un endroit de choix pour les amoureux des vieilles pierres ou les hédonistes, qui pourront profiter de l'agréable jardin à l'arrière, où se dresse un magnifique cèdre du Liban, et d'une jolie terrasse. Restaurant au bord d'une belle piscine. Climatisation dans les chambres supérieures. Quelques chambres familiales également.

Pigna

Invariablement cité sur la liste des plus beaux villages de Corse, Pigna est un cas à part. Le bourg s'est en effet donné une nouvelle jeunesse grâce aux artisans qui y ont élu domicile. Dès les années 1960, quelques habitants qui jugeaient que le dépeuplement des villages n'était pas une fatalité créèrent à Pigna une

Chapelle Notre-Dame-de-la-Serra (p. 98)

coopérative d'artisans, la Corsicada. En 1973, la jeune maire Bibiane Consalvi décida de restituer au village son cachet d'autrefois et commença à repaver la place de l'église et les ruelles. La nouvelle de cette rénovation se répandit et de nombreux artisans y élurent domicile. Pigna, depuis, est cité en exemple pour son dynamisme, tant artisanal que musical.

Les voitures doivent être laissées sur un parking payant (2 €, prévoir l'appoint) à l'entrée de Pigna.

À voir

Potier, luthier, flûtier, sculpteur, musicien, peintre, créateur de boîtes à musique… Pigna dissimule une véritable activité artistique. En flânant dans les ruelles, vous découvrirez le travail des artisans et pourrez acquérir leurs œuvres : céramiques de **Cyril Quilichini** (04 95 61 77 25 ; www.ceramicadipigna.com), magnifiques *cetera* – un instrument de la famille du luth – et clavecins d'**Ugo Casalonga** (06 22 96 24 03 ; www.casa-liutaiu.com), boîtes à musique signées **Scatt'à Musica** (04 95 61 77 34 ; www.scattamusica.fr), bijoux et objets en verre de **Virginie Torrelli** (06 86 61 98 40 ; www.atraverre.com)…

La majorité des ateliers sont visibles sur rendez-vous, mais les créations de certains sont exposées à la **Casa di l'Artigiani** (04 95 61 76 57). D'excellents produits régionaux sont proposés à la vente à la **Casa Savelli** (04 95 61 80 49 ; 10h30-13h et 15h-19h avr-fin oct, jusqu'à 20h en saison).

L'autre originalité de Pigna est l'activité musicale. Elle est avant tout centrée sur le **centre culturel Voce** (04 95 61 73 13, 06 79 40 68 80 ; www.centreculturelvoce.org), qui organise toute l'année des concerts et le très beau festival **Festivoce** du 15 au 20 juillet, qui se déroule dans différents villages, mais surtout à Pigna, dans un magnifique **auditorium** moderne.

Où se loger et se restaurer

Casa Musicale Hôtel de charme **€€**
(04 95 61 77 31 ; www.casa-musicale.org ; pl. de l'Église ; d 60-125 € selon saison et confort ; plats 16-25 € ; mi-fév à déc ;). Âme artistique de Pigna, cette auberge est une

véritable institution qui accueille souvent les musiciens en résidence d'artiste dans le village. Située sur un promontoire qui domine la plaine, avec une superbe vue sur la mer, la bâtisse ancienne abrite 9 chambres simples mais chaleureuses – mention spéciale à la Sulana, avec grande terrasse – et 2 chambres aux équipements plus modernes, dans un bâtiment séparé. Le restaurant, au cadre intime, mérite le détour pour sa cuisine de qualité mêlant tradition et originalité.

U Palazzu Pigna Hôtel-restaurant €€€
(☎04 95 47 32 78 ; www.hotel-corse-palazzu.com ; d 143-290 €, petit-déj 16 € ; menu soir 55 €, plats 22-32 € ; ⏲tlj avr-oct ; P ❄ wifi). L'option la plus chic de Pigna est installée dans une maison de maître du XVIIIe siècle face à un superbe panorama, tout en haut du village. L'adresse vaut plus pour le restaurant que pour l'hôtel, dont les tarifs sont clairement surévalués en saison. La magnifique terrasse et la cuisine à base de poissons accompagnée d'excellents produits du terroir devraient en revanche faire des heureux, notamment le tartare de daurade ou la ballotine fermière.

A Casarella En-cas et plats du jour €
(☎04 95 61 78 08 ; www.facebook.com/acasarellapigna ; rue de Barcelone ; tapas à partir de 4 €, plats du jour 8-10 € ; ⏲avr-oct, tlj 10h30-23h en saison, fermé sam le reste de l'année). Une agréable petite terrasse décorée de bric et de broc, ouverte sur un large panorama, idyllique pour prendre un apéritif (bonne bière artisanale), déjeuner des tapas à midi ou prendre un petit-déjeuner tardif le matin (8-15 €). Simple, chaleureux et accueillant.

A Mandria di Pigna Restaurant €€
(☎04 95 32 71 24 ; www.restaurantpigna.com ; plats 23-35 €, menu 34 € ; ⏲tlj juil-août, tlj sauf lun avr-juin et sept). Ne reculez pas devant les néons rouge et bleu de cette adresse à l'entrée du village qui pourraient suggérer que l'on a à faire ici à un bar-lounge plutôt qu'à un excellent restaurant. Si comme, lors de notre passage, la brebis *a l'antica* (cuite 7 heures avec des herbes du maquis dans un mélange de vins rouge et rosé) avait été victime de son succès, rabattez-vous sans crainte sur le civet de sanglier ou sur les grillades. Très bonne recommandation de vins. Bon plan pour le déjeuner : les plats de pâtes sont à 14,50 €.

Sant'Antonino

Perché à 490 m d'altitude sur un piton rocheux qui domine le paysage, Sant'Antonino est classé à juste titre parmi les "plus beaux villages de France". Victime de son charme, le village, qui semble figurer sur l'itinéraire de tous les bus touristiques, est surfréquenté en haute saison.

La circulation des véhicules est interdite à Sant'Antonino. Un parking payant obligatoire (2 € pour la journée, prévoir l'appoint) vous attend en bas du village. Il n'y a ni hôtel ni chambre d'hôtes, mais pléthore de restaurants.

Un kiosque d'informations touristiques est installé à l'entrée du village en saison.

À voir et à faire

Excepté quelques boutiques d'artisanat, Sant'Antonino vaut surtout le détour pour la beauté du site et du village. Il fait bon se promener dans ses venelles labyrinthiques, découvrir les vestiges de fortifications et les maisons incrustées dans la roche, jeter un coup d'œil à la petite **chapelle de Sainte-Anne-des-Bergers**, au vieux **four à pain** restauré ou encore à la discrète **chapelle de Lavasina**, sur la minuscule Piazza Savelli, à l'arrière du village.

En saison, il est possible de visiter Sant'Antonino lors d'une balade commentée et panoramique à dos d'âne autour du village grâce aux **Taxis de Sant'Antonino** (☎04 95 61 74 98 ; adulte/enfant 15/10 €, balade de 20 min). Les départs ont théoriquement lieu à 15h et 19h, tous les jours de juin à septembre depuis les abords du parking.

Ne ratez pas l'étape incontournable du village, juste à l'entrée : le **Clos Olivier**

Antonini (☎04 95 61 76 83, 06 09 58 94 01 ; ⏲avr-oct). Avant tout producteur de vin, mais aussi de citrons et d'amandes, Olivier Antonini sert d'excellents jus de citron 100% naturels (2,50 €). Des confitures maison (citron, mandarine) sont aussi proposées à la vente.

Où se restaurer

A Stalla Restaurant €

(☎04 95 61 33 74 ; plats 12-21 €, menu corse 23 € ; ⏲tlj midi et soir juin-sept, midi seulement avr-mai). Dans la belle ambiance d'une salle en pierre surmontée d'une terrasse ombragée, on sert ici un grand choix de salades et des spécialités corses revues avec une touche d'inventivité (civet de sanglier aux agrumes, mijoté de veau corse au muscat...), ainsi que des plats végétariens (lasagnes de légumes, cannellonis au fromage corse, feuilleté d'aubergines...). Un certain cachet.

A Casa Corsa Petite restauration €

(☎06 17 83 18 68 ; plats 6-12 € ; ⏲Pâques-oct, midi uniquement). Ce petit établissement sympathique propose des salades à base de produits du jardin, des sandwichs, des omelettes, des gâteaux à la châtaigne, du *fiadone* ou encore des terrines et de la charcuterie, tous faits maison. La terrasse dévoile un splendide panorama de la Balagne et des montagnes du Centre. Pas de CB.

I Scalini Restaurant €€

(☎04 95 47 12 92 ; plats 20-28 €, assiette midi 17 € ; ⏲tlj juil-août, tlj sauf mer et dim soir mai-début oct). L'adresse qui remporte le plus de succès en soirée se distingue en premier lieu par son cadre : une série de petites terrasses juchées tout en haut du village, offrant une vue à couper le souffle. La cuisine, légère et originale, est influencée par tous les horizons de la Méditerranée et permet de sortir du sempiternel "menu corse". Elle offre une touche de sophistication à l'image du cadre, élégant. Prévoyez de quoi vous couvrir le soir quand il y a du vent. Appelez pour réserver, car le restaurant peut fermer en cas de vent fort.

DE CALVI À PORTO PAR LA CÔTE

Oui, elle tourne. Oui, elle est étroite. Oui, on l'a souvent connue défoncée et creusée de nids-de-poule... Mais quel spectacle ! La D81, qui relie Calvi à Porto par la côte, en 80 km, est un itinéraire à ne pas rater.

De Calvi, la route commence par longer les sublimes paysages de la **pointe de la Revellata**. Non loin, un panneau indique **Notre-Dame-de-la-Serra** à 1,5 km sur la gauche. Au-delà de la chapelle et de la statue, c'est surtout l'exceptionnel panorama sur le golfe de Calvi qu'offre ce promontoire sauvage et venté qui lui vaut sa réputation. Se succèdent ensuite une série de jolies baies peu fréquentées où vous pourrez vous rafraîchir et vous restaurer, comme la **baie de Nichjaretu** et la **baie de Crovani**, qui abrite la plage d'**Argentella**.

La D81 serpente ensuite entre des langues de maquis coiffées de batteries d'éoliennes jusqu'à la somnolente **Galéria**. La plus importante localité de cette côte peu peuplée offre des possibilités de restauration et d'hébergement, mais présente peu d'intérêt pour le visiteur. La **vallée du Fango**, proche, mérite en revanche le détour (voir l'encadré p. 95).

La route se poursuit ensuite vers le **col de Palmarella** puis le **col de la Croix**, d'où part le sentier menant à **Girolata** (p. 107). Elle atteint ensuite **Porto** (p. 103), annoncé par ses odeurs d'eucalyptus. Peu avant l'arrivée, ne ratez pas le superbe point de vue sur la baie et la tour carrée.

Où se restaurer

U Nichjaretu Restaurant de plage €€

(☎04 95 47 84 36 ; www.unichjaretu.fr ; baie de Nichjaretu ; plats 17-35 € ; ⏲mai-sept tlj). Un ancien pailler reconverti en restaurant de plage servant des grillades au feu de bois, dans un site sauvage et paradisiaque bordant la baie rocailleuse de Nichjaretu. Cette paillote chic invite à prendre place en terrasse sur du mobilier en teck et à lézarder au soleil le temps d'un repas

Pointe de la Revellata

ou d'une boisson fraîche. Spécialité de veau à la broche. Pas de CB.

Palazzu Hôtel-restaurant €€

(☎ 04 95 62 03 61 ; www.hotelpalazzu.com ; Galéria ; d/app 4 pers 65-170/115-200 € selon confort et saison, petit-déj 12 €, plats 15-32 € ; 🕒hôtel avr-oct, restaurant mai-sept ; ❄ 🏊 📶). Adresse la plus confortable de Galéria, cet hôtel trois étoiles dispose de 6 chambres d'une propreté irréprochable installées dans une grande bâtisse moderne. Elles affichent une décoration apaisante : murs blancs, galets, tons naturels, meubles cérusés et une touche de couleur différente dans chacune. L'hôtel, qui surplombe le golfe, est situé à 200 m de la plage. S'ajoutent à ses charmes une splendide piscine et une belle salle à manger prolongée d'une terrasse en teck. Également location d'appartements (90-200 €/nuit). Demi-pension possible (35 € par pers/jour).

La Cabane du Pêcheur Poisson frais €

(☎ 04 95 61 00 32 ; port de Galéria ; plats 8-28 € ; 🕒tlj 10h-18h mi-avr à oct). Une sympathique adresse, avec quelques tables les pieds dans le sable et une terrasse joliment aménagée en hauteur. Son succès est dû à la fraîcheur de ses produits, notamment de son poisson, tout droit sorti des filets du patron-pêcheur Jérôme Poggi... Mais aussi à ses formules originales : tacos de poisson frais, rouleaux de printemps à la langouste, etc. Tout est local, bio et tendance Slow Food. À cela s'ajoute un joli choix de vins insulaires au verre, d'exquises citronnades et des desserts gourmands. Un régal.

DU GOLFE DE PORTO À AJACCIO

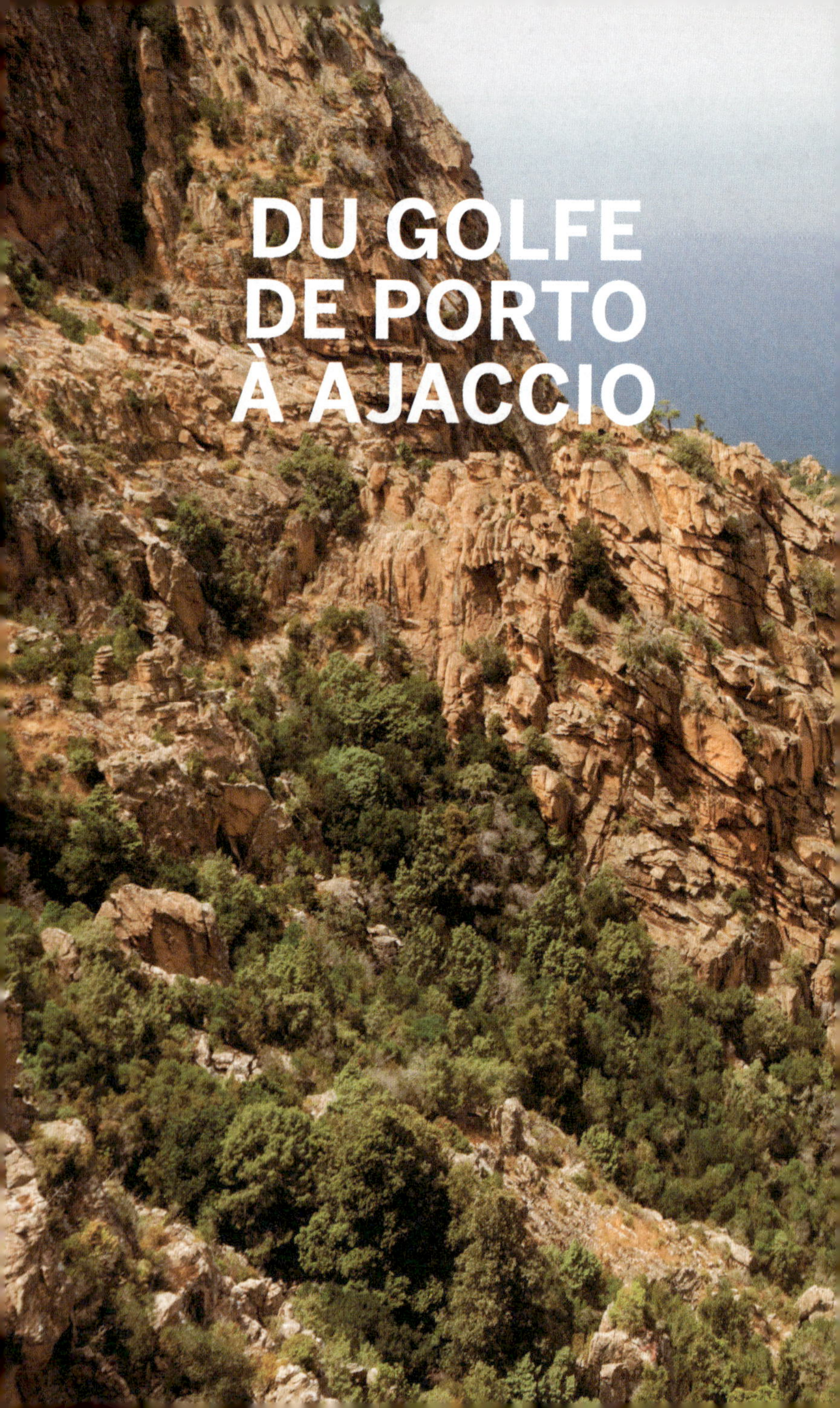

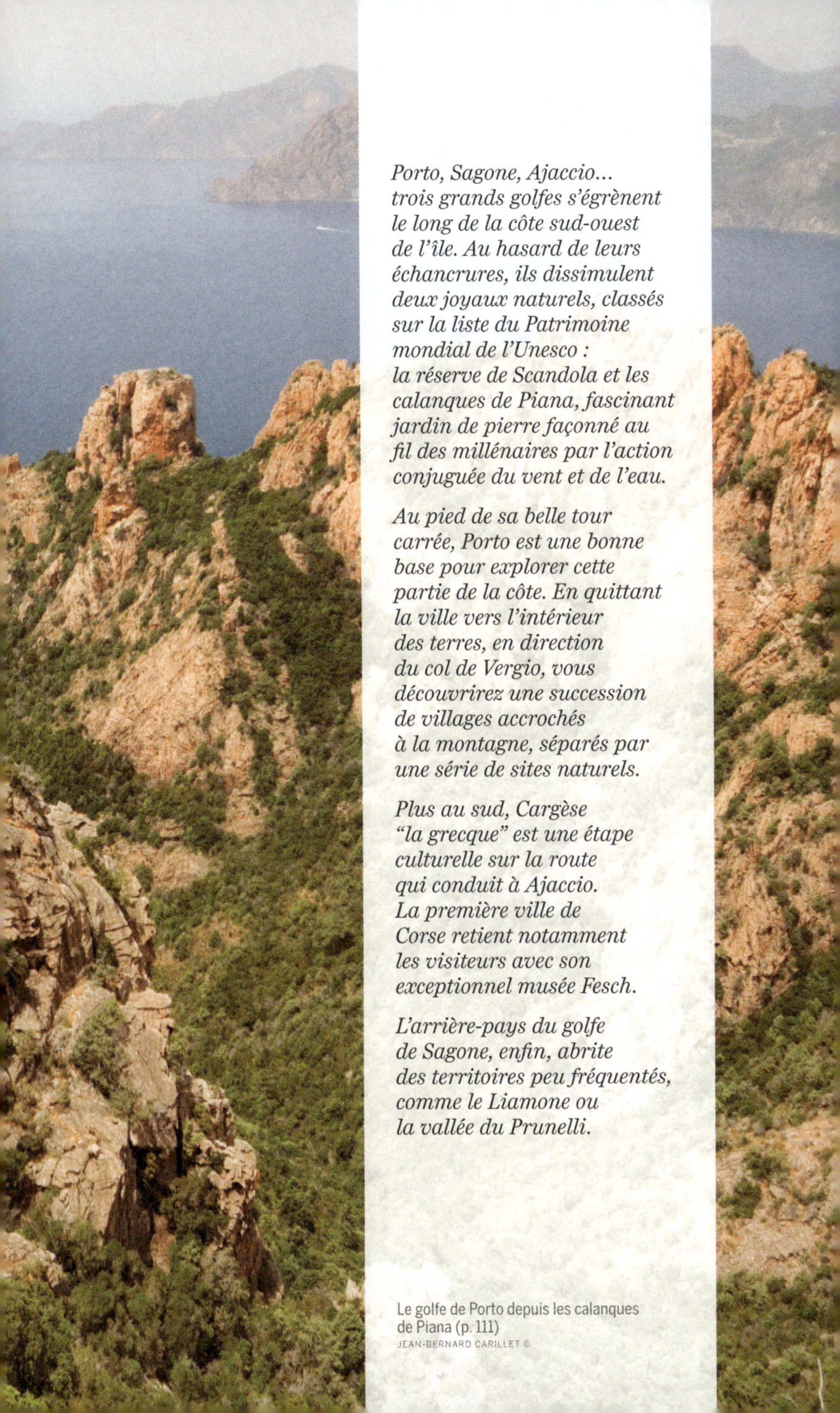

Porto, Sagone, Ajaccio... trois grands golfes s'égrènent le long de la côte sud-ouest de l'île. Au hasard de leurs échancrures, ils dissimulent deux joyaux naturels, classés sur la liste du Patrimoine mondial de l'Unesco : la réserve de Scandola et les calanques de Piana, fascinant jardin de pierre façonné au fil des millénaires par l'action conjuguée du vent et de l'eau.

Au pied de sa belle tour carrée, Porto est une bonne base pour explorer cette partie de la côte. En quittant la ville vers l'intérieur des terres, en direction du col de Vergio, vous découvrirez une succession de villages accrochés à la montagne, séparés par une série de sites naturels.

Plus au sud, Cargèse "la grecque" est une étape culturelle sur la route qui conduit à Ajaccio. La première ville de Corse retient notamment les visiteurs avec son exceptionnel musée Fesch.

L'arrière-pays du golfe de Sagone, enfin, abrite des territoires peu fréquentés, comme le Liamone ou la vallée du Prunelli.

Le golfe de Porto depuis les calanques de Piana (p. 111)
JEAN-BERNARD CARILLET ©

Réserve de Scandola (p. 108)
Girolata
D81
Golfe de Girolata
Col de la Croix
Osani
Capo Senino
D424
Partinello
Mare e Monti® Nord
Calacuccia (9 km), Scala di Santa Regina (16 km) et Corte (40 km)
Col de Vergio
Niolo
D84
GR®20
Forêt de Valdu Niellu
Forêt d'Aïtone
Golfe de Porto (p. 103)
Calanques de Piana (p. 111)
Porto
Gorges de Spelunca
Ota
Évisa
Anse de Ficajola
Forêt de Piana
Porto
Tour de Turghiu
D624
D824
Piana
Capu d'Ortu (1 294 m)
D84
Capo Rosso
Mare a Mare® Nord
D70
Plage d'Arone
Soccia
D81
D23
Guagno-les-Bains
Guagno
Vico
Murzo
Sagone
D70
D1
Muna
Plage du Péro
D181
Rosazia
Rezza
Salice
Cargèse (p. 114)
Sagone
Lopigna
D125
D81
D4
Arro
Liamone
D125
Vizzavona (25 km), Vivario (37 km) et Corte (58 km)
Golfe de Sagone
Golfe de Liscia
T20 (N193)
D1
D381
D161
Gravona
D81
D1
Tolla (32 km), gorges du Prunelli (33 km), Bastelica (38 km) et Val d'Ese (53 km)
T22 (N194)
T20 (N193)
D3
Ajaccio-Napoléon-Bonaparte
D11
Prunelli
Ajaccio (p. 118)
Plage du Ricanto
T40 (N196)
Zicavo (42 km)
D111
D55
Tour de la Parata
Porticcio
Pointe de la Parata
Îles Sanguinaires
Golfe d'Ajaccio
N
0
10 km

PORTO

Aussi fréquentée en été que désertée en hiver, cette petite localité qui semble avoir grandi trop vite constitue une bonne base pour explorer l'arrière-pays et l'exceptionnelle côte sauvage de la réserve de Scandola. Émanation balnéaire du village de montagne d'Ota, perché au-dessus d'elle, Porto doit son attrait à son site, au pied d'une belle tour carrée érigée au XVIe siècle par les Génois. Familiale, Porto pratique des tarifs plus raisonnables que nombre d'autres localités côtières.

À voir

Tour génoise Patrimoine architectural
(04 95 26 10 05 ; 2,50-6,50 € ; tlj 8h-20h juil-août, 9h-19h avr-juin et sept). Postée en sentinelle à l'entrée du port de pêche, cette belle tour carrée érigée en 1549 et restaurée en 1993 domine un superbe panorama. Dommage qu'elle n'ouvre pas plus tard en juin, pour permettre de profiter des couchers du soleil. On accède à la tour par des escaliers situés juste à côté du restaurant La Tour Génoise. Par temps clair, vous verrez du sommet la tour de Piana, sur la gauche du golfe. Le prix d'entrée inclut la visite d'un petit **espace consacré à la bruyère**, situé juste en contrebas de la tour.

Activités

Baignade

À l'écart du trafic et des établissements touristiques, la **plage de Porto**, vaste étendue de graviers plantée d'arbrisseaux qui ne lui confèrent ni charme ni ombre, est un peu désolée. La plage est surveillée, mais méfiez-vous néanmoins des courants et des vagues les jours de houle. Si l'on veut éviter la plage, les **vasques de Porto**, cristallines et rafraîchissantes, sont situées juste derrière le parking de l'hôtel Le Moulin. De gros rochers permettent d'y étaler sa serviette. Trois belles plages de galets jalonnent la côte au nord de Porto en direction de Girolata : Bussaglia, Caspiu et Gradelle.

Porto

EMMANUEL DAUTANT ©

Plongée et snorkeling

La proximité de la réserve de Scandola fait de Porto une base réputée auprès des plongeurs. Les clubs qui opèrent depuis Porto disposent en saison de kiosques près du port. Leurs tarifs sont d'environ 70 € le baptême, 52 € la plongée d'exploration (avec un supplément de 10 € pour les sites éloignés, notamment les abords de la réserve de Scandola) et 30-35 € la randonnée palmée (équipement fourni). Adressez-vous à **Plongée Porto Ciuttata** (06 87 23 60 29 ; www.plongeeporto.com ; le port, rive gauche) ou **Bleu Marine Plongée** (06 21 04 98 30 ; le port, rive droite).

Circuits organisés

De très nombreuses compagnies proposent des sorties en mer au départ de Porto, d'avril à octobre. Elles offrent des parcours similaires, mais diffèrent par le type d'embarcation. Anciens bateaux de pêche reconvertis, grosses vedettes, "Formules 1 des mers" profilées et semi-rigides s'alignent ainsi sur les quais, aux côtés des bateaux à motorisation hybride diesel-électrique visant à diminuer les nuisances sur l'environnement de Scandola. Outre ces derniers, notre préférence va aux petits bateaux, comme le *Mare Nostrum* de Porto Linea, le *Pass'Partout*, ou encore celui de *L'Alpana* qui permettent d'éviter les groupes trop importants et de passer à proximité des grottes. Ils sont en revanche moins confortables si la mer secoue un peu.

Les compagnies disposent de guichets disséminés dans la ville et autour du port. Les tarifs varient selon l'affluence et la concurrence. Comptez environ 25 € pour mettre le cap vers les calanques de Piana, 35-45 € pour Scandola, avec arrêt plus ou moins long à Girolata, et 45-60 € pour le grand tour du golfe. Les enfants bénéficient de réductions plus ou moins importantes.

Les départs peuvent être annulés en cas de météo défavorable.

Vous pourrez également organiser vos propres sorties en louant un bateau sans permis auprès de prestataires comme **Le Goéland** (06 09 49 06 10 ; www.goeland-porto.fr ; avr-oct) ou **Porto Bateaux Locations** (04 95 21 44 72 ; www.location-bateau-porto-corse.fr ; mai-début oct).

Alpana — Sorties en mer

(06 69 69 04 05 ou contact à la boutique Baobab ; www.scandola-girolata-piana.com). Deux bateaux, dont un offshore de 12 places. Nombreux commentaires sur la faune, la flore et les particularités de la réserve. Pêche en mer également.

Porto Linea — Sorties en mer

(renseignements et réservations à l'hôtel Monte Rosso ; 04 95 22 28 63, 06 08 16 89 71 ; www.portolinea.com ; marine rive droite). Les deux plus petits bateaux, 10 et 12 places, s'enfoncent profondément dans les anfractuosités de la côte. Également un autre bateau de 33 personnes.

Corse Adrénaline — Sorties en mer

(06 23 06 44 93 ; www.corseadrenaline.fr ; marine rive droite). Un joli bolide rouge de 600 CV qui embarque 12 personnes maxi. Bonne humeur, conduite à sensation et en musique, avec de nombreux commentaires sur la faune et la flore de la réserve.

Pass'Partout — Sorties en mer

(renseignements et réservations auprès d'Anthony Boutique ; 06 29 47 10 00, 06 75 99 13 15 ; lepasspartout.com ; marine rive droite). Bien nommés, trois bateaux d'une capacité de 12 places, dont un semi-rigide, qui peuvent se faufiler dans les anfractuosités de la côte.

Via Mare — Sorties en mer

(06 07 28 72 72, 06 09 51 15 25 ou contact à l'Hôtel Le Golfe ; www.viamare-promenades.com). Utilise 2 bateaux à propulsion hybride diesel-électrique, aux couleurs de l'arc-en-ciel. De 12 à 50 personnes maximum.

Nave Va — Sorties en mer

(renseignements et réservations à l'hôtel le Cyrnée ; 04 95 26 15 16, 06 17 11 63 41 ; www.naveva.com ; marine rive droite). Sortie en semi-rigide, bateaux classiques ou avec moteur à propulsion hybride.

Où se loger

Camping Sole E Vista — Camping €

(04 95 26 15 71 ; www.camping-sole-e-vista.fr ; Porto ; adulte/tente/voiture 6-12/4-9/4-5 € selon saison, bung d 50-100 €, lodge 35-50 € ; mars-nov ;). Un camping accueillant installé sur les hauteurs de Porto, à l'arrière du supermarché Spar. Ses emplacements, isolés les uns des autres, sont ombragés. Possibilité de louer des bungalows et des tentes "lodges" insolites, à la nuitée ou à la semaine (exigé en juillet-août). Restaurant, parc aquatique, et piscine panoramique avec vue sur le golfe.

Hôtel Le Golfe — Hôtel €

(04 95 26 12 31, 06 30 95 15 20 ; www.hotel-le-golfe-porto.com ; marine rive droite ; d 60-145 € selon confort et saison ; mi-mars à nov ;). À quelques mètres de l'accès à la tour génoise, cette adresse à l'accueil familial figure parmi les moins chères de la ville et fait un bon point de chute. Récemment rénovées avec soin, les 10 chambres coquettes sont spacieuses et 8 d'entre elles disposent d'un balcon avec vue sur la mer.

Hôtel Corsica — Hôtel €

(04 95 26 10 89 ; www.hotel-corsica-porto.com ; d/tr 65-96/80-111 € selon saison, petit déj 9,50 €, lit sup 12 €, studios 2-3 pers 75-106 € ; mi-avr à mi-oct ; P). Excellent choix, le Corsica, entouré de grands eucalyptus, vous attend quelques centaines de mètres en amont de la marine. Ses grandes chambres avec vaste sdb et petits balcons dans l'axe de la tour de Porto et l'agréable piscine sont des atouts indiscutables – d'autant que les tarifs sont raisonnables, même en haute saison.

Costa Rossa — Hôtel €€

(04 95 73 71 17 ; www.hotel-costarossa-porto-corse.com ; d standard/supérieure et panoramique 90-135/110-165 € selon saison ; avr-oct ; P). Sur la route de la marine, un peu en dessous du Corsica, cet établissement bâti en 2011 est l'un des plus confortables de Porto. Les chambres sont réparties sur 3 niveaux au-dessus de l'étincelante piscine. Celles du haut

La tour génoise de Porto

CAMMER/ADOBESTOCK ©

VAUT LE DÉTOUR

De Porto au col de Vergio

Une succession de bonnes surprises s'échelonnent le long de la D124, puis de la D84 qui quittent Porto pour s'en aller flirter avec les dénivelés de l'épine dorsale rocheuse de l'île. L'itinéraire commence par rejoindre le paisible village d'**Ota**, agrippé à la montagne à 5 km en surplomb de Porto. Entre ses maisons de pierre règne une ambiance paisible, à l'image des deux palmiers qui font de l'ombre au monument aux morts, face à la mairie. Ota est notamment fréquenté par les randonneurs du sentier Mare e Monti®, qui passe par la localité. Visibles depuis la route, deux exceptionnels **ponts génois** méritent le coup d'œil à 2 km du hameau en direction d'Évisa. Le gracieux pont de Pianella forme une arche parfaite sur la droite, en contrebas de la route. Vous pourrez descendre jusqu'au pont et à la rivière pour vous rafraîchir. Le second ouvrage, quelques centaines de mètres plus loin, est tout aussi étonnant : construit à la confluence de l'Aïtone et de la Tavulella, il enjambe consécutivement les deux cours d'eau d'une double arche de pierre.

Continuant la route, on parvient ensuite à **Évisa**, cerné de châtaigneraies, qui coule des jours tranquilles à 830 m d'altitude. Point de rencontre des sentiers Mare a Mare® et Mare e Monti®, ce village agréable et assez important est fréquenté en été par les randonneurs. Le bourg précède la très belle **forêt d'Aïtone**, ses pins laricios, ses sentiers et ses très belles vasques de baignade (cascade de la Scarpa et piscines naturelles A Madre). Six kilomètres au-dessus, le **col de Vergio**, du haut de ses 1 477 m, révèle une vue particulièrement dégagée et marque la limite entre la Haute-Corse et la Corse-du-Sud. Vous y serez accueilli par une statue moderne du sculpteur corse Noël Bonardi. Divers sentiers de randonnée partent du col. Vous pourrez notamment effectuer la balade d'environ 1 heure 30 aller-retour qui mène aux **bergeries de Radule**, sur l'itinéraire du GR®20 (voir l'encadré p. 92).

Si vous avez oublié votre pique-nique avant de partir, faites halte à Évisa sur la terrasse de chez **A Tramula** (☎ 06 85 16 87 80 ; plats 12,50-16 €, formule 21 €, menu 26 € ; ⏲ avr à mi-oct tlj midi et soir, mi-oct à mars fermé le soir, fermé jan-fév), qui propose de fameux plats du jour cuisinés maison. Pour de la charcuterie et des terrines, allez chez le fils, jeune éleveur de porcs, qui tient une boutique à quelques rues de là.

ont vue sur la mer et un balcon privatif. L'ensemble manque un peu de chaleur. Bon buffet de petit-déjeuner (12 €).

Le Belvédère Trois-étoiles **€€**

(☎ 04 95 26 12 01 ; www.hotelrestaurant-lebelvedere-porto.com ; d 50-115 € selon vue, confort et saison ; ⏲ avr-Toussaint ; ❄ 📶). Quasi les pieds dans le port, ce trois-étoiles aux tarifs très raisonnables loue des chambres confortables, modernes et propres. Les moins chères donnent sur l'arrière (la vue est bouchée) et sont assez petites, les intermédiaires disposent d'une grande terrasse ; les supérieures sont vastes et dotées d'un balcon donnant sur le port. L'hôtel, qui offre un bon rapport qualité/prix (sauf pour le petit-déjeuner buffet, à 11 €), se double d'un restaurant installé sur une belle terrasse. Faute de parking, les voitures doivent se garer sur la marine ou rive gauche, de l'autre côté de la passerelle. Garage à motos et vélos.

Où se restaurer

Chez Gina Melting-pot **€€**

(☎ 04 95 26 17 55 ; marine rive gauche, port de Porto ; plats 18-23 € ; ⏲ 25 avr-10 oct). Ce restaurant charmant, installé dans un coin de verdure, en retrait des bateaux de location, présente une décoration éclectique et vintage. On y déguste une cuisine inspirée, joliment présentée, qui sent bon le voyage (tataki de bœuf sauce soja, *poke bowl*, assiette libanaise, couteaux farcis, plats végétariens...), ainsi que de délicieuses timbales gourmandes en dessert. Très agréable pour un verre (goûtez leurs cocktails maison) au coucher du soleil, avec vue sur le port et la tour de Porto. Les enfants pourront profiter du mini-golf dans le jardin.

Le Romantique Cuisine précise **€€**
(04 95 26 10 85 ; marine rive droite ; menu soir 22,90 €, plats 15-25 € ; avr-Toussaint). Le restaurant de l'hôtel Romantique propose une cuisine soignée que l'on déguste sur la grande terrasse en surplomb du petit port. Le menu, seulement le soir, est la meilleure option de la station avec des propositions irréprochables. Si le temps le permet, préférez la terrasse. Réservation vivement conseillée.

Côté Place circuits courts **€€**
(04 95 26 14 94 ; La Marine ; menu 39 € ; avr-sept). Ne vous fiez pas à l'apparence de cet établissement, qui ne se distingue guère des adresses mitoyennes. Essentiellement bio, la cuisine, qui fait la part belle à la production d'un potager d'Ota, est préparée de main de maître... par un maître-restaurateur. La carte associe qualité, sophistication et simplicité. On peut ainsi trouver, parmi les suggestions du jour, une entrecôte ou un hamburger-frites (maison, évidemment !), selon l'humeur du chef.

Où prendre un verre

Le Palmier Terrasse et glaces
(04 95 26 14 48 ; marine rive droite ; plats 14,80-25 € ; tlj 10h-2h avr-oct). La petite entrée, qui jouxte le guichet de la tour génoise, dissimule la succession de terrasses de ce bar agréable en soirée, dont la vue sur la mer est le point fort. Glaces artisanales, très bonnes galettes et crêpes. En saison, le Bloody Mary est réalisé à base de tomates fraîches. Un régal ! Concerts réguliers l'été.

Sole et Mare Café Bar
(04 95 26 18 73 ; marine rive droite ; avr-sept). Un bar pour siroter un verre à la fin de la journée en rentrant d'une sortie en bateau ou d'une plongée, plus tard le soir pour admirer le coucher de soleil avec un cocktail ou le matin pour grignoter son petit déjeuner.

Renseignements

Office du tourisme de Porto (04 95 26 10 55 ; www.porto-tourisme.com ; place de la Marine). Installé en bas de la longue rue qui descend vers la marine. Propose un document pratique sur les balades et les randonnées dans le golfe de Porto (3 €).

DAB Deux distributeurs automatiques sont disponibles en ville, l'un à la poste, l'autre à la marine, non loin de l'office du tourisme.

GIROLATA

S'il n'est pas intégré au périmètre de la réserve naturelle de Scandola (voir p. 108), le golfe de Girolata n'en reste pas moins un site d'exception. Il offre par ailleurs l'avantage d'approcher les paysages de la réserve à pied, voire de séjourner dans leurs environs. Le village de Girolata est accessible depuis le col de la Croix en 1 heure 45 environ de marche. Du parking du col, à 22 km au nord de Porto, le sentier (balisage orange) qui ne présente guère de difficultés peut être éprouvant par temps chaud car il ne cesse de monter et de descendre ; il commence par plonger dans le maquis jusqu'à la plage de Tuara. Il monte ensuite pendant une trentaine de minutes jusqu'au col de Ghjanibarellu, où il croise le sentier Mare e Monti®, révélant au passage une superbe perspective sur le hameau et la baie de Girolata, à 30 minutes de marche en descente. On commence par découvrir son anse naturelle, où des dizaines

DIGITALCHATEAU/GETTYIMAGES©

À NE PAS MANQUER

La réserve de Scandola

Inscrite sur la liste du Patrimoine mondial de l'Unesco, la réserve naturelle de Scandola n'est accessible que par voie maritime, ce qui lui vaut d'être préservée. Créée en 1975, elle occupe 920 ha de terre et quelque 1 000 ha de superficie marine. Véritable page d'histoire naturelle, la réserve doit son formidable milieu écologique à la coexistence sur cette presqu'île d'une grande diversité rocheuse, d'un climat particulièrement favorable et d'un ensoleillement régulier. La conjonction de ces différents facteurs en fait le refuge privilégié de nombreuses espèces, tant végétales qu'animales. Les scientifiques s'y pressent pour observer cormorans, chèvres sauvages, puffins, algues, coraux et poissons. Scandola constitue également un vivier unique de mérous et de balbuzards. Une variété d'algue calcaire, dure au point de former de véritables "trottoirs" à fleur d'eau, figure par ailleurs au nombre de ses curiosités marines.

Chasse, pêche, camping, cueillette et mouillage de nuit sont interdits dans la réserve, gérée par le Parc naturel régional de Corse.

Infos pratiques

La réserve se visite uniquement dans le cadre de sorties en mer, notamment depuis Porto (p. 104). Aucun sentier ne permet de rejoindre la presqu'île de Scandola à pied ou en véhicule.

de bateaux mouillent en saison, ce qui nuit quelque peu à la tranquillité et à la beauté du site. Le site s'accommode mal de l'afflux des plaisanciers et autres touristes débarqués le temps d'un déjeuner... Au retour, il est possible d'emprunter le "chemin du facteur", un peu plus court, moins escarpé et plus ombragé, mais tracé par endroits à flanc de falaise, ce qui peut impressionner les marcheurs débutants.

Où se loger et se restaurer

Le Cormoran Voyageur Gîte d'étape €

(04 95 20 15 55 ; nuitée/demi-pension 33/54 € par pers ; avr à mi-oct). Cette petite maison

accrochée aux rochers, au bord de la plage, ne manque pas de charme. Tenue par Charles, pêcheur, et sa compagne Morgane (la famille loge au 2e étage), elle compte une vingtaine de lits superposés répartis en 3 chambres, dont 2 avec un accès direct à une terrasse agréable. La demi-pension est recommandée, d'autant qu'elle permet de goûter la pêche cuisinée par Charles. Les non-résidents sont aussi bienvenus (25 €). Pas de CB.

Casarelle Camping-gîte et chambre d'hôtes €

(07 64 06 08 64 ; plage de Girolata ; camping 10 €/pers, gîte 30 €, d 50 €/pers, tente 100 €/nuit, demi-pension 25 € ; avr-oct). Ce terrain entre camping, pâture et jardin abrite plusieurs chalets en bois offrant un gîte (12 lits), des chambres (3 doubles), un studio (2 pers), ainsi qu'une tente lodge (2/3 pers). L'ensemble est géré avec bonne humeur par un jeune couple, Alice et Benjamin. Ce dernier est charpentier de métier et a rénové et construit l'ensemble des bâtiments. Table d'hôtes (sur réservation) composée avec les légumes du potager. Cadre agréable, derrière la plage.

La Cabane du Berger Restaurant €€

(06 10 23 08 22 ; plage de Girolata ; plats 15-25 €, menus 20-25 € ; avr/mi-oct). Sur la plage, les randonneurs s'organisent en grandes tablées en extérieur autour d'un sanglier piétra (à la bière), de calamar, ou d'un mix de poisson tartare et d'espadon grillé. Langouste (15 €/100 g), poisson issu de la pêche locale (8 €/100 g). Cuisine impeccable et service souriant.

Le Bon Espoir Spécialités de la mer €

(07 69 16 02 10 ; www.restaurant-girolata.com ; plats 18-31 €, menu 24 € ; mi-avr à sept). Surplombant Girolata et le gîte du Cormoran Voyageur, cette belle terrasse se distingue par son cadre, son service souriant et professionnel et ses suggestions qui présentent un bon rapport qualité/prix, à l'image des lasagnes aux fruits de mer et des risottos. On goûte avec envie

VAUT LE DÉTOUR... Sagone

Si cette ancienne cité romaine n'est pas la ville la plus séduisante de la côte, elle attire cependant les vacanciers grâce à ses superbes plages de sable fin. Privilégiez l'agréable **plage du Santana**, juste au sud, qui offre un sable doré, ponctué de roches ocre et bordé par des eaux cristallines. Plus au sud encore, en direction d'Ajaccio, la **plage de Coggia**, potentiellement dangereuse et non surveillée, fait néanmoins le bonheur des surfeurs. Vous pourrez loger au **Ruone** (04 95 25 62 11, 06 03 91 68 12 ; www.ruone.fr ; ch. de Petra Nera, commune de Calcatoggio ; d/qua avec petit-déj 110-210/180-270 € selon saison ; mars-nov, sur réservation en hiver ;), à une douzaine de kilomètres de Sagone en direction d'Ajaccio, sur la commune de Calcatoggio. Ses 5 chambres d'hôtes sobres, contemporaines et spacieuses font face à un superbe panorama et disposent toutes d'une terrasse et d'un petit réfrigérateur. Belle piscine en contrebas et accueil chaleureux. Mal indiquée, l'adresse se situe à 300 m de la D81, 1,9 km avant l'embranchement vers Calcatoggio en venant de Sagone. Pour un repas mettant à l'honneur les produits de la mer, rendez-vous à l'**Ancura** (04 95 52 20 96 ; plats 15-24 € ; port de Sagone ; tlj midi et soir avr-sept). Cette bonne table vous attend au bord des quais du minuscule port, indiqué à l'entrée nord de Sagone. À la carte : salade de poulpes, poisson grillé, langouste, homard... Sa terrasse en teck face aux bateaux compte parmi les atouts de l'endroit.

Ci-dessus : Côte de Sagone

SASHA64F/ADOBESTOCK ©

la bouillabaisse revisitée par le chef tandis que poissons, viandes et langoustines grillent à petit feu dans la cheminée.

Le Bel Ombra Spécialités de la mer €€
(☎04 95 20 15 67 ; www.bel-ombra.com ; plats 24-40 €, menus soir 17/22/36 € ; ⏲mai-sept). Mitoyenne du Bon Espoir, l'adresse la plus pimpante de Girolata dispose de la plus belle terrasse du village, bordée de bougainvilliers, pour admirer la baie. Voyez plutôt cette carte alléchante : tiramisu à l'araignée de mer, brochette de lotte et gambas, poissons selon arrivage, jolies ardoises-repas agrémentées de fleurs comestibles... Le soir, poissons et viandes sont grillés dans la cheminée. Langouste et homard du golfe (grillés, pochés ou au four) à 16 €/100 g et poisson à 8 €/100 g.

PIANA

À 68 km d'Ajaccio et à 12 km de Porto, ce bourg paisible de 500 habitants doit sa notoriété aux superbes *calanche* (calanques) qui le bordent. Classées au Patrimoine mondial de l'humanité, elles sont l'un des points d'orgue de cette côte. Le village en lui-même est classé parmi les "plus beaux villages de France" et donne accès au majestueux Capo Rosso et à la plage d'Arone.

À voir

Église Sainte-Marie Architecture baroque
(⏲juin-sept lun-sam 10h-12h et 16h-18h). L'église paroissiale de Piana se dresse au milieu du village. De style baroque, elle est dédiée à l'Assomption. Le décor a été restauré au début des années 2000. Notez la porte en bois polychrome et les médaillons qui ornent la voûte du chœur.

Activités

Plage d'Arone Baignade
La D824 dessert cette très belle plage située à 12 km du centre de Piana. Suivant une crête d'où le golfe se laisse pleinement admirer, elle traverse des paysages sauvages de montagne et de maquis et offre des panoramas sur le **Capo Rosso** (Capu Rossu, voir ci-dessous et p. 115).

La longue plage de sable fin d'Arone occupe une place à part dans l'histoire de la Corse. Durant la Seconde Guerre mondiale, c'est sur son rivage que furent débarquées, en 1943, les premières armes destinées aux résistants corses, transportées par le sous-marin *Casabianca*. Il était commandé par le capitaine de vaisseau Jean L'Herminier (1902-1953), qui a donné son nom à plusieurs quais de ports corses.

Quelques bars et restaurants ouvrent aux abords de la plage en saison, notamment le bien nommé Café de la Plage. Vous y trouverez également un bon terrain de camping (voir p. 112).

Marine de Ficajol Crique
De l'église de Piana, prenez la route de la plage d'Arone, puis la D624 à droite, après 1 km. Cette dernière, qui descend en lacets serrés dans de superbes paysages de roche rouge sur environ 4 km, offre de beaux points de vue sur les calanques. Vous pourrez laisser votre véhicule pour emprunter un sentier qui rejoint en une dizaine de minutes une crique enchâssée dans la côte, émaillée de baraques de pêcheurs typiques : il s'agit de la marine de Ficajola, où étaient abritées jadis les barques des pêcheurs de langoustes. La plage, discrète, n'est pas entièrement recouverte de sable. En été, une buvette ouvre à proximité du rivage.

Capo Rosso (Capu Rossu) Tour génoise et balade
Surmontée par la **tour de Turghio**, la langue de maquis et de roche aux teintes grises et roses du Capo Rosso s'avance dans la mer entre les golfes de Porto et de Sagone, qu'elle surplombe de ses 300 m. Ce splendide perchoir offre l'occasion d'effectuer l'une des plus belles promenades en bord de mer de la côte corse (voir p. 115), au cours de laquelle vous découvrirez un saisissant panorama de l'anse et de la plage d'Arone.

SASHA64F/SHUTTERSTOCK ©

À NE PAS MANQUER

Les calanques de Piana

Classées au Patrimoine mondial de l'humanité, les *calanche* (calanques) de Piana, qui surplombent la mer de près de 400 m, sont le point d'orgue de la partie de côte s'étendant entre Porto et Ajaccio. Cet étonnant jardin de pierre, intégré au parc naturel régional, doit sa formation à l'action conjuguée de l'érosion éolienne et de l'eau, qui s'infiltre dans les anfractuosités du granite pour créer les *taffoni*. La roche a acquis au fil du temps les formes les plus étranges, sa beauté renforcée par les déclinaisons de teintes ocre-rouge.

Plutôt que de se limiter à traverser le site en voiture, il est préférable de visiter les calanques en utilisant l'un des courts itinéraires de balades qui les sillonnent. Le mieux est de partir du stade de Piana, au niveau du premier panneau "sentiers de randonnée" après l'hôtel Les Roches Rouges (p. 112), en venant de Piana. Un autre bel itinéraire, le "château fort" (40 min environ aller-retour), est balisé à partir de la Tête du Chien, un bloc rocheux à la forme caractéristique situé à 3,5 km de Piana en direction de Porto. Cette promenade conduit à un promontoire rocheux qui surplombe le golfe et les calanques.

Assister au coucher du soleil sur le site, lorsque la lumière pare la roche de tons cuivrés, est une autre façon d'apprécier les calanques. La terrasse de l'Hôtel des Roches Rouges est idéale pour profiter du spectacle, tout comme le Chalet des Roches Bleues (ci-dessous).

Infos pratiques

La D81 commence à serpenter dans les calanques à 1,5 km de Piana en direction de Porto. L'office du tourisme de Piana vend une carte détaillant plusieurs sentiers de balade aux alentours des calanques. Le **Chalet des Roches Bleues** (04 95 27 81 19 ; formules 14-26 € ; service continu jusqu'à 23h juil-août, jusqu'à 20h avr-juin et sept-oct), avec sa terrasse ouverte en saison au cœur du site, est installé en bordure de la D81.

Calanques de Piana

Pour rejoindre le cap, prenez la direction de la plage d'Arone (D824) à Piana et parcourez environ 6 km jusqu'à la buvette A Guardiola, qui vous attend dans un virage.

Où se loger

Camping de la plage d'Arone — Camping €

(☎04 95 20 64 54 ; adulte/voiture/tente 8-9/5/5-6 € selon saison ; ⌚juin-sept). À 700 mètres environ en arrière de la superbe plage d'Arone, ce camping fleuri et paisible profite d'un beau site et offre une cinquantaine d'emplacements, à l'ombre pour la plupart. Sanitaires corrects. Les emplacements les plus proches de la mer se trouvent à 200 m à peine de la plage.

Le Scandola — Hôtel €€

(☎04 95 27 80 07 ; www.hotelscandola.com ; rte de Cargèse ; d avec petit déj 110-215/160-250 € selon confort et basse/haute saison ; ⌚fin mars à mi-nov ; P ❄ wifi). Sur les hauteurs de Piana, cet hôtel d'une vingtaine de chambres, toutes orientées vers la mer, profite d'une vue splendide sur le golfe. Les chambres sont lumineuses et bien équipées, avec balcon et éléments de décoration en bois flotté. Parking privé gratuit et location de VTT électriques (20 €/demi-journée). Formule avec demi-pension (33 €/pers).

Les Roches Rouges — Hôtel-restaurant €€

(☎04 95 27 81 81 ; www.lesrochesrouges.com ; rte de Porto ; d/tr avec petit-déj 150-170/210-230 € selon vue, petit-déj 12 €, d demi-pension 220-240 € ; ⌚avr-oct ; P wifi). À l'entrée du village en venant de Porto, en contrebas de la route, cet hôtel fondé en 1912 a connu des jours meilleurs mais a conservé une part de son charme suranné. La peinture de la façade est écaillée et les chambres confortables mais anciennes sont incontestablement surévaluées, mais le lieu, l'atmosphère et la vue compensent ces imperfections. Cette demeure de style offre en effet la plus belle vue qui soit sur le golfe. Si vous ne pouvez y dormir, rattrapez-vous avec un apéritif sur la terrasse à l'heure du coucher du soleil ou un dîner dans la très belle salle de restaurant (ci-contre), son indéniable point fort.

Où se restaurer

Chez Jeannette Cuisine maison **€€**

(04 95 25 51 78, 06 73 16 58 52 ; pl. de l'Église ; plats 13-23 €, plat du jour 15 € ; tlj avr-oct). Cette adresse régale ses convives d'une cuisine maison simple et savoureuse, toute en finesse : délicieux bricks, cannellonis au brocciu, ravioles aux écrevisses et asperges… Belles salades de légumes du maraîcher de Piana. La petite terrasse au centre du village se remplit vite. Pensez à réserver !

Les Roches Rouges Gastronomique **€€€**

(04 95 27 81 81 ; www.lesrochesrouges.com ; rte de Porto ; plats 28-34 €, menu 40 € ; tlj mi-mars à début nov). La salle à elle seule mérite le détour : classée monument historique et superbement décorée, elle ouvre sa vaste verrière sur le plus sublime panorama qui soit du golfe. Confortablement installé dans son ambiance rétro, vous dégusterez une cuisine raffinée et inventive, à l'image du velouté de châtaignes et sa tartine d'oignons rouges, pancetta et huile de truffe, ou du dos de loup en croûte viennoise et légumes de saison. Le cadre, le service attentionné et la cuisine conjuguent leurs efforts pour créer un pur moment de bonheur.

VAUT LE DÉTOUR
Le Liamone

Envie de fraîcheur et de grand calme ? Prenez la direction de cette région verdoyante et montagneuse, isolée entre Sagone et le col de Vergio. Également appelé "Les Deux-Sorru", le Liamone doit son nom au cours d'eau qui se jette dans le golfe de Sagone et son charme à ses villages reculés.

Passage incontournable, **Vico** abrita au XVIe siècle la résidence des évêques de Sagone. Aujourd'hui, le village semble quelque peu endormi au bord de la rivière. Au cœur des châtaigniers, dominant la vallée et le bourg, le **couvent Saint-François** (06 46 50 33 60) fut fondé par des frères mendiants en 1481. Le bâtiment que l'on découvre à présent date du XVIIe siècle. Sa visite, qui inclut l'église et la sacristie, est libre et gratuite, et on peut aussi y passer la nuit ! À gauche de l'église, un petit sentier pédestre traversant le maquis permet de rejoindre le centre du village en 20 minutes.

La D23, qui monte en lacets derrière Vico, mène à un ensemble de bourgs perchés, dont le très paisible **Guagno-les-Bains**, ancienne station thermale fréquentée au XVIIIe siècle. Environ 6,5 km au-dessus, le joli village de Soccia est le point de départ de la randonnée du **lac de Creno** (2 heures aller-retour, voir p. 115).

Mentionnons deux bonnes adresses dans la région : l'accueillant **Hôtel des Deux-Sorru** (04 95 28 35 14 ; hoteldesdeuxsorru.com ; Poggiolo ; d/tr/qua 75-119/84/147 € selon vue et saison ; plats 15-24 €, menu 21 € ; avr à mi-oct ; P), outre un beau panorama et la cuisine maison avec les produits du terroir à l'honneur, peut aider à organiser des promenades équestres dans les environs du village. Le restaurant de l'**A Merendella** (06 45 35 61 53 ; ch. de l'Église, Soccia ; formule 28 €, menu 37-44 € ; tlj avr-oct), quant à lui, vous offrira la quintessence de l'art de vivre à la mode corse. Dans un agréable jardin face aux montagnes, à l'ombre des arbres fruitiers ou sous une tonnelle, vous pourrez déguster une cuisine de saison fine et gourmande. Pensez à réserver. Pas de CB.

Le Café de la Plage Bar-restaurant de plage €€€
(04 95 20 17 27 ; www.lecafedelaplage.com ; plage d'Arone ; plats 24-58 €, menu dégustation 65 €, 85 € avec les vins ; tlj mi-avr à oct). Idéalement situé face à l'océan, ce "café" cultive son aspect bourgeois-bohème, version plage : canapé en bois flotté, vastes coussins confortables, voilage... C'est pourtant un vrai restaurant proposant une cuisine méditerranéenne raffinée : cabri rôti de Piana, thon mi-cuit et petits légumes croquants, chipirons poêlés et poissons issus de la pêche locale... Idyllique pour savourer un cocktail à l'heure du coucher de soleil. Service de bateau-taxi à disposition et snack à emporter pour manger sur la plage.

Renseignements

Office du tourisme (09 66 92 84 42 ; www.ouestcorsica.com ;). À côté de la poste (DAB). Vend une carte de randonnée avec plusieurs balades aux alentours des calanques (1 €).

CARGÈSE (CARGHJESE)

Cargèse possède une histoire étonnante et deux églises. La ville fut en effet fondée en 1774 pour abriter des réfugiés grecs exilés en Corse pour fuir les attaques des Turcs. Le charme de la "ville grecque" tient néanmoins davantage au calme des rues et à la blancheur des façades qu'à l'atmosphère des lointains archipels grecs. De fait, l'héritage hellénique de cette localité de 1 300 habitants, dont les descendants des anciens émigrants sont maintenant indissociables des Corses de souche, n'apparaît plus guère que dans sa belle église de rite byzantin et lors de la célébration de fêtes religieuses orthodoxes.

Les deux églises, grecque et latine, méritent assurément une visite. Elles se font face, sur fond de grande bleue, dans un paysage vallonné sillonné par des ruelles aux allures de chemins, bordées de murets de pierre et de jardins colorés. Les plages de sable splendides

Hôtel des Roches Rouges, Piana (p. 112)

MARIUS DOICOV©

qui s'étirent au nord et au sud du bourg contribuent à l'attrait de Cargèse.

À voir

Les deux églises de Cargèse se font face au centre du village. Elles ont longtemps partagé un seul prêtre, les offices ayant lieu alternativement dans l'une et l'autre, tantôt selon le rite latin, tantôt selon le rite byzantin. Le prêtre qui acceptait de porter cette double casquette a cependant pris sa retraite en 2005 et il s'est avéré difficile de lui trouver un successeur acceptant de le remplacer dans les mêmes conditions. Dorénavant, le service est assuré aléatoirement par le curé de Piana, et un pope vient d'Athènes pour toutes les grandes fêtes religieuses afin de perpétuer le rite grec, en particulier lors de la Semaine Sainte et du Lundi de Pâques.

Église catholique de rite byzantin — Église grecque

Reconnaissable à sa façade blanche, elle est étonnante pour ses icônes – dont certaines furent apportées de Grèce en 1676 –, ses enluminures et son escalier intérieur. L'église actuelle fut érigée à partir de 1852 en remplacement de l'édifice d'origine, situé au même endroit et devenu trop exigu. La construction dura vingt années, durant lesquelles les fidèles mirent fréquemment la main à la pâte. Comme toutes les églises de rite byzantin, elle se distingue par la richesse de ses ornementations et surtout l'iconostase, cloison de bois peint traditionnelle séparant le sanctuaire de la nef.

Église latine Sainte-Marie — Église néoclassique

L'histoire de cette église du XIXe siècle à l'intérieur baroque débuta en 1817, lorsque les familles non grecques de la ville décidèrent de lancer une souscription afin d'ériger une église de rite latin. Commencés huit ans plus tard, les travaux se poursuivirent jusqu'en 1828. Le toit fut emporté par une tempête en 1835 et elle

SI VOUS AIMEZ...

Les balades et la randonnée

❶ Du Ponte Vecchju au Ponte Zaglia
Au départ du ponte Vecchju, 2 km après Ota par la D124, cet itinéraire facile de 1 heure aller-retour remonte les gorges de la Spelunca. Après une demi-heure de marche, vous atteindrez le Ponte Zaglia, beau pont génois noyé dans la végétation, où se rafraîchir dans des vasques.

❷ Du col de Vergio aux bergeries de Radule
Depuis le col de Vergio, 12 km au-dessus d'Évisa par la D84, un sentier facile mène en 40 minutes aux bergeries de Radule (1 370 m), sur le GR®20. Cette superbe balade entre cimes et forêt, balisée en orange, présente peu de difficultés et traverse des paysages extraordinaires.

❸ Le Capo Rosso
Débutant à 5 km de Piana sur la route de la plage d'Arone, ce bel itinéraire d'environ 3 heures aller-retour part à l'assaut d'une tour génoise et se termine en apothéose par un sublime panorama. L'absence d'ombre peut le rendre éprouvant en été.

❹ Le lac de Creno
Au départ de Soccia (prendre la D70 jusqu'à Vico puis la D23), cette randonnée facile d'environ 2 heures aller-retour mène à un lac glaciaire perché à 1 310 m d'altitude. Aller en voiture jusqu'au parking, d'où part le chemin, vous épargnera 3 km de route. Ce sentier nécessite d'être bien chaussé.

❺ Le chemin des Crêtes
Cette randonnée de 3 à 4 heures aller débute à 15 minutes d'Ajaccio, à l'arrêt de bus Bois-des-Anglais (n°7). Après 40 minutes de montée, vous atteindrez le chemin dit "des Crêtes". Les îles Sanguinaires se profilent après 2 heures de marche, avant d'aborder une descente d'une demi-heure jusqu'à la route des Sanguinaires, au niveau de l'arrêt du bus n°5 Terre-Sacrée.

Évisa (p. 106)

n'avait toujours pas d'aménagements intérieurs en 1845. Son clocher de forme carrée ne fut ajouté qu'en 1847.

Activités

Plages

L'agréable **plage du Péro** (Peru), qui déploie son ruban de sable à 1,5 km au nord de Cargèse, se prête au surf mais fait également la joie des familles. Vous y trouverez des possibilités de location de planches à voile, kayaks de mer et surfs, ainsi que de quoi vous loger.

Les **plages de Chiuni** et la crique de **Topiti** (accessible en bateau seulement) se situent au nord de la précédente ; celle de **Ménasina**, à l'entrée sud de la ville.

Un **sentier piéton** relie le village à la plage du Péro (10 min) – mais attention au retour, ça grimpe !

Plongée

Cargèse n'est pas aussi réputée que Porto auprès des plongeurs. Pourtant, les sites au nord de la ville et ceux qui s'égrènent dans le golfe de Sagone sont grandioses.

CargèSub Plongée
(☎06 28 78 13 34 ; www.cargesub.com ; rue du Colonel-Fieschi et au port ; ⏲mai-oct). Baptême XXL de 40 minutes 95 €, plongée enfant - de 12 ans 60 €, plongée d'exploration 38 € (matériel fourni si besoin), rando palmée 32 € pour 1 heure.

Explorasub Plongée
(☎06 11 01 19 54 ; www.explorasub.fr ; le port ; ⏲Pâques-Toussaint). Au port. Baptême 70 €, plongée d'exploration 55 € (matériel inclus si besoin).

Circuits organisés

En saison, trois compagnies assurent des sorties en mer depuis le port de Cargèse. Comptez environ 50 € par adulte et 35 € par enfant (5-10 ans).

Nave Va Sorties en mer
(☎04 95 28 02 66, 06 17 11 58 02 ; www.naveva.com ; boutique Chez Fanny, rue du Colonel-Fieschi). Sorties en mer à bord du *Renaldo* vers

la réserve de Scandola et les calanques de Piana avec 2 heures d'arrêt à Girolata (départ 10h, retour 17h). Le semi-rigide *Garganellu* propose un arrêt à Girolata de 30 minutes et une pause baignade (départ 9h ou 14h, 3 heures 30 ; 60 €).

Croisières Grand Bleu Sorties en mer
(☎04 95 26 40 24 ; www.croisieresgrandbleu.com ; rue Marbeuf et sur le port). Sorties vers Scandola et Girolata le matin (départ à 8h45, 2 heures d'arrêt à Girolata, retour vers 14h15 ; 65 €) et l'après-midi (départ à 14h30, 30 min d'arrêt, retour vers 18h30 ; 60 €).

U Filanciu Sorties en mer
(☎07 60 14 03 04, 06 69 57 03 04 ; www.ufilanciu.fr ; hôtel Cyrnos et port de Cargèse). Trois circuits de 1 heure 45 à 3 heures 30 à bord d'un semi-rigide de 12 places (38-60 €). Également une sortie à la journée (9h-15h, à partir de 100 €) avec arrêt pique-nique sur une crique (panier-repas inclus), pause baignade et temps libre de 30 minutes à Girolata.

Promenades à cheval

Pour des promenades équestres, vous pourrez contacter **Le Ranch** (☎06 79 35 41 35 ; ranchcorse.com ; plage de Chiuni), qui propose une initiation pour les enfants (2-5 ans ; 6 €) et des balades (1/2/3 heures 25/45/60 €) ; option baignade avec les chevaux possible (40 €).

VTT Fat Bike

A Spassu Rando (☎06 49 22 25 83) loue des VTT Fat Bike à assistance électrique sur 3 parcours autour de Cargèse (35-40 €) et organise une randonnée au coucher du soleil avec apéro (adulte/-12 ans 40/22 €).

Où se loger

Village et hauteurs

Hôtel Cyrnos Hôtel €
(☎04 95 26 49 47, 06 08 42 03 17 ; www.torraccia.com ; rue de la République ; d vue ville/mer 42-62/52-72 € selon saison, petit-déj 6 €, lit sup 15 €; ⏲tte l'année ; 📶). Ce petit hôtel dispose de 9 chambres au confort simple mais lumineuses. Celles qui donnent côté mer et bénéficient d'un balcon avec une jolie vue offrent un bon rapport qualité/prix. Un sauna (10 €) est situé sous le bâtiment. Garage à motos.

Punta e Mare Hôtel-résidence €€
(06 89 72 41 81 ; www.hotel-puntaemare.com ; rte de Paomia ; d/tr/qua 70-115/85-155/105-165 € selon saison, petit déj 8 € ; ⏲mi-fév à déc ; P 📶). Calme absolu et bon rapport qualité/prix pour cette adresse située à 200 mètres du carrefour Saint-Jean. Agrémenté d'un joli jardin avec transats sur l'arrière, le Punta e Mare propose de belles chambres doubles climatisées, et des petits appartements en façade (355-1 050 €/sem, 2 pers). Très bon accueil, plutôt familial.

Plage du Péro

En bordure de la plage du Péro, les deux adresses suivantes sont un bon choix si vous recherchez la mer et le calme.

Ta Kladia Motel-résidence €€
(☎04 95 26 40 73 ; www.motel-takladia.com ; d/tr/q/app 5-6 pers 90-170/130-175/150-180/165-250 € selon surface et saison, demi-pension 35 € ; ⏲Pâques-Toussaint ; P 📶 ❄). Avec ses bâtiments blancs égayés des couleurs des bougainvilliers, disposés face à la plage, l'accueillant Ta Kladia évoque les îles grecques. Les studios peuvent accueillir jusqu'à 6 personnes : les moins chers sont un peu exigus, les autres sont très corrects. L'ensemble, simple et fonctionnel mais bien entretenu, est idéal pour profiter de la plage à un tarif intéressant. Le restaurant fait honneur à la pêche locale.

Les Lentisques Hôtel-restaurant €€
(☎04 95 26 42 34, 04 95 26 46 61 ; www.leslentisques.com ; plage du Péro ; s/d/tr/ch communicantes 80-130/80-170/128-170/130-220 € selon saison, petit-déj 14 €, menu pension 28 € ; ⏲fin avr à mi-oct, restaurant juin à mi-sept, soir uniquement ; P ❄ 🏊 📶).

Reconnaissable à sa façade ocre qui se dresse à 2 minutes à pied de la plage, ce trois-étoiles familial, agréable et fleuri, doté d'une belle petite piscine, propose une vingtaine de chambres. Bien entretenues et déclinant une décoration au goût du jour, elles varient selon la vue et le confort. La cuisine est appréciée pour ses spécialités de bouillabaisse et de pâtes à la langouste. Un havre de paix.

Où se restaurer

Le Yuka Cuisine fraîcheur €€

(06 23 97 15 91 ; rte du Lavoir ; assiettes 15-25 € ; mars-oct). Cette sympathique adresse nichée dans la ruelle qui descend du centre vers le port est idéale pour se restaurer avec une salade fraîcheur ou un apéritif en fin de journée. On s'installe dans des fauteuils en osier, sur des banquettes aux coussins bariolés, le tout dans une déco façon récup'. Au menu : limonade maison, jus de fruits pressés, thé glacé, petit-déjeuner, assiettes de fromages et/ou charcuterie et plats du jour en circuit court.

A Volta Corse inventif €€

(04 95 26 41 96 ; plats 12-20 € ; tlj midi et soir mars-oct). Même si ce n'est pas l'heure de déjeuner ou de dîner, faites une pause rafraîchissante (glaces et sorbets de chez Géronimi, crêpes sucrées) à cette adresse qui profite d'une vue exceptionnelle sur la côte sud de Cargèse. La terrasse surplombe magnifiquement le bleu azur de la Méditerranée. Les plats, bons et bien présentés, sont à la hauteur des lieux : filet de bœuf au foie gras, pâtes aux calamars, mi-cuit de thon rouge pané à la pistache, salades composées avec sorbet aux légumes. Le soir, le bar en extérieur donne envie de prolonger la soirée sous la brise marine.

Le Cabanon de Charlotte Resto brocante €€

(06 81 23 66 93 ; port de Cargèse ; plats 13,90-27€, menu 36,90 € ; mars-oct). Dans une ambiance détendue et chaleureuse, ce "cabanon" très nettement amélioré sert des poissons vendus au poids, selon l'arrivage (à partir de 8,90 €/100 g). Les plats sont copieux et certains peuvent être aisément partagés. En fin de journée on s'installera dans les petits salons apéros avec tapis au sol et fauteuils clubs. Vaisselle, couverts, déco... ce cabanon est aussi le royaume de la brocante charmante. Une recette et une équipe inchangées depuis son ouverture, il y a une douzaine d'années.

Achats

Terra Corsa Produits corses

(06 60 13 62 69, 04 95 22 40 21 ; rue du Colonel-Fieschi ; tlj 9h-12h30 et 15h30-19h30 avr-oct). Le long de la rue principale. Vous y trouverez des produits de qualité : vins, charcuteries, fromages fermiers, confitures et gâteaux corses, aux côtés de feuilletés au brocciu et de *fiadone* qui se révèlent parfaits pour le déjeuner. CB acceptée.

Renseignements

Office du tourisme (04 95 26 41 31 ; www.ouestcorsica.com). Au centre du village.

DAB À la poste, au supermarché Spar et à la banque située près de l'hôtel Le Saint-Jean.

AJACCIO (AIACCIU)

Première ville de l'île et chef-lieu de la Collectivité territoriale de Corse (CTC), Ajaccio fait presque figure de "capitale" de l'île. Historiquement, elle a supplanté Bastia dans ce rôle en 1811, après un décret du plus célèbre de ses fils, Napoléon Bonaparte. L'essor de la ville, aujourd'hui prospère et active, date de cette époque. Sûre de ses atouts, Ajaccio a cependant su préserver son caractère décontracté. Ses détracteurs regretteront la place trop importante qu'elle concède aux voitures, son caractère un peu m'as-tu-vu et les quartiers bruyants qui côtoient sa vieille ville. Ses amoureux ne verront en revanche que son superbe front de mer, son port de pêche coloré, ses avenues et ses places encadrées de palmiers, ses ruelles ombragées et son ambiance pleine de charme. Les amateurs d'art, enfin, y trouveront l'un des musées les plus intéressants de l'île.

À voir

Palais Fesch — Musée des Beaux-Arts

(☎04 95 26 26 26 ; www.musee-fesch.com ; 50 rue Fesch ; tarif plein/réduit 8/5 € ; ⌚mai-oct tlj 9h15-18h, nov-avr tlj 9h-17h). Le musée des Beaux-Arts d'Ajaccio, aménagé dans le palais construit à l'initiative du cardinal Fesch (oncle de Napoléon), abrite la collection qu'il céda à la ville en 1839. Au fil de la visite, on découvre une exceptionnelle collection de peintures italiennes, du XIVe au XIXe siècle, ainsi que la collection napoléonienne et une collection de peintures corses. Parmi les chefs-d'œuvre, citons *La Vierge à l'Enfant soutenu par un ange sous une guirlande*, de Sandro Botticelli, et *L'Homme au gant*, de Titien – pendant de celui conservé au Louvre. Ils côtoient notamment des œuvres signées Véronèse ou Bellini.

La cour carrée qui fait face au musée, où se dresse une statue de Joseph Fesch, mérite le coup d'œil pour la rigueur de son agencement. Elle est bordée par la **chapelle impériale** (visite comprise dans le billet), qui renferme les tombeaux de plusieurs membres de la famille impériale.

Bibliothèque municipale — Bâtiment historique

(☎04 95 51 13 00 ; www.bibliotheque.ajaccio.fr ; 50 rue du Cardinal-Fesch ; ⌚mai-sept lun-ven 9h-17h, oct-avr 9h-12h et 14h-17h). GRATUIT Deux lions gardent l'entrée de la très belle bibliothèque municipale, mitoyenne du palais Fesch. Sitôt passé les fauves, les boiseries en noyer massif – classées monument historique –, la table centrale de 18 m de long, les rayonnages surchargés de vieux ouvrages et les échelles de bois de cette impressionnante salle rectangulaire, construite en 1868, séduiront les amateurs de volumes reliés. C'est à Lucien Bonaparte, frère de l'Empereur, que l'on doit son édification, en 1801, afin de donner un écrin aux milliers d'ouvrages entassés au palais Fesch. Il y fit placer notamment 12 310 volumes provenant de confiscations effectuées à l'époque révolutionnaire

Le port Tino-Rossi (vieux port) d'Ajaccio

CHRISTOPHE CORBEL ©

Ajaccio
0
200 m
Plage du Ricanto (6 km), aéroport d'Ajaccio-Napoléon Bonaparte (8 km), Porto (82 km), Corte (84 km) et Propriano (68 km)
Port Charles-Ornano (port de l'Amirauté)
Gare ferroviaire
Av. Beverini Vico
Av. Jean Lévie
Quai des ferries
Rue de l'Impératrice Eugénie
Av. Pascal Paoli
R. Frediani
Boulevard Sampiero
Cours Napoléon
Golfe d'Ajaccio
Rue des Trois Maries
Église Saint-Roch
Rue du Cardinal Fesh
Bd du Roi Jérôme
Quai L'Herminier
Terminal maritime et routier
Rue Sergent Casalonga
Rue du Général Lévie
Rue du Maréchal Ornano
R. Général Campi
Rue des Halles
Square Campinchi
Rue Étienne Conti
Place Foch
Cours Grandval
Av. de Paris
Quai Napoléon
Place de Gaulle (Place du Diamant)
Av. Eugène Macchini
Port Tino Rossi (vieux port)
Rue du Roi de Rome
R. St-Charles
R. Bonaparte
Casino
Bd Pascal Rossini (Bd Lantivy)
Rue Forcioli Conti
Vieille ville
Bd Danièle Casanova
Jetée de la Citadelle
E Ragnole (1 km), Plage du Trottel (1,5 km), route des Sanguinaires (4 km) et Capo di Feno (17 km)
Plage Saint-François

Ajaccio

À voir

1 Bibliothèque municipale C3
2 Cathédrale B5
Chapelle impériale .... (voir 5)
3 Citadelle C6
4 Musée national de la Maison Bonaparte B5
5 Palais Fesch C3
6 Salon napoléonien (hôtel de ville) C5

Activités

7 À L'Eau Plongée D1
8 Guichets de compagnies de sorties en mer C5
9 Odyssée Plongée C5

Où se loger

10 Hôtel Napoléon B4
11 Le Kallisté B3
12 San Carlu Citadelle B5

Où se restaurer

13 A Nepita C2
14 Chez Gustino B5
15 Le Bistrot d'Émile B4
16 Le Bosco B5
17 Le Petit Clos B5
18 Mani, Nourritures Terrestres B5

Où prendre un verre

19 L'Entracte B5
20 La Place B5
21 Le Mayfair B5
22 Terrasses du boulevard Lantivy A5
23 Terrasses du port Charles Ornano D1

Achats

24 Boulangerie-pâtisserie Galeani B4
25 La Maison de Mina B5

Renseignements

26 Office du tourisme C4

sur les biens d'émigrés et de membres de congrégations religieuses de la région parisienne. Par la suite, la bibliothèque s'enrichit de dons et d'ouvrages de la collection personnelle du cardinal Fesch. À ce jour, elle regroupe près de 40 000 volumes.

Citadelle — Ouvrage militaire

Indifférente au temps, la muraille de la citadelle (voir aussi l'encadré p. 124), avec ses bastions et son échauguette, domine le golfe et veille sur Ajaccio depuis des siècles. Cédée par l'armée à la municipalité d'Ajaccio, l'édifice devrait être prochainement rénové. À suivre !.

Musée national de la Maison Bonaparte — Histoire des Bonaparte

(04 95 21 43 89 ; musees-nationaux-malmaison.fr/musee-maisonbonaparte ; rue Saint-Charles ; tarif plein/réduit 7/5 €, gratuit -26 ans et 1er dim du mois ; avr-sept mar-dim 10h-12h30 et 13h15-17h, oct-mars mar-dim 10h30-12h30 et 13h15-16h30, téléphonez les jrs fériés). Maison natale de l'Empereur, ce musée est signalé par un panneau "Maison Bonaparte" d'un côté et "Strada Malerba" de l'autre. Pour vous y rendre, empruntez la rue du Roi-de-Rome, qui donne dans la rue Saint-Charles.

La belle demeure renferme diverses pièces de mobilier incrustées de pierreries, une crèche en ivoire et ébène rapportée de Syrie et la chambre natale de l'Empereur. L'arbre généalogique de la famille Bonaparte et l'acte de naissance du grand homme complètent cette visite, que certains jugeront assez décevante. Le charmant jardin en face de la maison a été planté en 1805. Il abrite le buste enfant du Roi de Rome et une belle variété de plantes et d'arbres. Dernière entrée 30 minutes avant la fermeture.

Cathédrale — Style vénitien

La façade ocre de la cathédrale d'Ajaccio, en forme de croix grecque, se dresse dans la vieille ville, au coin des rues Forcioli-Conti et Saint-Charles. De style vénitien, elle fut érigée au cours de la seconde moitié du XVIe siècle. On y verra les fonts baptismaux utilisés lors du baptême de Napoléon ainsi que la *Vierge au Sacré-Cœur* d'Eugène Delacroix.

Salon napoléonien Musée

(04 95 51 52 53 ; www.ajaccio.fr/Salon-Napoleonien_a50.html ; hôtel de ville, pl. Foch ; entrée libre ; 9h45-11h45 et 14h-16h45 sept-juin, jusqu'à 17h45 juil-août). GRATUIT Les portraits et les bustes de la famille impériale ornent les murs du salon napoléonien, tandis que la salle des médailles expose une importante collection de pièces et médailles retraçant l'histoire napoléonienne.

Parc des Milelli Parc et demeure historique

(parc en accès libre). À 5 km au nord-ouest du centre-ville, ce parc de 14 ha forme un havre de fraîcheur au milieu d'une oliveraie, en surplomb du golfe d'Ajaccio. Il est planté d'un arboretum créé en 1993 et de jardins potagers. C'est dans l'enceinte du parc que se dresse l'ancienne maison de campagne de la famille Bonaparte (à admirer de l'extérieur ; elle ne se visite pas).

Activités

Plages

La **plage Saint-François** se déploie quasi en ville, au pied de la citadelle, en contrebas du boulevard Lantivy. La **plage du Trottel** s'étend un peu plus à l'ouest, en direction des Sanguinaires. D'autres plages et criques vous attendent le long de la **route des Sanguinaires** (voir p. 128) et près de l'aéroport, où la belle **plage du Ricanto**, qui tapisse le fond du golfe, permet de se baigner dès sa sortie d'avion.

Plongée et snorkeling

Le golfe d'Ajaccio est réputé pour la plongée et offre aussi de belles possibilités de randonnées palmées. Plusieurs centres sont installés en ville.

Odyssée Plongée Plongée

(06 62 07 53 51 ; www.odyssee-plongee.fr). Sur le port Tino-Rossi (port de plaisance).

À L'Eau Plongée Plongée

(06 09 60 14 09 ; www.aleauplongee.com). Au port Tino-Rossi.

Circuits organisés

Avec des enfants, vous pourrez embarquer sur le **Petit Train des Îles** (04 95 51 13

La cour carrée du palais Fesch sur laquelle trône la statue du cardinal (p. 119)

PATRICK LE MASURIER/ADOBESTOCK ©

69, 06 10 45 31 72 ; www.petit-train-ajaccio.com ; départ place Foch ; fermé jan-fév), qui propose deux circuits commentés, l'un dans la cité impériale (adulte/enfant 8/4 €), l'autre vers les îles Sanguinaires (adulte/enfant 11/5 €). **Ajaccio Vision** (06 20 17 50 33, 06 58 42 54 47 ; www.ajacciovision.fr ; quai Napoléon) propose une prestation comparable à bord d'un autobus à impériale (adulte/enfant 11-9/5,50-4,50 € selon le circuit ; départ place Foch).

Plusieurs compagnies maritimes, qui disposent de guichets sur le vieux port, organisent en saison des sorties en mer au départ d'Ajaccio à bord de vedettes touristiques. Elles proposent divers itinéraires, dont les îles Sanguinaires (adulte/enfant 28/15 €), le sud du golfe d'Ajaccio, la réserve naturelle de Scandola via les calanques, Piana et Girolata (adulte/enfant 59/39 €) ou encore une sortie au coucher du soleil aux abords des Sanguinaires.

Nave Va Sorties en mer

(04 95 51 31 31, 06 17 11 42 40 ; www.naveva.com). Plusieurs circuits dans le golfe, aux abords des Sanguinaires et plus loin.

Découvertes naturelles Sorties en mer

(04 95 21 06 16, 06 03 13 46 80 ; www.promenades-en-mer.org). En plus des sorties en mer habituelles, assure aussi en saison un service de navette maritime vers Porticcio, avec 6 à 8 départs par jour (aller/aller-retour 5/8 €).

Le cardinal Fesch, oncle de Bonaparte

Joseph Fesch (1763-1839), le demi-frère de la mère de Napoléon, joua un rôle non négligeable dans l'histoire de la Corse. Docteur en théologie, archiprêtre de la cathédrale d'Ajaccio, puis primat des Gaules, il fut nommé cardinal en 1803 avant de devenir ambassadeur de France au Saint-Siège. S'il fut à l'origine de la venue du pape Pie VII à Paris pour le sacre de l'Empereur, il s'opposa plus tard à la politique religieuse de Napoléon et fut disgracié (1812).

Retiré à Rome après la chute de l'Empire, il vouera une véritable passion à l'art et laissera, à sa mort, une collection estimée à près de 16 000 tableaux. Le musée qui porte son nom à Ajaccio en possède un millier.

Où se loger

Le Kallisté Hôtel **€€**

(04 95 51 34 45 ; www.cyrnos.net ; 51 cours Napoléon ; s/d/tr 49-89/59-109/69-139 € selon saison, petit-déj 9 € ; avr-oct ;). Installée dans un bâtiment élégant du centre-ville, avec pierres apparentes, plafonds voûtés en briques et imposant escalier central, cette adresse au goût du jour offre de nombreux services : climatisation, borne Internet gratuite à la réception, Wi-Fi, TV, ascenseur, location de voitures et de motos, laverie... Les chambres claires et impeccables offrent l'un des meilleurs rapports qualité/prix de la ville, mais manquent un peu de chaleur dans la décoration, à l'image de l'ensemble de l'établissement. Pas de parking, mais quelques places pour motos et voitures (15 €/jour). Une borne informatique, à quelques mètres de l'entrée de l'hôtel, permet de louer et régler sa chambre par carte bancaire en dehors des heures d'ouverture de la réception (8h-20h).

Hôtel Napoléon Hôtel **€€**

(04 95 51 54 00 ; www.hotel-napoleon-ajaccio.com ; 4 rue Lorenzo-Vero ; s/d 65-95/75-115 € selon saison, petit-déj buffet 12 € ; tte l'année ; P). Dans une rue calme à deux pas du cours Napoléon, ce trois-étoiles au confort feutré pratique des tarifs raisonnables pour Ajaccio. L'accueil est professionnel et efficace, et les chambres sans défauts et bien équipées. Entièrement rénové en 2020, il offre une décoration spécifique à chaque étage qui décline avec goût les signes iconiques napoléoniens. L'hôtel dispose d'un atout maître : une vingtaine

INSOLITE !
La citadelle d'Ajaccio, imprenable ?

Vus de la mer, les contours anguleux et massifs de la citadelle d'Ajaccio semblent défier le visiteur. Sous l'occupation française, de 1553 à 1559, le maréchal de Termes conçut l'édifice autour d'un château préexistant. Fossé, tours et courtines renforcèrent la protection de cette ville déjà fortifiée depuis 1502. D'autres citadelles corses, telles Corte ou Bonifacio, perdirent progressivement leur rôle défensif et finirent par ouvrir leurs lourdes portes aux touristes. Mais les gardiens de la citadelle d'Ajaccio ne le voyaient pas du même œil et les habitants de la ville ignorèrent longtemps ce que cachaient ces murs épais. En 2001, la réputation redoutable de cet édifice – encore sous autorité militaire – en fit même le coffre-fort du plus gros trésor qu'ait jamais vu l'île : les euros, en petites coupures et piécettes, attendaient ici de remplacer les francs de Corse ! Aujourd'hui un projet de rénovation du site attend d'être voté et financé par la ville d'Ajaccio qui est propriétaire.

de places de parking (10 € sur réservation). Trois chambres sont accessibles aux personnes à mobilité réduite.

Le Marengo Hôtel €€

(☎04 95 21 43 66 ; www.hotel-marengo.com ; 2 rue Marengo ; d/tr 75-135/115-165 € selon confort et saison, petit-déj 12,50 € ; fermé nov à avril ;). Même si le Marengo fait face à un immeuble sans grâce, qui bouche un peu la vue, son emplacement (à 15 minutes du centre à pied) au fond d'une impasse, est très calme et arboré et on s'y gare facilement. Les 18 chambres, certaines avec balcon, sont agréables et claires, sans chichis. Elles occupent une belle maison de caractère, précédée par une cour fleurie. Le Marengo se distingue en outre par l'accueil chaleureux des propriétaires, qui lui vaut une bonne réputation. Pas de piscine, mais l'hôtel est à 2 minutes à pied de l'agréable plage Trottel.

Où se restaurer

Mani, Nourritures Terrestres Bistronomie €€

(☎04 95 50 10 42 ; www.mani.fr ; 7 rue du Roi-de-Rome ; plats 12-30 €, bocaux apéritifs 7 € ; tlj sauf sam midi, dim et lun midi, fermé dim haute saison). Déjà présent à Propriano sous forme de boulangerie-salon de thé ultragourmand (p. 138), Romuald Royer, alias Mani, a ouvert cette adresse au printemps 2016 en lieu et place de feu l'Estaminet. Sur les tables hautes de la terrasse ou, plus cosy, dans la salle intérieure habillée d'un élégant sol en damier, on opte pour la formule bar branché où picorer dans des bocaux inspirés (caviar d'aubergines, tapenade...) ou bien on choisit des plats plus élaborés, à l'image du carpaccio de tête de veau à la tomate, de l'exquis burger de veau, du filet de bœuf myrte-wasabi ou du rognon de veau. Les desserts ne sont pas en reste, avec un étonnant crumble de P'tit Lu et une mémorable tarte aux fraises revisitée. Quant à la carte des vins, fournie et inspirée, c'est un véritable pousse-au-crime.

A Nepita Cuisine du marché €€

(☎04 95 26 75 68 ; 4 rue San-Lazaro ; menu midi/soir 33/42 € ; midi lun-ven, soir jeu-sam, fermé dim-lun et mer-sam soir août). L'une de nos tables préférées à Ajaccio. Cette adresse vous reçoit dans une salle d'une quinzaine de tables dont la décoration sobre, presque monacale, est égayée de tentures et de toiles contemporaines. On mise ici avec brio sur la cuisine de marché. Le chef concocte chaque jour deux entrées, deux plats et deux desserts, aussi originaux que légers et raffinés. Des exemples ? Fricassée de poulpe, poivron Gamberoni et jus de bouillabaisse, filet de mustelle poêlé, chou rouge confit et gnocchis, entremets châtaigne mascarpone... Un sans-faute !

Plage du Trottel (p. 122) à Ajaccio

Le Bosco Poisson €€
(☎04 95 21 78 58 ; 10 rue du Conventionnel-Chiappe ; plats 12-29 € ; ⏲avr-oct tlj sauf dim-lun, nov-déc jeu soir/sam soir, fermé jan-mars). Niché dans les ruelles de la vieille ville, ce restaurant réputé pour le poisson déçoit rarement. Après vous être régalé de succulents beignets de courgettes en entrée, goûtez par exemple les moules à la corse, les *linguine* aux fruits de mer, la petite friture, mais aussi l'espadon, le chapon, le saint-pierre… Le service peut être un peu longuet en haute saison mais les prix restent sages et l'atmosphère chaleureuse. Une valeur sûre.

Il Passeggero Saveurs italiennes €€
(☎04 95 21 30 52 ; www.ilpasseggero.com ; 3 bd du Roi-Jérôme ; plats 14-23,50 € ; ⏲fermé dim). Face au marché d'Ajaccio, cette adresse propose une cuisine à dominante italienne. Belle carte de pizzas et de pâtes (*paccheri*, *linguine*, *tagliolini*…), des salades appétissantes, boulgour végan… Mais *la* spécialité de la maison est le ravioli : farci aux légumes (épinard, artichaut, blettes, courgettes, tomates…), au gorgonzola, à la viande ou au poisson, coloré à l'encre de seiche… chaque assiette est un tableau à déguster lentement, l'odorat et le goût en éveil. Service sympa et rapide. La terrasse extérieure est un peu plus calme le soir lorsque la circulation de la rue s'apaise.

Le Bistrot Gourmand Bistronomie €€
(☎04 95 52 11 43 ; 3 bd Pugliesi-Conti ; formules 29-32 €, menu 39 € ; ⏲tlj sauf dim-lun). Dans une rue centrale, à deux pas de la plage du Trottel, ce restaurant familial régale ses habitués de longue date, dans sa petite salle intérieure cosy, entre charpente apparente et baie vitrée, ou sur sa jolie terrasse côté rue, calme et ombragée. Dans les assiettes : une cuisine méditerranéenne soignée et savoureuse, à piocher dans les suggestions du jour à l'ardoise. Service attentionné.

A Merendella Citadina Cuisine inventive €€
(☎09 67 78 99 13 ; 19 rue Conventionnel-Chiappe ; formule midi 18 €, menu découvert 39 € ; ⏲tlj soir). Dans une petite salle voûtée aux murs en pierres apparentes, égayée de notes colorées et d'une décoration contemporaine, on déguste des suggestions du jour fraîches

et bien faites, osant quelques audaces. Coriandre, sauce passion ou panacotta d'asperge relèvent la cuisine de notes originales. Quelques tables le long de la ruelle piétonne, le plus souvent à l'ombre.

Où prendre un verre

La ville n'est pas des plus festives mais elle s'anime les soirs d'été et en fin de semaine. Pour boire un verre en terrasse, dirigez-vous vers les **terrasses du boulevard Lantivy**, aux abords du casino. Pour une bière ou une limonade artisanale de qualité, direction la **microbrasserie Impériale** (☎06 10 34 20 15 ; 5-7 rue Zecavo-Maire ; demi 3,50 €, pichet 1 l 11 €), dont les tables sur rue semi-piétonne sont toujours animées en été. Autre centre de gravité : les **terrasses du port Charles-Ornano**, aux adresses branchées.

Ajaccio compte plusieurs discothèques au centre-ville, dont **L'Entracte Club** (bd Pascal-Rossini, près du Casino), **La Place** (dissimulée en contrebas de la pl. Diamant) et **Le Mayfair** (7 rue Eugène-Macchini). Sur la plage du Trottel, quelques paillotes, dont **A Vela Bianca**, font la fête dès la fin de l'après-midi jusqu'à 2 heures du matin. Mais ce sont les paillotes de la route des Sanguinaires qui sont les plus courues, comme la **Paillote le Scudo** (☎04 95 71 29 03), où l'on fait la fête en été.

Au-delà des bars et des boîtes de nuit, vous pourrez opter pour **L'Aghja** (☎04 95 20 41 15 ; www.aghja.com ; 6 ch. de Biancarello). À environ 600 m au-dessus du port Ornano (prendre la montée Saint-Jean sur 500 m, puis le chemin de Biancarello à gauche), cette salle de spectacle, la plus active d'Ajaccio, accueille toute l'année des concerts et des représentations de théâtre et de danse. Le programme est disponible sur Internet et auprès de l'office du tourisme. Tentez aussi votre chance à la sympathique petite salle **A Scenina** (☎09 63 21 93 99 : www.scenina.com ; 15 bd Maglioli) qui organise concerts, pièces de théâtre, expositions, dîners-spectacles, goûters-théâtre...

Achats

La Maison de Mina Épicerie

(☎06 50 67 25 67 ; www.lamaisondemina.com ; 64 cours Napoléon ; ⏲tlj 9h-19h, fermé dim hors saison). Excellente option, tant côté

La pointe de la Parata (page ci-contre)

FANNYES/ADOBESTOCK ©

choix que qualité des produits (charcuteries, terrines, vin, miel, etc.). Non loin de l'hôtel Kallisté et du haut de la rue Fesch. Également service à emporter avec notamment des sandwichs (charcuterie et fromage) faits à la demande. Idéal pour caler une petite faim.

Chez Gustino Épicerie, glacier
(04 95 72 94 19 ; 6 rue du Roi-de-Rome ; 1/2/3 boules 3/5,80/8 € ; mai à mi-juin lun-sam 10h-19h, mi-juin à mi-sept tlj 10h-23h). Cet établissement propose les glaces de Geronimi et se double d'une épicerie fine qui propose d'excellents produits importés d'Italie ainsi. Côté crèmes glacées et sorbets, la carte décline une large palette de parfums. Vous pourrez tester par exemple les saveurs pomelos, kiwi, poivron ou figue. Un pur délice ! Également tarte, salade et dessert du jour (4,50-8,50 €).

Renseignements

Office du tourisme (04 95 51 53 03 ; www.ajaccio-tourisme.com ; 3 bd du Roi-Jérôme ;). Un topoguide de 18 fiches de randonnées à faire depuis Ajaccio et alentour est en vente à 10 €.

Bureau du Parc naturel régional de Corse (PNRC ; 04 95 51 79 00 ; www.pnr.corsica ; Immeuble Faggianelli, 19 av. Georges-Pompidou ; lun-ven 8h30-12h et 14h-17h). N'accueille pas le public, mais peut fournir par téléphone des informations sur les randonnées et les refuges.

VAUT LE DÉTOUR

A Cupulatta, la cité des tortues

La vallée de la Gravone, qui s'étire le long de la N193, accueille le plus grand centre européen de conservation des tortues. **A Cupulatta** (04 95 52 82 34 ; www.acupulatta.com ; Véro ; adulte/5-11 ans 12/9,50 € ; tlj avr-nov, 9h-19h mi-mai à mi-sept, 10h-17h30 avr à mi-mai et mi-sept à mi-nov), à 20 km environ d'Ajaccio, rassemble 170 espèces terrestres et marines en provenance du monde entier, dont certaines en voie de disparition. Il s'attache à protéger et à faire découvrir au grand public ces animaux venus de la nuit des temps. Un snack est installé sur place.

Ci-dessus : Tortue d'Hermann

Environs d'Ajaccio

À quelques kilomètres du centre d'Ajaccio, les quatre **îles Sanguinaires** doivent leur nom à la couleur rougeâtre de leur roche. Cet archipel en miniature ponctue la **pointe de la Parata**, péninsule effilée flanquée d'une tour génoise. L'environnement de la pointe de la Parata est un peu négligé, mais les îles méritent le coup d'œil pour leur austère paysage maritime. Elles abritent 150 espèces de plantes et sont un refuge de choix pour les oiseaux marins, ce qui leur vaut d'être protégées. L'accès est naturellement limité par la géographie : à pied, vous pourrez aller jusqu'au promontoire de la pointe de la Parata (parking payant en saison), qui révèle un beau point de vue sur l'enfilade des îles ; en bateau (voir p. 123), vous pourrez débarquer sur la Grande Sanguinaire.

Ponctuée d'une dizaine de **plages**, la **route des Sanguinaires** occupe une place à part auprès des fêtards. Plusieurs adresses s'alignent le long de ses 11 km, notamment des **paillotes** qui font office de restaurants le jour et dont certaines se transforment en boîtes de nuit les soirs d'été.

Où se loger

Barbicaj'Alta Chambres d'hôtes €€
(06 10 63 29 69 ; 2 ch. des Agaves ; d avec petit-déj 90-130 € selon saison, app à la semaine 2/5 pers

SI VOUS AIMEZ...
Les vallées ombragées

Quelques suggestions pour vous reposer de la côte corse, de sa chaleur et de ses foules...

❶ La vallée du Prunelli
À quelques kilomètres de la sortie sud d'Ajaccio, la D3 quitte la T40 pour monter en serpentant, sur environ 30 km, vers le bourg de Bastelica. En chemin, elle joue à cache-cache avec le Prunelli, dont la vallée révèle virage après virage un tableau de plus en plus saisissant. Le paysage se fait plus minéral et grandiose à mesure que la route prend de l'altitude, en passant par **Tolla** et son lac, le **col de Mercujo**, **Bastelica** et enfin la **station d'Èse**.

❷ Le Haut Taravo
Sauvage, luxuriante et discrète, cette vallée convient parfaitement à un périple en voiture. Son principal accès est la D83, qui s'enfonce en serpentant jusqu'au village de **Zicavo** depuis la T40, aux environs du **col de Saint-Georges**, célèbre pour son eau de source, à une quinzaine de kilomètres d'Ajaccio en direction de Propriano. Le Haut Taravo est apprécié des amateurs d'écotourisme et des randonneurs.

❸ Le Cruzzini et la Cinarca
Réservé aux amateurs de vallées sauvages et reculées, cet itinéraire part du village de Murzo, à quelques kilomètres de Vico, dans la micro-région du Liamone. La D4, en direction de **Muna**, traverse des paysages spectaculaires jusqu'à **Rosazia**, **Salice**, puis **Rezza**, où vous prendrez la D125 pour **Lopigna** et **Arro**. De là, la D1 rejoint Vico. Vous pourrez vous baigner dans le Cruzzini, à hauteur du pont de Truja, après Arro. Prévoyez une journée pour couvrir l'intégralité du circuit. Les possibilités de restauration sont rares.

500-750/850-1 300 €, petit déj 10 € ; tte l'année ;). Contemplez la plus belle vue qui soit du golfe d'Ajaccio... Certes, le panorama se mérite (il faut grimper une côte très raide), mais on est transporté par le spectacle, dont on profite depuis la terrasse. Les 2 chambres, dotées d'un réfrigérateur et d'une entrée indépendante, sont lumineuses, pimpantes et colorées. Location à partir de 3 jours. La plage de Barbicaja est à 10 minutes à pied. Excellent accueil. Réservation conseillée hors saison.

Hôtel La Pinède Hôtel avec piscine **€€**
(04 95 52 00 44 ; www.la-pinede.com ; plage de Barbicaja, rte des îles Sanguinaires ; d/qua 69-144/114-194 € selon saison ; tte l'année ;). Même en haute saison, les tarifs de ce joli trois-étoiles restent raisonnables. Sur le front de mer, le bâtiment moderne abrite des chambres impeccables, aménagées avec simplicité – la familiale est composée de 2 chambres communicantes. À l'extérieur, on profite d'un jardin avec piscine. La petite plage de Barbicaja est à 30 mètres en contrebas, après avoir traversé la route des Sanguinaires.

Le Week-end Luxueux **€€€**
(04 95 52 51 78 ; www.hotel-le-weekend.com ; rte des îles Sanguinaires ; ste 160-380/480-680 €, petit-déj 22 € ;). Une folie ! Piscine à débordement avec vue sur les Sanguinaires, spa de nage à contre-courant, plage privative... Repos garanti dans cet établissement récent qui propose une douzaine de suites entre 30 et 35 m², avec douche et baignoire. Elles sont décorées dans des tons chocolat et équipées de mobilier contemporain, balcon avec vue sur mer. Celles de la catégorie "luxe" (55 m²) ont un Jacuzzi privé sur la terrasse. Idyllique !

SUD DU GOLFE D'AJACCIO
Porticcio et environs

Avec ses locations à la semaine, ses hôtels-clubs, ses établissements de luxe et autres constructions sans charme, Porticcio, au sud du golfe d'Ajaccio, n'évoque guère l'île de Beauté telle qu'on se l'imagine habituellement. Cette station balnéaire animée est cependant bordée de plages de sable qui s'étalent sur une dizaine de kilomètres vers le Sud, et permet de nombreux loisirs nautiques (plongée et sorties en mer notamment).

La **plage de la Viva**, au centre de la station balnéaire, est la plus fréquentée. Dans la baie suivante, la **plage d'Agosta**, un peu plus tranquille, incite au farniente. Vient ensuite la belle **plage de Ruppione**, au sud de la presqu'île de l'Isolella. Vous pourrez profiter de criques discrètes à l'extrémité nord (suivez la petite allée en pierre), en contrebas de l'ancien restaurant La Bergerie. En continuant vers le sud, on arrive sur la plage préférée des Ajacciens, la plage de Mare e Sole, également appelée **plage d'Argent**, avec son beau liseré de sable blanc et fin et ses agréables paillotes.On atteint enfin **Portigliolo** et sa petite étendue de sable, dernière halte avant que la route ne quitte le littoral pour grimper dans les collines jusqu'à la superbe **Cala d'Orzu** (voir p. 130).

En été, les navettes **Muvimare** (www.ca-ajaccien.corsica/muvimare) relient Porticcio à Ajaccio (9/jour ; 20 min ; aller/aller-retour 5/8 € ; 7h-20h environ, jusqu'à 23h jeu-sam).

Où se loger et se restaurer

Cala Verghia — Chambres d'hôtes et restaurant **€€€**

(04 95 25 50 68 ; www.calaverghia.com ; d 143-300 € avec petit-déj, plats 17-22 € ; tte l'année resto tlj juil-août, jeu-lun le reste de l'année ; P). Quatre vastes et luxueuses chambres ouvertes sur une grande terrasse dominant la mer, en surplomb d'une crique aux eaux translucides... Un rêve. La décoration, tout en sobriété, invite à profiter du cadre. En outre, les lieux font aussi restaurant – cuisine sophistiquée et savoureuse, servie sur la très belle terrasse plantée d'un chêne vert majestueux. Équipe familiale et décontractée. Petit parking et accès à la plage par un escalier.

Cala d'Orzu

Capo di Muro

La Plage d'Argent Paillote €€
(☎04 95 25 57 54 ; www.laplagedargent-corse.com ; plage de Mare et Sole ; pizzas 12-17 €, plats 20-30 € ; ⏲tlj midi et soir, fermé nov-mars). Atmosphère décontractée et chaleureuse dans cette paillote en surplomb de la plage, égayée en soirée d'éclairages multicolores, qui mise avant tout sur la convivialité et la bonne humeur. Carte éclectique (salades, pizzas, fruits de mer, poissons et viandes), conçue pour contenter tous les goûts et tous les budgets. Un bon choix sur la plage d'Argent. Bel espace bar à cocktails (8-12 € env ; ⏲fin juin-sept jusqu'à 2h) et pêche du jour au poids (poisson/langoustine 9/15 € les 100 g).

Arrière-pays : Bisinao et Chioti-Chiavari

Dans l'arrière-pays de Porticcio, le village de Bisinao (à 20 km au plus court depuis la plage d'Agosta, par des routes sinueuses) peut constituer une bonne base pour découvrir l'arrière-pays d'Ajaccio et la partie sud du golfe.

Si vous souhaitez admirer le plus beau coucher du soleil sur le golfe d'Ajaccio, montez jusqu'à Coti-Chiavari, en empruntant la bifurcation signalée à environ 5 km de Portigliolo. Ce village bâti en belvédère offre une vue incomparable sur la Méditerranée.

À 7 km du village en descendant vers la plage de Mare e Sole (D55), vous découvrirez les **ruines d'un pénitencier**, construit en 1855 et fermé en 1906. De là, un circuit balisé forme une boucle, via la plage de Mare e Sole (4 heures à pied, 2 heures à VTT) et la magnifique forêt de Coti-Chiavari.

Au centre du bourg, le restaurant **Chez Véro** sert des plats simples. **Le Belvédère** est quant à lui réputé pour ses menus de spécialités corses, à savourer en terrasse.

Capo di Muro et Cala d'Orzu

Environ 8 km après Portigliolo, la D155 croise la route menant à Capo di Muro et à la plage de **Cala d'Orzu**. Renseignez-vous sur l'état de cette voie : après 2,5 km, le bitume cède en effet la place à 3 km de piste qui posent parfois problème aux véhicules légers. La plage de Cala d'Orzu est entrée dans l'histoire en 1999, lorsque des gendarmes avaient clandestinement tenté de détruire la paillote **Chez Francis** (☎04 95 27 10 39 ; plats 20-58 €, menu 25 € ; ⏲tlj midi et soir mi-avr à mi-oct) sur l'ordre du préfet de l'époque. C'est aujourd'hui l'une des plus courues du secteur. Cette notoriété inattendue a fait s'envoler les prix. Dommage ! On y savoure néanmoins de savoureux spaghettis aux gambas ou gambas à la crème, les spécialités de la maison (restez sur des produits de la mer : le reste est nettement moins à la hauteur des tarifs).

Sur la rive nord de la baie, un sentier permet de rejoindre à pied la superbe **tour de Capo di Muro** en 45 minutes environ.

De retour sur la D155, vous rejoindrez en une dizaine de kilomètres la bifurcation pour la **plage de Cupabia**, puis **Serra di Ferro** et **Porto-Pollo** (p. 138).

LE SUD DE LA CORSE

Une ville perchée au bord de vertigineuses falaises de calcaire (Bonifacio) ; des plages aux allures tropicales (Rondinara, Palombaggia, Santa Giulia) ; une cité de pierre sombre semblant sortie d'un film de cape et d'épée (Sartène) ; des aiguilles de granit dressées à 1 600 m dans le ciel méditerranéen (Bavella) ; des villages de montagne où le temps semble s'être arrêté (Alta Rocca) ; une côte sauvage ponctuée de criques secrètes (Tizzano) ; des villes balnéaires (Porto-Vecchio, Propriano)...

Le sud de l'île n'est pas avare en richesses. Amateurs de farniente et de plages, amoureux d'histoire et de belles pierres, forcenés d'activités sportives sur mer ou sur terre, tous seront comblés. Le tableau est donc idyllique... sauf en pleine saison. Les localités du bord de mer sont alors saturées et les tarifs crèvent les plafonds. Mieux vaut alors prendre les chemins de traverse...

Plage de Pinarello (p. 160)

T40
(N196)
D420
D757
D155
D557
Filitosa
D57
Mare a Mare®
Sud
Plage
de Cupabia
Porto
Pollo
Plage
de Taravo
D157
D257
D69
Plage de Baracci
Golfe de Valinco
D19
D268
Plage de
Portigliolo
Propriano
Rizzanese
Portigliolo
D148
T40
(N196)
D121
Campomoro
Sartène
(p. 141)
D21
D50
Cala di Avena
Cala di
Conca
Ortolo
D48
Tizzano
D50
Cauria
Plage de
Tra Licettu
Lion de
Roccapina
T40
(N196)
Plage de
Roccapina
Baie
de Figari
MER
MÉDITERRANÉE
0
10 km

du Coscione
Aiguilles de Bavella
Massif de Bavella (p. 162)
Col de Bavella (1 218 m)
GR®20
Quenza
Alta Rocca (p. 161)
Zonza
Serra-di-Scopamène
D69
D268
D368
D168
T10 (N198)
Vallée du Cavu
Forêt de L'Ospédale
Cucuruzzu et Capula
Levie
Cascade de Piscia di Gallo
Osu
Sainte-Lucie-de-Tallano
Carbini
Pinarello
Golfe de Pinarello
Plage de Pinarello
D468
Lac et barrage de L'Ospédale
D248
L'Ospédale
Alta Rocca
Plage de San Ciprianu
D59
D368
Plage de Cala Rossa
Golfe de Porto-Vecchio
Porto-Vecchio
Plage de Palombaggia (p. 158)
Stabiacciu
D859
Plages de la Folaca et d'Asciaghju
Santa Giulia
Plage de Santa Giulia
D459
Figari-Sud-Corse
Figari
D59
Plage de Rondinara (p. 158)
Baie de Rondinara
T10 (N198)
Golfe de Santa-Manza
Plage de la Tonnara
T40 (N196)
Golfe de Ventilegne
Plages de Maora et de Santa Manza
Bonifacio (p. 149)
Grotte du Sdragonato
Plage de Calalonga
Plage de Piantarella
Phare de Pertusato
Plage du Grand Spérone
Île Cavallo
Cap Pertusato
Plage du Petit Spérone
Archipel des Lavezzi (p. 151)
Bouches de Bonifacio
Îles Lavezzi

PROPRIANO (PRUPRIÀ)

Des plages de sable blanc, des stations balnéaires à taille humaine, des loisirs nautiques à profusion et un cadre partagé entre mer et montagne : le golfe de Valinco rassemble de nombreux atouts. Nichée au fond du golfe, Propriano est idéalement située pour l'explorer. Même si la ville laisse un peu perplexe : si son front de mer arbore la physionomie typique d'une station balnéaire, à l'arrière en revanche, ses rues dévoilent un environnement sans charme, comme au bord de l'abandon. À l'été 2019, un ambitieux plan de réhabilitation a été signé… Affaire à suivre !

Activités

Plages

Les plages de Propriano – la **plage du Corsaire** (également appelée plage de Puraja) et la **plage du Lido** – feront l'affaire pour lézarder sur le sable. Un **sentier du littoral** a récemment été aménagé entre Propriano et Capu Laurosu (il devrait être achevé à l'heure où vous lirez ces lignes) : il permet de rejoindre à pied la **plage de Capu Laurosu** (30 min environ). Cette belle étendue de sable se prolonge jusqu'à devenir l'impressionnante **plage de Portigliolo** (p. 141), à 7 km au sud de la ville.

Activités nautiques

Le **Centre nautique Valinco** (06 32 84 12 77 ; www.centre-nautique-propriano.com ; au bout du port de plaisance, plage de Mancinu ; avr-fin oct) loue des planches à voile, des dériveurs, des catamarans, des paddles et des kayaks de mer (matériel récent, à partir de 12-48 €/h selon l'activité). Le club propose aussi un "jardin des mers", une initiation à la mer pour les enfants dès 4 ans.

Parc aventure et canyoning

Sur la route de Baracci, à 3 km de Propriano, le parcours aventure de **Baracci Natura** (06 20 95 45 34 ; www.baraccinatura.fr ; rte de Baracci ; 10-21 € ; tte l'année sur réservation, 8h-19h) a été aménagé dans une forêt de chênes lièges et propose des circuits de difficulté croissante. Parcours "baby parc" à partir de 2 ans (10 €). Il propose aussi une sortie au **canyon du Baracci** (2 heures,

Port de Propriano

45 €/pers), facile d'accès et assez court. Pas de CB, chèques vacances acceptés.

Thermes

À 4 km de Propriano en suivant la D257, les **Bains de Baracci** (☎04 95 76 30 40 ; www.bainsdebaracci.com ; rte de Baracci ; 7 €, à partir de 4 ans ; ⏲lun 15h-20h, mar-dim 10h-19h30 juil-août, mar-dim 10h-18h sept-juin, dernier accès 30 min avt fermeture) sont situés sur d'anciens thermes romains où une source jaillit encore à 39°C. Il est conseillé de ne pas excéder 30 minutes de baignade. Réservation recommandée.

Circuits organisés

Plusieurs prestataires, installés sur le port en été, organisent des sorties en bateau pour découvrir le golfe et, surtout, les magnifiques baies sauvages du Sud, inaccessibles en voiture.

Promenades en mer CMPV Sorties en mer
(☎06 34 02 76 44, 06 03 77 42 56 ; www.promenades-en-mer-propriano.fr ; port de plaisance ; ⏲avr à mi-oct). Cette compagnie propose une belle sortie à la journée (⏲9h-17h ; adulte/5-12 ans 54/27 €, repas possible en supp) à la découverte des criques et des anses du Conservatoire du littoral, au sud de Campomoro (inaccessibles par la route), ainsi qu'une sortie dans la réserve naturelle de Scandola (⏲7h-19h ; adulte/- 12 ans 85/60 €).

Promenades en mer Valinco Sorties en mer
(☎06 12 54 99 28, 06 12 04 25 56 ; www.promenade-en-mer-a-propriano.com ; port de plaisance, à côté de la capitainerie ; ⏲avr à mi-oct). Sorties en vedette à moteur. Certaines ont lieu au lever ou au coucher du soleil.

Où se loger

Camping Colomba Camping €
(☎04 95 76 06 42 ; campingcolomba.com ; rte de Baracci ; adulte/enfant/tente/voiture 6-8,50/3,20-4,50/2,50-7/2,50-3,50 € ; ⏲avr-sept ; P). À 1 km du centre-ville sur la route de Baracci, ce camping est l'un des meilleurs des environs immédiats de Propriano. Domaine calme, aéré et ombragé, avec des infrastructures bien entretenues (location de bungalows équipés à la semaine), un restaurant, une épicerie et une piscine. Malheureusement, la plage la plus proche, celle de Valinco, est l'une des moins agréables des alentours.

Beach Hôtel Bord de mer €€
(☎04 95 76 17 74 ; www.beachhotel-propriano.com ; 38 av. Napoléon-III ; d/tr/qua 60-112/72-125/90-153 € selon saison et vue ; ⏲avr-oct ; P). Sans doute la meilleure option à tarifs accessibles. L'hôtel est situé en bord de plage, presque les pieds dans le sable ! De nombreuses chambres profitent d'un balcon donnant sur la mer. Très standards et de style "motel", les intérieurs n'en sont pas moins bien entretenus, fonctionnels et confortables. Agréable jardinet pour petit-déjeuner.

Le Neptune Hôtel €€
(☎04 95 76 10 20 ; www.hotelneptune-propriano.com ; 39 rue du 9-Septembre ; s/d/tr/qua 62-116/68-139/95-149/105-160 € selon confort et saison ; ⏲déc-oct ; P). Un peu surévalué, l'établissement dispose néanmoins de bons atouts : la vue sur la mer depuis la terrasse du petit-déjeuner et certaines chambres ; la situation centrale ; des chambres modernes et avenantes, quoique plutôt petites, orientées côté rue ou côté golfe ; un espace bien-être au sous-sol, avec hammam, Jacuzzi et salle de fitness ; et un parking gratuit.

Le Lido Hôtel €€€
(☎04 95 76 06 37 ; www.le-lido.com ; 42 av. Napoléon-III ; d 150-240 € selon confort et saison ; ⏲mai-oct ; P). Avec un emplacement exceptionnel, Le Lido a la touche de charme qui manque à nombre de ses concurrents. Les chambres aux murs chaulés jouent de simplicité – oubliant un brin de confort et de modernité. Certaines avec terrasse ont un accès direct à la plage ! Belle salle à manger ouverte sur la mer pour les (excellents) petits-déjeuners.

Où se restaurer

U Tavonu Charcuterie, sur le pouce €
(04 20 01 59 65 ; 1 rue Camille-Pietri ; assiettes 5,50-32,90 € ; 9h30-12h30 et 16h-23h, parfois le midi). Cette bonne charcuterie propose des assiettes à l'ardoise avec – bien sûr – de la charcuterie, du fromage et, selon les jours, des beignets de courgette, des tartines variées, des omelettes aux girolles, des moules farcies... Tout est de qualité. Quelques tables sur la rue et sympathique petite salle.

Tempi Fà Restaurant-épicerie fine €€
(04 95 76 06 52 ; www.tempi-fa.com ; 7 av. Napoléon-III ; plats 7,90-19,90 €, menu plat-dessert 24 € ; tlj midi et soir avr-oct). Branchée, l'adresse fait office à la fois de bar à vins et de restaurant. Sur la terrasse, on mange des tapas et des plats avec un verre de vin autour de tonneaux transformés en tables. Dans la salle du fond, façon "auberge chic", on déguste une cuisine raffinée à base de produits bio. Entre les deux est aménagée une épicerie de produits corses.

Terra Cotta Gastronomique €€€
(04 95 74 23 80 ; 31 av. Napoléon-III ; plats 26,90-29,90 €, formule midi 24 €, menu 65 € ; midi et soir tlj sauf dim mi-avr à mi-oct). L'une des adresses les plus raffinées du port : on vient y savourer une cuisine gastronomique dont la qualité justifie les tarifs. Les spécialités de poisson et de fruits de mer (ravioles de homard, ravioles de homard, filet de Saint-Pierre...) ont fait sa réputation. Salle minuscule, mais élégante terrasse en bois sombre sur le port. Service stylé et souriant.

Mentionnons aussi la boulangerie **Mani** (04 95 73 54 27 ; 2 av. Napoléon-III ; tlj 7h-19h) pour les petites faims et **Chez Christelle** (06 13 83 11 09, 06 84 78 26 38 ; 33 av. Napoléon-III ; 9h-minuit juin-sept, 9h-22h avr, mai, oct et fin déc ; 1 boule à partir de 2,50 €), une halte tout indiquée pour les amateurs de glaces aux parfums inédits.

Où prendre un verre

Les terrasses du port sont bien sûr idéales pour prendre un verre en soirée, notamment celles du **Cocodîle** (04 95 73 27 85 ; quai L'Herminier), du **Tempi Fà** (page ci-contre) et du **No Stress Caffe** (04 95 51 27 78 ; av. Napoléon-III). Signalons aussi les apéritifs dînatoires du **Lido** (p. 137) et le bar de l'hôtel **Bartaccia** (04 95 76 01 99 ; bartaccia.fr ; rte de la Corniche), avec sa déco branchée, ses tapas, sa piscine et ses cocktails.

Renseignements

Office du tourisme (04 95 76 01 49 ; www.lacorsedesorigines.com ; 21 av. Napoléon-III ; lun-sam 9h-19h, dim 9h-13h mi-juin à mi-sept, lun-sam 9h-13h et 15h-18h, sam 9h-13h mi-sept à début nov et fin fév à début juin ;). Accès Wi-Fi (20 min gratuites) et une chasse au trésor (livret gratuit).

Environs de Propriano

Plusieurs localités balnéaires bordent Propriano, de part et d'autre du golfe de Valinco.

Au nord de Propriano

Cette partie du littoral est ponctuée de plages ravissantes et de deux petites stations balnéaires – Olmeto-Plage et Porto-Pollo –, plus paisibles que Propriano. La **plage de Cupabia** est superbe. Plus proche, la **plage de Taravo** s'étend à l'est de Porto-Pollo. L'arrière-pays recèle quelques agréables villages de montagne, comme Olmeto, et se distingue surtout par un site archéologique d'envergure : le **site préhistorique de Filitosa** (voir l'encadré page ci-contre).

Où se loger et se restaurer

Les Eucalyptus Hôtel €-€€
(04 95 74 01 52 ; www.hoteleucalyptus.com ; Porto-Pollo ; d/fam 48-150/99-175 € selon confort et saison ; avr-oct ; P). Son atout ? La vue ! Son panorama embrasse tout

EMMANUEL DAUTANT©

À NE PAS MANQUER

Les mégalithes de Filitosa

Le plus connu des **sites préhistoriques corses** mérite amplement une visite. Mis en scène grâce à une série de bornes sonores, le site concentre des vestiges du néolithique ancien (VIe millénaire avant notre ère) à l'occupation romaine et dévoile de nombreuses **statues-menhirs de l'époque mégalithique** qui remontent à environ 1800 av. J.-C. Ces monolithes de 2 à 3 m de hauteur, taillés dans le granit, figurent des statues anthropomorphes munies d'un nez, d'yeux et dotées d'armes. Filitosa est cependant loin d'avoir livré tous ses mystères : la signification de ces mégalithes demeure obscure.

Après avoir acquitté le droit d'entrée, rejoignez la **statue-menhir Filitosa V**, la plus volumineuse et la mieux "armée" de Corse. Continuez jusqu'au **monument central** (*torre*) et ses 6 petites statues, parmi lesquelles Filitosa IX, dont le visage est considéré comme un chef-d'œuvre d'art mégalithique. Le **monument ouest**, où un amoncellement de pierres forme la cavité d'un *torre*, se dresse quelques mètres plus loin, avant que le sentier ne descende pour atteindre le clou de la visite : **5 statues-menhirs** alignées en arc de cercle au pied d'un **olivier** de 1 200 ans. Un guide est en vente à l'entrée (4 €).

Un beau **musée** (🕓10h-19h lun-ven, 9h-19h sam-dim avr-oct) moderne de 400 m^2 a ouvert en 2020 dans l'enceinte du site. Il propose un parcours chronologique fait de dioramas avec écrans tactiles sur les cultures préhistoriques et protohistoriques de Filitosa à la Méditerranée, ainsi que des vestiges des fouilles telles que deux statues originales.

Sur le chemin du retour, faites halte au **village d'artisans préhistoriques** (🕓10h-13h et 14h-18h) qui présente des démonstrations.

ℹ Infos pratiques

☎04 95 74 00 91 ; www.filitosa.fr ; tarif plein/réduit 9/7 €, gratuit -6 ans ; 🕓9h-19h tlj avr-oct

le golfe. Dans un environnement arboré, l'hôtel est en retrait de la route (la plage est à 50 mètres). Déco sobre et contemporaine, chambres bien équipées (climatisation, TV, terrasse ou balcon). Certainement le meilleur choix à prix raisonnables, il ne lui manque qu'une piscine !

Hôtel Kallisté — Hôtel-restaurant €€-€€€

(04 95 74 02 38 ; www.auberge-kalliste.corsica ; Porto-Pollo ; d 65-160 € selon vue et saison ; mars-fin déc ;). En bord de mer, ce petit hôtel affiche fièrement son écolabel. Entièrement refait, il propose 18 chambres pimpantes, mettant à l'honneur des matières naturelles. Certaines ont vue sur la mer et les plus chères profitent d'une terrasse. Accueil personnalisé et bon petit-déjeuner minute (pas de buffet, mais 100% bio et zéro déchet !).

Hôtel Abbartello — Hôtel de charme €€€

(04 95 74 04 73 ; www.hotelabbartello.com ; plage d'Abbartello, Olmeto-Plage ; d 115-232 € selon confort et saison ; avr-oct ; P). Une des options les plus agréables des environs. Au-dessus de jolies petites criques de sable, ce trois-étoiles de charme arbore une physionomie cossue. Sobres et chics, les chambres aux teintes douces sont orientées vers la mer. L'ensemble est vraiment soigné, et parfaitement confortable. En sus, l'hôtel accueille la **Pizzeria Copa Cabana** (pizzas 9-15 € ; tlj avr-oct) avec une vue magnifique.

A Pignata — Gastronomique €€€

(04 95 24 77 95 ; D757, Porto-Pollo ; menu 3 plats 33 € ; soir lun-sam). Sur une belle terrasse en bois surplombant la mer, cette élégante adresse est renommée pour la qualité de sa cuisine gastronomique, concoctée à partir des légumes du potager, d'un approvisionnement local ou de la pêche du jour.

Au sud de Propriano

Si vous cherchez une plage de rêve au sud de Propriano, la **plage de Portigliolo**, longue de près de 4 km, est l'une des plus belles et des plus étendues du golfe. Même au plus fort

Plage de Cupabia (p. 138)

EMMANUEL DAUTANT ©

de la saison, on peut sans trop de difficulté poser sa serviette sans se faire piétiner. Toujours au sud, au bout de la D121, **Campomoro** est une station balnéaire familiale dotée d'une belle plage de sable fin. Surtout, elle est la porte d'entrée d'un site naturel préservé, déroulant l'une des côtes les plus sauvages de Corse (car inaccessible en voiture). Ponctué d'une **tour génoise** (04 95 73 00 65 ; 3,50 €, gratuit -12 ans ; tlj 9h-18h avr-oct), le cap de Campomoro en est le point de départ. Plusieurs **sentiers de randonnée** sillonnent la côte jusqu'au cap de Senetosa.

Où se restaurer

Chez Pierre-Paul – U Spuntinu Paillote €€

(09 74 56 61 23 ; u-spuntinu.fr ; plats 15-25 € ; tlj avr-oct, le week-end déc-mars). Une belle adresse, qui a le vent en poupe ! Sympathique et dynamique, elle jouit d'une superbe terrasse en bord de plage. À ce cadre idyllique s'ajoute une cuisine tout en fraîcheur et en qualité, déclinée notamment autour de suggestions à l'ardoise. Tout est de qualité ! Service efficace et attentionné.

SARTÈNE (SARTÈ)

Depuis ses hauts murs de granit, Sartène semble surveiller d'un œil sévère la vallée du Rizzanese. À première vue, cette ombrageuse cité a l'air austère. Autour de sa place centrale convergent passages voûtés et ruelles étroites. Pavés et pentus, ils sont bordés de hautes maisons brunes dont les volets semblent perpétuellement clos... À ce tableau s'ajoutent les sonorités à la fois chantantes et rocailleuses de la langue insulaire, bien vivante dans ce bastion de la corsitude. Dans ce véritable décor de film de cape et d'épée, on croirait presque distinguer, au détour d'un escalier de pierre, le fantôme de Colomba !

Sartène tient en effet une place de choix dans l'histoire des vendettas corses. Outre les retombées de la vendetta de

SI VOUS AIMEZ...

Les sites préhistoriques

On le sait peu mais la Corse est la première région européenne par la quantité et la qualité de la statuaire mégalithique. Si le site de Filitosa (voir l'encadré p. 139) est le plus connu, les suivants méritent un coup d'œil.

❶ Cucuruzzu et Capula

(04 95 78 48 21 ; tarif plein/réduit 4/3 €, gratuit -10 ans, audioguide 2 € ; 9h30-16h avr-mai et oct, 9h30-17h juin-sept, dernière entrée 2 heures avt fermeture). Les environs de Levie, dans l'Alta Rocca, abritent deux sites archéologiques qui comptent parmi les plus célèbres de l'île : Cucuruzzu et Capula. Accessible par la D268, cet ensemble bien mis en valeur révèle l'implantation d'un véritable village organisé. Comptez 2 heures pour la visite (non accessible aux poussettes).

❷ Cauria

(accès libre). À une quinzaine de kilomètres de Sartène par la D48A, en plein maquis, se trouvent 3 ensembles mégalithiques : les **alignements mégalithiques d'I Stantari**, comptant 9 *stantare* ; de **Renaghju**, qui a révélé un habitat rectangulaire datant de vers -5700 ans avant J.-C. ; et le **dolmen de la Funtanaccia**, daté du IIe millénaire avant J.-C., qui est le plus connu et le mieux conservé de Corse. Ces sites sont dépourvus de toute exploitation touristique. Les indications sont ténues et la fréquentation est faible ; c'est là tout le charme des lieux.

Ci-dessus : Cauria

INSOLITE !
L'Enchaîné de Sartène

Le soir du Vendredi saint, Sartène est le théâtre de l'une des plus anciennes traditions religieuses de l'île : la procession du Catenacciu. Dissimulé sous un habit rouge, l'Enchaîné parcourt la ville en réinterprétant le chemin de croix du Christ. Pieds nus, portant une lourde croix en bois et des chaînes attachées aux chevilles, il est suivi d'un pénitent blanc, de huit pénitents noirs, de membres du clergé, de notables et d'une foule de curieux. Anonyme, l'Enchaîné a souvent dû postuler des années à l'avance pour avoir l'honneur de prendre la place du martyr et d'expier un péché dont l'assistance ne connaîtra pas la teneur. Les chaînes et la croix du Catenacciu sont visibles dans l'église Sainte-Marie (p. 146).

Colomba Carabelli, une célèbre rivalité opposa durant la première moitié du XIXe siècle deux familles sartenaises et fit des ruelles du bourg le théâtre d'une véritable guerre civile.

Sartène n'en est pas moins détendue et accueillante pour les visiteurs. Au point que nombreux sont les estivants à venir s'y immerger... La cité prend alors l'allure d'une carte postale – et perd une partie de son cachet.

À voir

Vieille ville Promenade

La vieille ville est un labyrinthe de pierre déroulant d'interminables escaliers et ruelles sinueuses. Certaines sont si étroites qu'un homme y passe à peine. L'**église Sainte-Marie**, bâtie en 1766, dresse son clocher au-dessus de la place de la Libération (place Porta). Outre un superbe maître-autel en marbre polychrome et des toiles représentant le chemin de croix, elle contient les chaînes et la croix utilisées au cours de la procession du Catenacciu (voir l'encadré ci-contre). Jouxtant l'église, le bâtiment qui abrite maintenant la mairie servait au XVIe siècle de **palais** aux lieutenants génois.

Musée départemental de Préhistoire corse et d'Archéologie Musée archéologique

(04 95 77 01 09 ; bd Jacques-Nicolaï ; tarif plein/réduit 4/3 €, gratuit - 10 ans ; tlj 10h-18h juin-sept, jeu jusqu'à 20h juil-août, lun-ven 9h-16h nov-mars, mar-sam 10h-17h avr-mai). Installé dans un bâtiment moderne offrant un beau panorama sur les toits de la ville, ce musée renferme des pièces archéologiques issues de tout le territoire corse. Réparties dans trois salles d'exposition, les collections s'échelonnent du IXe millénaire av. J.-C. à la période médiévale. L'ensemble témoigne d'échanges précoces avec le bassin méditerranéen (dès le VIe millénaire). Si la scénographie, assez aride, manque un peu de modernité et de dynamisme, tout le monde s'accordera sur l'effet magistral de la salle consacrée aux statues-menhirs.

Activités

Domaine d'Olva Parc animalier

(06 11 75 29 64 ; www.parc-animalier-corse.com ; D69 ; adulte/4-18 ans 7,50/5 €, gratuit -4 ans ; tlj 9h30-19h juil-août, se renseigner le reste de l'année). À 3,5 km de Sartène, en direction du camping du même nom (la D69 part de la place de la Libération), ne ratez pas ce beau parc animalier-ferme pédagogique ! Dans un décor bucolique, poneys, chevaux, ânes, agneaux, lamas, poules et autres animaux font la joie des enfants : un parcours balisé dans le parc vallonné permet de faire agréablement le tour des enclos (il est possible d'apporter son pique-nique).

Tout au long de la journée sont proposés des baptêmes et des balades à poney (petit/grand tour 3,50/5 €). Durant la période de production laitière (nov à fin-mai), des démonstrations de traite des chèvres ont lieu le matin à 10h30. Pas de CB.

Où se loger

Hôtel Rossi Hôtel design **€€**

(04 95 77 01 80 ; www.hotelrossi-sartene.com ; rte de Propriano ; d/tr 70-140/115-170 € selon confort et saison, petit-déj 8-11 € ; mi-avr à mi-oct ;). À 800 m du centre-ville (en direction de Propriano), l'hôtel Rossi est une belle surprise. Derrière une situation peu engageante en bord de route, il dévoile une jolie petite piscine chauffée, bordée d'un deck en bois, et des intérieurs ravissants, mêlant couleurs acidulées, mobilier scandinave et meubles chinés relookés. Ce style de caractère se retrouve dans les chambres, impeccables et confortables (climatisation, excellente literie et bonne insonorisation). Bon accueil et copieux buffet de petit-déjeuner. Accueil 24h/24.

U Ciattinu Chambres à la ferme **€€**

(04 95 22 66 47, 06 50 10 60 13 ; www.uciattinu.com ; Rizzanese ; d avec petit-déj 70-100 € selon saison ; début avr-fin oct ;). À 5 km de Sartène, cette belle maison en pierres des années 1920 dispose de 4 chambres d'hôtes (avec entrée indépendante), en rez-de-jardin, offrant de beaux volumes, une décoration épurée, une propreté irréprochable et un bon niveau de confort (TV, climatisation, bonne literie). Accueil agréable, bel espace extérieur, calme... Un excellent rapport qualité/prix.

Hôtel des Roches Hôtel-restaurant **€€**

(04 95 77 07 61 ; www.sartenehotel.fr ; rue Jean-Jaurès ; d/ste 81-163/131-211 € selon confort et saison, demi-pension 34 € ; fermé déc-jan ;). Le seul hôtel du centre-ville est une bonne option. D'ailleurs, il est souvent pris d'assaut ! Claires, confortables et dotées de sdb impeccables, les chambres (climatisation) présentent un bon rapport qualité/prix. Les "supérieures" profitent d'une terrasse avec vue sur le golfe de Valinco. En revanche, les moins chères donnent sur le parking. Sur place, le restaurant **Sognu di Babbu** (04 95 77 07 61 ; www.sognudibabbu.fr ; plats 20-30 €, menu midi/soir 21-29/31 € ; tlj avr-oct, fermé dim soir et lun midi nov-mars) sert une cuisine créative.

Campomoro (p. 141)

Surprises sur la route de Sartène à Bonifacio

Les 50 km de la T40 (ancienne N196), qui relie Sartène à Bonifacio, réservent quelques surprises.

La D48 nous emmène faire un détour au site préhistorique de Cauria (voir l'encadré p. 141), et, à son terminus, à **Tizzano**, un de ces bouts du monde dont la Corse a le secret. Le lieu est un point de chute idéal pour découvrir une des parties du littoral les plus sauvages de Corse (entre Campomoro et Roccapina). Vous pourrez loger à l'**Hôtel du Golfe** (04 95 22 02 51 ; www.hotel-dugolfe-tizzano.com ; d 110-135 € selon saison ; avr-oct ; P), les pieds dans l'eau, et vous restaurer à l'**Aria Nova** (04 95 51 13 72 ; port de plaisance ; plats 12-22 € ; tlj avr-oct).

À 20 km de Sartène, le site de **Roccapina** désigne avant tout une curiosité géologique : une sculpture naturelle en forme de lion, créée par l'érosion, juchée dans le roc. Un point de vue est aménagé sur la T40, face au musée A Casa di Roccapina. Dans une ancienne maison cantonnière, le musée **A Casa di Roccapina** (04 95 71 56 30 ; T40 ; tarif plein/réduit 2/1 €, gratuit -26 ans ; tlj 10h-18h mi-avr à mi-oct, mar-sam 9h-16h mi-oct à mi-avr, fermé mi-déc à début jan) présente une exposition sur les paysages de la microrégion et les fameux *taffoni* : des blocs rocheux sculptés par le vent et les éléments – celui du **lion de Roccapina** est le plus célèbre de l'île. Très interactive, la muséographie est particulièrement réussie. Au-dessus du musée, un petit sentier mène à un *oriu* (abri sous roche) reconstitué, d'où le point de vue sur la côte est remarquable. La belle **plage de Roccapina**, en contrebas, est accessible par 2,5 km de piste cahoteuse, généralement praticable en voiture légère à condition de rouler doucement.

Une vingtaine de kilomètres plus au sud, la **plage de la Tonnara** remporte un franc succès en saison, tant auprès des familles que des sportifs. Assez ventée, c'est en effet l'un des meilleurs spots de planche à voile et de kitesurf du sud de l'île.

Best Western San Damianu Hôtel perché **€€€**

(04 95 70 55 41 ; www.sandamianu.fr ; montée Saint-Damien ; d/tr 95-205/140-230 € selon confort et saison ; week-end de Pâques puis mai à début oct ; P). L'établissement le plus chic de Sartène est une petite prouesse architecturale, aménagée sur un terrain pentu, à deux pas de la vieille ville. Quoique d'une décoration assez standard, les chambres sont belles et confortables. Surtout, elles disposent d'un balcon ou d'une terrasse avec vue sur la vallée. Au calme et au panorama s'ajoute une jolie petite piscine. Le petit-déjeuner est servi sur une terrasse panoramique. Accès personnes à mobilité réduite.

Où se restaurer

A Cantinetta Spécialités corses **€**

(04 95 77 08 75 ; 29 rue Borgo ; assiettes 6-15 € ; tlj 9h-21h mars-oct). Installée dans une cave fondée en 1902, cette minuscule "cantine" ne compte que quelques tables. Marie-Dominique Bartoli, spécialiste des polyphonies corses, vous proposera une assiette de charcuteries ou de fromages fermiers, un excellent vin de myrte AOC, des liqueurs corses et un gâteau à la châtaigne. Une adresse simple et revigorante, à l'écart de la foule. Vente de produits régionaux.

Restaurant du Cours Cuisine familiale **€**

(04 95 77 19 07 ; cours Sœur-Amélie ; plats 12-25 €, menu 24 € ; tlj en saison, fermé dim hors

saison). Cette petite salle voûtée du centre-ville et sa terrasse autour d'un palmier géant doivent leur réputation à des tarifs minimalistes et à une cuisine familiale à base de spécialités corses traditionnelles : tripettes à la sartenaise, farcis, daube de cochon sauvage... Bon accueil.

Le Jardin de l'Échauguette Spécialités corses **€€** (☎06 20 40 71 49 ; pl. de la Vardiola ; menus 23,50-29,80 €, plats 14-25 € ; ⏲tlj midi et soir mi-avr à sept). Ici, on vient avant tout profiter du cadre, l'un des plus beaux de Sartène ! Aménagée sur les anciennes fortifications de la ville, flanquées d'une échauguette, cette terrasse champêtre et ombragée est en effet idéale pour s'attarder. Forcément, l'adresse est touristique. L'accueil reste sympathique et la cuisine honorable.

Bergerie d'Acciola Spécialités corses **€** (☎04 95 77 14 00 ; rte de Bonifacio, Acciola ; plats 7-26 € ; ⏲tlj midi et soir mai-sept). À 8 km de Sartène en direction de Bonifacio, cette boutique de produits régionaux profite d'une belle terrasse couverte conviviale. Installé face à un beau panorama, on déguste des plats mettant le fromage à l'honneur, des grillades et des galettes à la farine de châtaigne. Assiettes de fromages et de charcuterie corse à toute heure (13/15 €). En contrebas du restaurant, à 50 m, un enclos abritant des animaux de la ferme est très apprécié des enfants.

Achats

Pour remplir votre panier à provisions, direction **La Cave Sartenaise** (☎06 88 65 50 49 ; pl. de la Libération ; ⏲9h30-21h mai-oct, tlj sf dim après-midi 10h-13h et 16h-20h avr, lun-sam 10h-12h et 17h-19h nov-mars), pour ses vins, charcuteries et fromages ; la **Boulangerie Serra** (☎04 95 77 04 89 ; 11 cours Sœur-Amélie ; ⏲6h30-12h30 et 16h-19h tlj sauf lun, fermeture annuelle vers nov), pour ses tendres *biscotti*, ou **M.A.J.** (☎04 95 77 03 27 ; 31 cours Sœur-Amélie ; ⏲8h-14h30 et 16h30-19h30 lun-sam, 8h-13h dim), pour ses plats préparés et ses liqueurs.

Sartène (p. 141)

JEAN-BERNARD CARILLET ©

Renseignements

Office du tourisme (☎04 95 77 15 40 ; www.lacorsedesorigines.com ; 14 cours Sœur-Amélie ; ⏰lun-ven 10h-17h oct-avr, lun-ven 9h-18h, sam 10h-17h mai-sept ; 📶). Audioguide (5 €/1 heure 15 à 1 heure 30) et Wi-Fi gratuit, limité à 20 minutes. En saison, le marché a lieu tous les matins sur la place Porta.

BONIFACIO (BUNIFAZIU)

À l'extrême sud de l'île s'élève l'une des plus belles villes de Corse. Bâtie sur un extraordinaire site marin, sa silhouette est légendaire. Imaginez un fjord bleuté pénétrant de vertigineuses falaises blanches, aux roches magistralement sculptées. Imaginez encore, juchée sur celles-ci, à 70 m de hauteur, une citadelle aux ruelles étroites et aux toits de tuiles toisant à pic les eaux turquoise des Bouches de Bonifacio. À 12 km au large, les côtes sardes ajoutent encore à la magie des lieux.

Bonifacio, en bref, est un pur bijou. Le problème, c'est que tout le monde le sait… La ville est ainsi totalement saturée en haute saison. Rares sont cependant ceux qui regrettent d'avoir mis ce site d'exception sur leur itinéraire.

Bonifacio a connu une histoire tumultueuse. Prise par les Génois en 1187, elle fut assiégée une première fois en 1420 par les troupes de l'Aragonais Alphonse V, qui échouèrent dans leur tentative, puis une seconde fois en 1553. Cette fois, Sampiero Corso (voir p. 209) parvint à la libérer brièvement de l'occupation génoise.

À voir

L'office du tourisme édite un "**Pass monuments**" (adulte/6-11 ans 4,50/1,50 €, gratuit -6 ans), propose un **audioguide** (5 €) et organise des visites thématiques. En saison, un **petit train** (☎04 95 73 15 07 ; quai Noël-Beretti ; 5 €, gratuit -6 ans ; ⏰avr-oct) circule toutes les 30 minutes vers la Haute Ville au départ du port.

Montée Saint-Roch et porte de Gênes — Point de vue

C'est quasi un passage obligé vers la haute ville, tant la vue est superbe. La montée demande certes un peu d'efforts mais il est nettement conseillé de rejoindre la haute ville et sa citadelle à pied, les conditions de circulation et de stationnement (payant) y étant particulièrement difficiles.

L'accès se fait par la **montée Saint-Roch** – qui débute sous le nom de montée Rastello –, qui relie la rue Saint-Érasme à la porte de Gênes, en passant devant la **chapelle Saint-Roch**. Au pied de la montée Saint-Roch, l'**église Saint-Érasme**, bâtie au XIIIe siècle, est dédiée au saint patron des pêcheurs.

En chemin, un **belvédère** permet de reprendre son souffle en découvrant un panorama qui compte sans nul doute parmi les plus photographiés de Corse. Il révèle notamment l'**à-pic de la Haute Ville**, falaise de près de 70 m érodée par les flots et, à quelques dizaines de mètres du rivage en contrebas, un étonnant morceau de falaise qui semble avoir été oublié par l'érosion : **U Diu Grossu**, également appelé le **Grain de sable**.

En haut de la montée, la **porte de Gênes** fut aménagée en pont-levis à la fin du XVIe siècle et resta l'unique accès à la citadelle jusqu'au percement de la porte de France, en 1854.

Bastion de l'Étendard — Histoire et panorama

(adulte/6-11 ans 3,50/1 €, gratuit - 6 ans ; ⏰tlj 9h-19h30 avr-sept, 10h-16h30 oct, 13h-15h30 nov-mars). Visite impérative ! Renforcées au cours des siècles, ces anciennes fortifications – point culminant de la Haute Ville – sont aujourd'hui un lieu emblématique de la cité. Ménageant de magnifiques panoramas, elles déroulent un parcours historique et géographique sur plusieurs espaces de visite. Aménagé sur les terrasses extérieures, le **Jardin des Paysages** dévoile une dizaine de points de vue sur le port et les falaises… Sublime ! Creusées en partie dans le roc,

Bonifacio depuis le sentier du cap Pertusato (p. 149)

les salles souterraines présentent une exposition sur l'histoire des fortifications de la ville. Un livret-jeux gratuit est distribué aux enfants.

Citadelle — Haute Ville

La déambulation dans la Haute Ville est magnifique, au travers d'un lacis de ruelles médiévales, aux antiques demeures serrées les unes contre les autres, entrecoupées de passages voûtés ou d'escaliers tortueux et pavées de granite.

Après la **place d'Armes** (l'ancienne place militaire du temps de la république de Gênes), la **place U Masgilu** et la **place de la Manichella** offrent de beaux points de vue sur les Bouches de Bonifacio. À l'époque génoise, la rue principale était la **rue des Deux-Empereurs**, qui doit son nom au fait que Charles Quint et Napoléon Ier séjournèrent dans la ville (le premier alors qu'il se rendait à Alger en 1541, le second en 1793). Non loin, l'**église Sainte-Marie-Majeure** est l'édifice le plus ancien de Bonifacio. Bâtie par les Pisans et achevée au XIVe siècle, elle a peu à peu perdu son style d'origine au fil des nombreux remaniements, mais a conservé sa principale caractéristique : la loggia, sous les arcades de laquelle se réunissaient naguère les notables de la ville. En face, l'ancienne **citerne communale** servait jadis à stocker les eaux de pluie recueillies par les nombreux aqueducs qui courent au-dessus des ruelles de la Haute Ville.

À l'extrémité ouest de la citadelle, l'**église Saint-Dominique** est l'un des rares édifices religieux de style gothique en Corse. Elle abrite un maître-autel en marbre polychrome du milieu du XVIIIe siècle, ainsi que les châsses portées dans la ville lors des processions.

Escalier du Roy d'Aragon — Patrimoine

(adulte/6-11 ans 3,50/1 €, gratuit - 6 ans ; tlj 9h-19h30 avr-mai, 9h-20h30 juil-août).
Depuis la mer, cette gigantesque entaille en biais trace sa diagonale sur la roche immaculée : un escalier rectiligne de 187 marches plonge depuis la ville jusqu'au ras des flots, 60 m plus bas. Taillé dans la roche, cet accès se poursuit, en contrebas, par un chemin sécurisé. La descente est raide ! La légende raconte qu'il aurait été creusé en une seule nuit par les troupes du Roy d'Aragon au cours du siège de 1420.

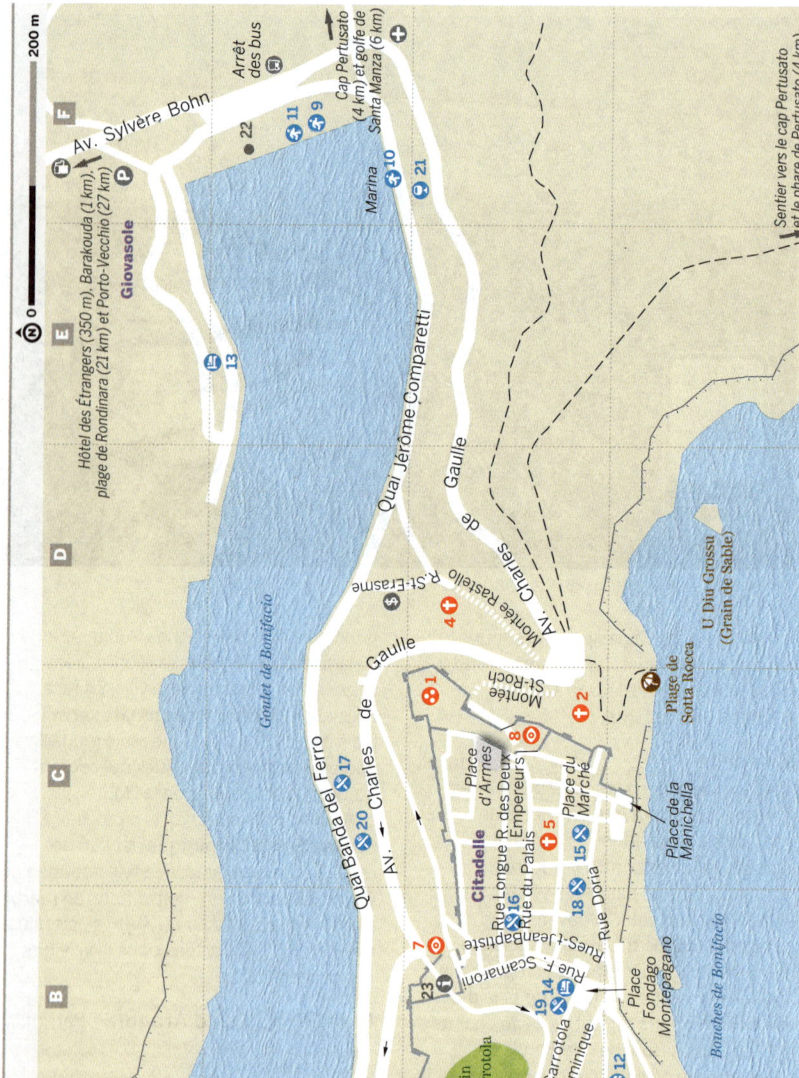
Bonifacio
0
200 m
A
B
C
D
E
F
1
2
3
4
Av. Sylvère Bohn
Arrêt des bus
Cap Pertusato (4 km) et golfe de Santa Manza (6 km)
Hôtel des Étrangers (350 m), Barakouda (1 km), plage de Rondinara (21 km) et Porto-Vecchio (27 km)
Giovasole
Marina
Quai Jérôme Comparetti
Av. Charles de Gaulle
Montée Rastello
R. St-Érasme
Montée St-Roch
Goulet de Bonifacio
Quai Banda del Ferro
Av. Charles de Gaulle
Place d'Armes
Citadelle
Rue Longue
R. des Deux Empereurs
Rue du Palais
Place du Marché
Rue Doria
Place de la Manichella
Plage de Sotta Rocca
U Diu Grossu (Grain de Sable)
Sentier vers le cap Pertusato et le phare de Pertusato (4 km)
Rues-t-JeanBaptiste
Rue F. Scamaroni
Place Fondago Montepagano
Bouches de Bonifacio
Jardin de la Carrotola
Av. de la Carrotola
Rue St-Dominique
Place Carrega
Gare maritime
Hôtel Santa Teresa (250 m), Église Saint-François (300 m), cimetière marin (300 m), escalier du Gouvernail et Gouvernail de la Corse (300 m)
Poudrière (200 m)
Santa Teresa di Gallura (Sardaigne, 12 km)

Bonifacio

À voir

1 Bastion de l'Étendard ... C3
2 Chapelle Saint-Roch ... C3
3 Église Saint-Dominique ... A3
4 Église Saint-Érasme ... D3
5 Église Sainte-Marie-Majeure ... C3
6 Escalier du roi d'Aragon ... A4
7 Porte de France ... B3
8 Porte de Gênes ... C3

Circuits organisés

9 Société des Promenades en mer de Bonifacio ... F2
10 La Méditerranée ... F2
11 L'Autre Croisière ... F2

Où se loger

12 Hôtel Colomba ... B4
13 Hôtel Solemare ... E2
14 Le Royal ... B3

Où se restaurer

15 Cantina Doria ... C3
16 Ciccio ... B3
17 Kissing Pigs ... C2
18 L'Archivolto ... B3
19 L'O2Mer Seafood ... B3
20 Les 4 Vents ... C2

Où prendre un verre

21 B52 ... F3

Renseignements

22 Capitainerie ... F2
23 Office du tourisme ... B3

En réalité, ce chemin est un passage séculaire, constamment amélioré depuis la préhistoire.

Ouest de la citadelle — Patrimoine

En continuant vers l'ouest, on traverse un plateau caillouteux, appelé **le Bosco**, sur lequel se dressent deux anciens **moulins à vent**. À son extrémité, on rejoint l'**église Saint-François** et l'émouvant **cimetière marin**, avec ses impressionnants alignements de caveaux immaculés. Devant s'étend une esplanade qui se termine par des fortifications, d'où l'on découvre un beau panorama des côtes sardes, à une dizaine de kilomètres, et du phare de la Madonetta.

Escalier du Gouvernail et Gouvernail de la Corse — Patrimoine

(2,50 €, gratuit - 10 ans ; juil-août 9h-20h, 10h-19h mai-oct). À côté du cimetière marin, l'escalier du Gouvernail, construit en 1880 par le Génie militaire français, est un tunnel de 168 marches qui débouche sur une salle souterraine, ancien site militaire de surveillance de l'entrée du port et du détroit de Bonifacio. Il dévoile un beau panorama sur l'entrée du goulet, les falaises et, juste en dessous, le fameux **Gouvernail de la Corse**, un rocher dont la forme évoque un étambot.

Activités

Plages

Les petites **plages de la Catena** et **de l'Arinella** s'étendent au fond des étroites criques du même nom, sur la rive nord du goulet. Un sentier y mène depuis l'avenue Sylvère-Bohn. De nombreux détritus venus du goulet viennent s'échouer sur ces grèves. On peut également marcher jusqu'à l'**anse du Fazzio**, à l'ouest, accessible par le chemin des Génois (1 heure de marche environ) ou à **Tre Punti**, une crique idyllique à l'est de Bonifacio, en direction du phare de Pertusato. Sinon, mieux vaut rejoindre les belles plages des environs : **Piantarella** (p. 155), **Calalonga**, **Santa Manza**, ou encore **Rondinara** (p. 158).

Promenades

Le **Campu Rumanilu** (départ en bas de la montée Saint-Roch ; boucle de 45 min) est un sentier du littoral qui longe les falaises et permet de voir la ville sous son plus bel angle. On peut poursuivre jusqu'au **phare de Pertusato**.

Un autre sentier en boucle, empruntant l'ancien chemin des Génois, mène jusqu'à l'emblématique **phare de la Madonetta** (accès depuis le port ; boucle de 3 heures).

Plongée

Tous les plongeurs rêvent de découvrir les richesses sous-marines des îles Lavezzi, réputées pour leur population de mérous et de barracudas. Contactez **Bonifacio Plongée** (☎04 20 04 73 27 ; www.bonifacioplongee.corsica ; av. Sylvère-Bohn ; ⏲mai-oct), qui propose plongées et baptêmes.

Escalade

Le club **Les Lézardos** (☎06 86 98 27 85 ; lezardos.free.fr ; cours 60 €/journée) propose de pratiquer l'escalade sur le site de la Trinité (19-35 €/pers selon parcours), ainsi qu'un parcours découverte mêlant via ferrata et escalade (25 €/pers).

Circuits organisés

Exploitant la beauté du site marin, plusieurs compagnies organisent des promenades en mer tout au long de l'année, au départ de Bonifacio, à bord de vedettes. Deux itinéraires principaux sont proposés.

Le premier (1 heure) permet de découvrir quelques fantasmagories nées de la conjonction des vents, de la mer et du calcaire qui jalonnent les abords du goulet de Bonifacio. Outre un autre point de vue sur l'**à-pic de la Haute Ville** et l'**escalier du Roy d'Aragon**, vous vous approcherez ainsi du **U Diu Grossu** (Grain de sable), étonnant morceau de falaise situé à quelques dizaines de mètres du rivage, et du **Gouvernail de la Corse**. Vous ne verrez ce petit rocher situé au ras des flots, à la sortie est du goulet, que depuis la mer. L'imagination aidant, on en viendrait presque à croire, à le regarder, que la Corse est un gigantesque bateau dirigé depuis ce gouvernail de calcaire. Légèrement à l'ouest du goulet, la **grotte du Sdragonato** ("petit dragon") est connue pour l'échancrure de sa voûte, dont les contours évoquent la forme de l'île. Les rayons du soleil pénètrent par ce puits de lumière naturelle, éclairent les fonds marins et donnent à l'eau une couleur verte presque fluorescente. Des points de vue sur le **phare de la Madonetta** sont également au programme.

Le second met le cap sur les belles **îles Lavezzi** (voir l'encadré page ci-contre), offrant au passage un beau panorama sur la ville. Comptez environ 30 minutes pour rejoindre les Lavezzi et 1 heure pour le circuit du retour, qui passe aux abords de l'île Cavallo, du cap de Spérone, de la grotte du Sdragonato, des calanques et des falaises.

Les tarifs sont d'environ 18,50 € pour le circuit grottes-falaises et 37 € pour les îles. Renseignez-vous auprès des compagnies suivantes, installées sur le port en saison :

Société des Promenades en Mer de Bonifacio Sorties en mer
(SPMB ; ☎04 95 10 97 50 ; www.spmbonifacio.com ; ⏲tte l'année, sans réservation en saison, sur rdv déc-fév). Cette structure regroupe plusieurs compagnies proposant toutes les mêmes tarifs et les mêmes prestations. Installée au bout du port, elle propose notamment des navettes vers les Lavezzi (départs toutes les 30 min – voire plus selon affluence – de 9h à 16h30 en saison, retour toutes les heures de 12h30 à 18h30). Les billets incluent une place de parking à 300 m du port. Pas de réservation.

La Méditerranée Sorties en mer
(☎06 73 50 59 08 ; la-mediterranee.jimdofree.com). Les mêmes balades que celles proposées par la SPMB, mais dans des embarcations plus modestes, avec des prix légèrement plus doux.

L'Autre Croisière Sorties en mer
(☎06 17 62 31 06 ; www.lautrecroisiere.com). La version "luxe" pour les îles (95 €/pers la journée), avec pâtes aux langoustes et baignade.

Voiles de Bonifacio Croisière en catamaran
(☎06 83 17 37 17 ; plage de Piantarella ; www.voilesdebonifacio.com ; demi-journée/journée 60/95 € ; ⏲tte l'année). Autre possibilité dans un registre plus intimiste et sans moteur : rejoindre les îles Lavezzi à bord d'un catamaran de 10 m. Prévoir son pique-nique. Réservation par téléphone indispensable.

JEAN-BERNARD CARILLET ©

L'archipel des Lavezzi

Paradis protégé entre ciel et mer, l'archipel des Lavezzi est exceptionnel par la pureté de ses fonds marins et la splendeur du site. La beauté des paysages doit beaucoup à leur palette de couleurs : les turquoise et bleu outremer des fonds marins alternent avec les teintes claires du granit, érodé par le vent et la mer.

L'**île Lavezzi**, la plus accessible, donne son nom à l'archipel. Elle abrite de superbes petites criques, deux cimetières et une chapelle paléochrétienne sculptée dans la roche. Hormis un mûrier séculaire, seul arbre de l'île, point d'arbre – ni d'ombre ! – sur ses 65 ha. Un **sentier balisé** (environ 1 heure 30) invite à la promenade et un **sentier sous-marin**, en libre accès, est aménagé depuis la **plage d'Achiarina**. Malheureusement, les lieux souffrent de surfréquentation estivale. Le paradis se transforme alors en enfer : les sentiers sont saturés et les criques bondées... Une réflexion s'est engagée pour réduire la surfréquentation du site. En attendant, nous vous conseillons d'éviter la haute saison. Le site perd tout son intérêt lorsqu'il est autant envahi.

L'archipel regroupe les îlots de **Piana**, **Ratino**, **Porraggia** ou **Sperduto** et, au nord-est, **Cavallo**, la plus grande (112 ha), qui est une enclave exclusive pour milliardaires et la jet-set.

Infos pratiques

L'île Lavezzi est protégée et la réglementation y est très stricte : il est interdit de circuler en dehors du sentier balisé, d'escalader les rochers, de débarquer sur les îlots, de bivouaquer, de faire du feu, de laisser des déchets, de pêcher ou de cueillir quoi que ce soit. Notez aussi qu'il n'y a ni ombre ni eau potable sur l'île. Prévoyez un sac-poubelle pour emporter vos déchets.

L'île ne se visite que dans le cadre de sorties en mer organisées depuis Bonifacio (voir p. 150).

Où se loger

Hôtel des Étrangers Petits prix €

(04 95 73 01 09 ; www.hoteldesetrangers.fr ; av. Sylvère-Bohn ; d/tr/qua 45-93/57-85/60-100 € selon taille, saison et clim ; avr-oct ; P ✻ wifi). L'option petit budget, c'est ici ! À l'entrée de Bonifacio, cet hôtel est le seul de la ville à proposer des prix raisonnables pour des chambres au confort simple, mais bien entretenues. Les "petites" (sans clim ni TV) battent des records tarifaires en saison. Situé en bord de route, l'emplacement a peu de charme, mais profite d'un parking gratuit, à 5 minutes à pied du port.

Hôtel Colomba Citadelle €€

(04 95 73 73 44 ; www.hotel-bonifacio-corse.fr ; 4-6 rue Simon-Varsi ; d 98-167 € selon saison, petit-déj 10-13 € ; avr-nov ; P ✻ wifi). Un bon point de chute. Au cœur de la Haute Ville, dans une rue calme, cet hôtel possède un cachet certain. Impeccables, ses 12 chambres, au confort intimiste, sont toutes différentes et meublées avec goût. Petit-déjeuner servi dans une salle voûtée.

Le Royal Citadelle €€

(04 95 73 00 51 ; www.hotel-leroyal.com ; 8 rue Fred-Scamaroni ; d 57-150 € selon vue et saison, petit-déj 11 € ; hôtel tte l'année, restaurant début avr-fin oct ; P ✻ wifi). Le Royal bénéficie d'une situation au cœur de la haute ville. Plutôt contemporaines, les chambres offrent un confort correct, et leurs tarifs sont très convenables hors saison (plus du tout en août !). Les plus chères bénéficient d'une vue sur le goulet. Quelques places de parking à 500 m.

Hôtel Santa Teresa Citadelle €€€

(04 95 73 11 32 ; www.hotel-santateresa.com ; quartier Saint-François, Citadelle ; d/tr/ste 90-175/155-295/195-315 € selon confort et saison, petit-déj 17 € ; avr-oct ; P ✻ wifi). Coup de cœur pour cet hôtel perché, à l'ouest de la Citadelle, à l'entrée du Bosco ! En surplomb des falaises, la maison de maître du XIXe siècle abrite 42 chambres, impeccables et contemporaines, d'un haut niveau de confort. Belle terrasse, bon petit-déjeuner, accueil attentionné et vaste parking gratuit !

Hôtel Solemare Moderne €€€

(04 95 73 01 06 ; www.hotel-solemare.com ; quai Nord ; d/tr-qua/ste 115-195/195-295/195-295 € selon saison, petit-déj 9-15 € ; avr-oct ; P ✻ piscine wifi). Sur le port, cet hôtel jouit d'une belle vue sur la citadelle. Son atout maître : une piscine extérieure chauffée et une terrasse avec vue sur la marina. Vastes et lumineuses, les chambres se distinguent par leur belle décoration contemporaine, assez chic. L'ensemble du bâtiment est accessible aux personnes à mobilité réduite. Parking gratuit avec vidéosurveillance.

Le naufrage de *La Sémillante*

Sur l'île Lavezzi (voir l'encadré page ci-contre), l'alignement de tombes du **cimetière de l'Achiarino** rappelle la tragique nuit du 15 février 1855 où la frégate *La Sémillante* sombra dans les bouches de Bonifacio, avec à bord 702 passagers. Dans les *Lettres de mon moulin*, Alphonse Daudet livre un récit de ce naufrage, qui reste à ce jour l'une des plus importantes catastrophes maritimes de Méditerranée. Un monument commémoratif en forme de pyramide a été érigé au sommet de l'îlot sur lequel la frégate s'est échouée.

Où se restaurer

L'O2Mer Seafood Fruits de mer €

(06 29 16 44 96 ; lo2-mer.business.site ; avenue de la Carotola ; plats 6-14 € ; tlj en saison, fermé dim soir-mar hors saison). Cette table originale a récemment déménagé et est désormais dotée d'une vue panoramique sur le port de Bonifacio et d'une terrasse. Le concept, sympathique, n'a pas changé ! Ici, fruits de mer, poissons et crustacés se dégustent en version "restauration légère" – comprenez

Le port et le bastion de l'Étendard (p. 146) à Bonifacio

en friture, en barquette, en burger –, le tout accompagné de frites maison.

Cantina Doria Cantine corse €

(☎04 95 73 50 49 ; 27 rue Doria ; plats 11-18 €, menus 22-25 € ; ⏱tlj midi et soir avr-oct, fermé sam hors saison). Une déclinaison corse des bodegas espagnoles, installée de longue date et décorée d'ustensiles au plafond et de photos anciennes. On y sert dans la bonne humeur des classiques locaux bien préparés, à des tarifs très sages, dans la petite salle ou sur une terrasse. Une adresse attachante.

Kissing Pigs Spécialités corses €

(☎04 95 73 56 09 ; 15 quai Banda-del-Ferro ; plats 8,50-23 €, menus 21-23 € ; ⏱tte l'année, fermé mer hors juil-août). Ce petit restaurant au nom curieux est l'une des adresses les plus sympathiques de la ville ! Au bord du quai, dans la jolie salle ou en terrasse, on y sert de copieuses salades, des grillades et de savoureux poêlons chauds. Belle carte de vins corses. Le tout avec le sourire, la bonne humeur et des petits prix.

L'Archivolto Corse moderne €€

(☎04 95 73 17 58 ; 2 rue Archivolto ; plats 18-25 € ; ⏱midi seulement avr-juin, soir uniquement juil à fin oct, fermé dim avr à mi-juil et sept à fin oct). Ici, tout est fait maison, souligne la patronne. Les suggestions à l'ardoise changent souvent, même si les lasagnes chèvre-aubergine restent une valeur sûre, comme le *fiadone* et le tiramisu à la châtaigne. L'ensemble change des "classiques" corses. Agréable terrasse et petite salle remplie de bric-à-brac. Réservez en haute saison.

Ciccio Corse inspiré €€€

(☎04 95 73 18 46, 06 16 98 81 68 ; www.ciccio-bonifacio.com ; 6 rue Saint-Jean-Baptiste ; plats 20-38 € ; ⏱tlj midi et soir avr-oct et déc). L'une des adresses les plus séduisantes de la Haute Ville. Entre terrasse ombragée et espace moderne mêlant verre et vieilles pierres, l'ambiance y est élégante et branchée. Le chef, Gérald Larrieu, y reprend des classiques corses avec une touche de sophistication, et mise sur des produits sélectionnés avec soin. L'établissement se double d'un bar à huîtres et d'une pâtisserie.

Les 4 Vents Poisson €€€

(☎04 95 73 07 50 ; 29 quai Banda-del-Ferro ; plats 21-39 € ; dim midi juin-sept, fermé lun reste de l'année, fermé jan). À l'écart de l'animation du quai, cette adresse appréciée à juste titre présente l'un des meilleurs rapports qualité/prix de la ville pour les amateurs de poisson. Les suggestions sont limitées et misent sur la qualité des produits. Jolie salle voûtée et terrasse face aux bateaux amarrés en été (le soir uniquement). Bon accueil.

Où prendre un verre

B52 Bar-club

(quai Comparetti ; www.b52bonifacio.com ; fin avr-fin sept). Un bar lounge-discothèque branché avec DJ tous les soirs, point de convergence habituel des fêtards.

Renseignements

Office du tourisme (☎04 95 73 11 88 ; www.bonifacio.fr ; 2 rue Fred-Scamaroni ;). Deux annexes ouvrent à certaines périodes de l'année, sur le port et à l'entrée du bastion de l'Étendard.

Capitainerie (☎04 95 73 10 07 ; www.port-bonifacio.fr ; sur le port ;). Sur le quai, au début du port.

Environs de Bonifacio

Cap Pertusato (pointe Saint-Antoine)

Reconnaissable à sa forme de navire en train de sombrer, le cap Pertusato est un agréable lieu de promenade. De Bonifacio, un itinéraire pédestre y mène en longeant les falaises crayeuses depuis le haut de la montée Saint-Roch (voir p. 149). Vous pourrez également parcourir en voiture les 4 km qui le séparent de la ville en suivant la D58 puis en bifurquant à droite. Le cap est le meilleur endroit pour avoir un aperçu féerique de la ville à partir du large sans poser le pied sur le pont d'un bateau.

Si vous avez envie d'y dormir, le **Domaine de Licetto** (☎04 95 73 03 59 ;

Porto-Vecchio

www.licetto.com ; rte du Phare ; d 70-190 € selon confort et saison, petit-déj 8,50-13 € ; fév-oct ; P), isolé au milieu du maquis dans un domaine de 25 ha, à quelques minutes du centre-ville, près du phare de Pertusato, est l'adresse tout indiquée.

Pointe de Spérone

Lieu de prédilection de célébrités internationales, la pointe de Spérone est sous haute surveillance. Pour les simples mortels, la **plage du Petit Spérone** fera l'affaire. On peut l'atteindre à pied en 30 minutes depuis Piantarella. De là, un sentier mène en 10 minutes à la **plage du Grand Spérone**, tout aussi idyllique.

Plage de Piantarella

À 5 km de Bonifacio, la plage de Piantarella n'a rien d'exceptionnel en elle-même, mais c'est un bon spot de planche à voile, de paddle et de kayak de mer (nombreux clubs sur place) et elle donne accès à l'**îlot de Piana** et à la **plage de Spérone**. Sur la route de Piantarella, vous pouvez loger à la magnifique ferme **A Manichetta** (06 66 79 31 94 ; www.amanichetta.fr ; rte de Piantarella ; d/tr/app avec petit-déj 89-119/116-138/138-165 € ; avr-oct ; P).

En été, le **bus des Plages** (04 95 73 15 07, 07 81 07 44 85 ; www.autocars-massimi.com ; quai Noël Beretti ; tarif 5 € ; tlj aller 8h45-19h15, retour 9h30-20h juil-août) fait 6 fois par jour la navette entre Bonifacio et la plage, avec un arrêt à Spérone et à Piantarella.

PORTO-VECCHIO (PORTIVECCHJU)

Que de changements en quelques siècles ! Développée par les Génois au XVe siècle, Porto-Vecchio ne connut un véritable essor qu'après l'assainissement des marais alentour, au XXe siècle. Aujourd'hui troisième ville de Corse, l'ancienne "cité du sel" s'est trouvé une nouvelle vocation avec le tourisme estival. Cet essor s'est traduit par un développement tentaculaire : la fièvre immobilière s'en est emparé et Porto-Vecchio est bardée de ronds-points et de centres commerciaux. Coincé au milieu, le centre historique n'en garde pas moins un indéniable charme. Plus qu'aux vestiges somme toute modestes de sa citadelle, la ville (11 000 habitants l'hiver, 88 000 résidents l'été) doit son succès aux belles plages de son golfe. Elle est devenue un lieu de villégiature prisé des célébrités françaises et étrangères. En haute saison, vous n'échapperez ni aux embouteillages ni aux prix surréalistes...

À voir

Citadelle Centre historique

Porto-Vecchio fut jadis une ville fortifiée, dont l'unique entrée était la **Porte Génoise**. Des cinq bastions, le plus imposant est le **bastion de France** (entrée libre, accès terrasse 2 €, gratuit -12 ans ; 10h-13h30 et 17h-21h mar-ven, 10h-20h sam-dim mai-oct, jusqu'à 22h juin-août). Non loin, la charmante **rue Borgo**, bordée de maisons anciennes, laisse deviner une partie de son riche passé. Épicentre de la ville haute, la place de la République, construite au XIXe siècle, est flanquée de terrasses de cafés. Elle est dominée par l'**église Saint-Jean-Baptiste** (XIXe siècle), de style baroque, face à la petite **chapelle Santa Cruci**, du XVIIe.

Activités

Plongée

Installée à la marina de Porto-Vecchio, **Plongée Nature** (06 64 43 26 04, 06 19 26 26 51 ; www.plongee-nature.fr ; avr-oct) est une enseigne bien tenue, qui propose des sorties plongée autour des îles Cerbicale et sur l'épave de *La Pinella*, pour tous les niveaux. On citera également, sur la plage de La Folacca, **Dolfinu Biancu** (06 21 46 71 49, 06 29 46 85 18 ; www.dolfinu-biancu.fr ; mai-oct). Sur réservation.

Circuits organisés

Plusieurs compagnies proposent des sorties en mer. L'itinéraire classique, d'une journée, rejoint Bonifacio via les îles Cerbicale et les plages du sud de la

ville, puis les îles Lavezzi (repas, baignade, débarquement sur l'île de Lavezzu) en faisant une dernière escale baignade au retour (vers la plage de Carrataggio ou dans les îles Cerbicale) avant de rentrer (vers 18h). Comptez environ 80/50 € par adulte/enfant avec repas et 60/35 € sans repas.

Chiocca Croisières – Croisières Ruscana Sorties en mer
(☎04 95 70 33 67, 06 26 05 37 24 ; www.croisieres-ruscana.com ; avr-oct). Devant la capitainerie.

Destination Lavezzi Sorties en mer
(☎04 95 10 42 29, 06 15 48 51 52 ; www.portovecchio-croisieres.com ; avr-oct). Sur le port.

Où se loger

Hôtel Holzer II Hôtel central **€-€€**
(☎04 95 70 05 93 ; www.hotel-holzer.com ; 12 rue Jean-Jaurès ; s/d/tr/qua 49-100/59-174/67-174/73-214/83-243 € selon confort et saison, petit-déj buffet 10,50-12 €, petit-déj express 6-7 € selon la saison ; fermé mi-déc à mi-jan ; P ❄). Ultracentral, cet hôtel pratique des tarifs raisonnables hors saison, mais beaucoup moins l'été.

Porto-Vecchio

À voir

1 Bastion de France ... C2
2 Église Saint-Jean-Baptiste ... B3
3 Porte génoise ... B3

Activités et circuits organisés

4 Chiocca Croisières – Croisières Ruscana ... C3
Destination Lavezzi ... (voir 4)
5 Plongée nature ... D1

Où se loger

6 Best Western Hôtel Alcyon ... B2
7 Hôtel Holzer II ... A3
8 Le Goéland ... D1

Où se restaurer

9 A Cantina di l'Orriu ... B3
10 A Furana ... B3
11 La Table de Nathalie ... A3
12 Sous la Tonnelle ... B3
13 U Giramondu ... B2

Où prendre un verre et faire la fête

La Taverne du Roi ... (voir 3)
14 Le Glacier de la Place ... B3
15 Le Patio ... B3
16 Les Plaisirs du Vin ... A3

Achats

L'Orriu ... (voir 9)
Le Panier d'Annie ... (voir 13)

Renseignements

17 Office du tourisme ... B3

Il peut dépanner pour une nuit ou deux, avec des chambres compactes, de style motel, dans les tons crème. Garage payant pour les vélos et les motos (2/5 € par jour). Parking voitures (payant juin-sept 10 €/jour). Location de scooters.

Best Western Hôtel Alcyon Moderne et central **€€-€€€**
(04 95 70 50 50 ; www.hotel-alcyon.com ; rue du Général-Leclerc ; d standard/deluxe 80-260/128-416 € selon saison, petit-déj 15 € ; tte l'année ;). Rénové en 2018, l'Alcyon est l'une des meilleures options du centre. Parmi ses points forts, on retiendra sa situation, à deux pas de la vieille ville ; le confort de l'ensemble ; la décoration réussie ; et le très beau bar en rooftop, panoramique, moderne et aéré (un cadre de choix pour petit-déjeuner). Côté chambres, on apprécie les aménagements contemporains, les couleurs et meubles dans l'air du temps et, pour certaines, les balcons avec vue mer.

Hôtel San Giovanni Piscine **€€-€€€**
(04 95 70 22 25 ; www.hotel-san-giovanni.com ; rte d'Arca ; d 68-210 € selon confort et saison ; fermé déc ;). Aux portes de Porto-Vecchio (à 2 km au sud-ouest du centre-ville), entre calme et verdure, l'hôtel profite d'un joli jardin botanique de 3 ha et d'une grande piscine chauffée avec hammam et Jacuzzi, ainsi qu'un court de tennis. Les chambres sont vastes et confortables. Idéal avec des enfants. Demi-pension (45 €) et food truck en saison.

Le Goéland Sur le port **€€€**
(04 95 70 14 15 ; www.hotelgoeland.com ; av. Georges-Pompidou ; d/ste avec petit-déj 120-655/260-595 € selon saison et confort ; avr-oct ;). À la fois en ville et les pieds dans l'eau, l'hôtel propose des chambres privilégiant les tons grèges et les matériaux naturels. Mieux vaut opter pour les "côté mer", car les "côté pins" ont une vue bouchée par un bâtiment. Jolie salle de restaurant face à la mer. Ambiance décontractée et accueil sympathique. Port privé avec possibilité d'accoster en bateau.

Vers la plage de Palombaggia

Casa Marta Chambres d'hôtes **€€-€€€**
(04 95 70 03 05 ; casa-marta.com ; Domaine U Scaleggiu, rte de Porra ; d/tr avec petit-déj 85-185/115-215 € selon saison ; juin-sept ;). À 1 km au-dessus de la plage de Tamaricciu, cette jolie maison d'hôtes jouit d'une situation privilégiée (et d'une belle vue sur la mer !). Entourée d'un jardin

À NE PAS MANQUER

Les plages de Rondinara et de Palombaggia

La longue ligne droite qui relie Bonifacio et Porto-Vecchio ne laisse pas présager les profondes échancrures de son littoral... Au premier rang y figure la plage de Rondinara, dont les eaux turquoise ne dépareraient pas sous des cieux plus exotiques. Plus au nord, à proximité de Porto-Vecchio, s'étendent certaines des plages les plus connues – et les plus belles – de Corse, comme Santa Giulia et Palombaggia.

Rondinara ? C'est une anse presque parfaite, fermée par deux presqu'îles couvertes de langues de maquis, s'avançant l'une vers l'autre. Entre les deux, un liseré de sable blanc et des eaux cristallines, turquoise, peu profondes. L'image est tellement idyllique que la baie de Rondinara est l'une des plus photographiées de Corse. En été, l'affluence bât son plein. Car si Rondinara est superbe, cela se sait. Vous y trouverez uniquement le **Camping Rondinara** (04 95 70 43 15 ; www.camping-rondinara.com ; mi-mai à sept ;), la belle résidence **Les Terrasses de Rondinara** (04 95 24 28 45 ; www.lesterrassesderondinara.com ; route de la plage, Rondinara ; villa 110-320 €/nuit et 770-3 430 €/sem selon confort en saison ; avr-déb nov ; P) et le convivial restaurant **Chez Ange** (04 95 70 07 08 ; plats 12-27 € ; 9h-minuit mi-juin à sept, 9h-19h mi-mai à mi-juin et fin sept).

Palombaggia est une plage de rêve. Étiré sur près de 3 km face à la réserve naturelle des îles Cerbicale, son long ruban de sable bordé de pins est la plage la plus courue de la Corse du sud. Autant vous prévenir : elle est bondée en été. Côté sud, Palombaggia est prolongée par les toutes aussi photogéniques plages de la **Folacca** et d'**Asciaghju**. Faites halte à **L'Acciaro Plage** (06 18 01 24 33 ; plage d'Acciaghju ; plats 14-40 € ; tlj midi et soir fin mars-début nov), ou, pour le dîner, sur les hauteurs, au **Costa Marina** (04 95 70 36 57 ; www.restaurantpalombaggia.com ; plats 10-29,50 € ; soir tlj sauf lun, mi-avr à fin oct).

Infos pratiques

À Rondinara, parking payant en saison (5 €).De très nombreux hôtels, restaurants, campings et prestataires d'activités sont disséminés le long des 11 km de route qui séparent Palombaggia de Porto-Vecchio.

La société **Eurocorse Voyages** (04 95 21 06 30 ; www.eurocorse.com ; aller/aller-retour 6/11 € ; 3/jour) relie Porto-Vecchio à Palombaggia en juillet-août.

de 5 000 m², la demeure abrite 5 chambres ravissantes et confortables. Toutes profitent d'une agréable terrasse privée. Bon petit-déjeuner et accueil attentionné. Pas de CB.

Rocca Rossa Gîtes **€€-€€€**
(☎04 95 25 97 32, 06 19 21 95 79, 06 15 93 50 21 ; www.roccarossa.net ; rte de Palombaggia ; gîtes 420-910 €/sem selon saison ; ⏲avr-début nov ; P ❄ ≋ ᯤ). Un bon plan ! À seulement 800 m de la plage d'Asciaghju, cette adresse sympathique propose trois gîtes à des tarifs raisonnables. Si ils n'ont pas la vue sur la mer, ils profitent d'un grand jardin avec piscine et d'une terrasse privée. Stéphane, skipper, vous proposera aussi des sorties en mer avec plongée, exclusivement réservées aux hôtes.

Hôtel Palombaggia Avec piscine **€€€**
(☎04 95 70 03 65 ; www.palombaggia.fr ; rte de Palombaggia ; d 109-266 € selon confort et saison, petit-déj 12 € ; ⏲mi-avr à mi-oct ; P ❄ ≋ ᯤ). L'atout principal (et exceptionnel !) de cet agréable trois-étoiles est sa situation : à moins de 10 minutes à pied de la plage de Palombaggia (côté nord)... Le rêve ! En outre, il propose uniquement 8 chambres, ce qui limite l'affluence. D'un style simple et de plain-pied, ces dernières n'en sont pas moins confortables et profitent d'une terrasse privée. Elles sont réparties autour de la piscine à débordement, autre atout des lieux.

Où se restaurer

U Giramondu Tapas **€**
(☎04 95 28 98 07 ; 3 rue Pasteur ; plats 7-18 € ; ⏲tlj sauf dim-lun, tte l'année). Légèrement à l'écart de la citadelle, cette petite adresse branchée invite à s'attarder dans sa jolie salle contemporaine ou sa terrasse sur rue. L'atmosphère décontractée se prête à déguster une des suggestions du jour, un burger ou quelques savoureuses tapas. L'ensemble n'a rien d'extraordinaire, mais est bien réalisé. Programmation musicale certains soirs.

A Furana Tradition inventive **€€**
(☎04 95 70 58 03 ; www.restaurant-afurana.fr ; porte Génoise, rue Borgo ; plats 14-27 €, menu 29 € ; ⏲tlj sauf dim et lun midi). Une des tables de la Haute Ville qui recueille de bons échos. Littéralement nichée dans la porte Génoise, A Furana dispose d'une étonnante salle voûtée ouverte sur le panorama. La cuisine oscille entre standards corses et suggestions inventives. Une belle adresse.

A Cantina di l'Orriu Spécialités corses **€€**
(☎04 95 70 26 21 ; www.lorriu.fr ; 5 cours Napoléon ; plats midi à partir de 13,50 €, soir 16-29 € ; ⏲tlj mi-juin à mi-sept, fermé dim et lun midi avr à mi-juin et mi-sept au 1er nov). C'était un bar à vins réputé. C'est désormais un restaurant doté d'une terrasse où les spécialités corses sont servies dans les règles de l'art : "Piattu di a Cantina" (charcuteries et fromages), agneau de lait rôti, raviolis au brocciu, *fiadone*... Et, bien sûr, une belle sélection de vins au verre. Épicerie mitoyenne (voir p. 160). Bon accueil mais tarifs un peu élevés.

Sous la Tonnelle Corse contemporain **€€€**
(☎04 95 72 09 96 ; rue Abbatucci ; plats 24-29 € ; ⏲tlj sauf sam et dim midi). À défaut de tonnelle, une agréable terrasse où déguster une cuisine corse contemporaine qui vous laissera d'excellents souvenirs : entre autres, un *petti porti* (daube de veau aux cèpes et olives, servie avec de la polenta), une côte d'agneau aux cèpes ou une poire cuite au muscat... Rançon du succès : le service est parfois un peu débordé en saison.

La Table de Nathalie Bistronomie **€€€**
(☎04 95 71 65 25 ; 4 rue Jean-Jaurès ; plats 50 € environ ; ⏲tlj sauf lun midi et dim avr-oct, fermé lun midi août). Une excellente cuisine servie avec le sourire, que demander de plus ? Dans une jolie petite salle de la haute ville, avec quelques tables en terrasse en saison, Nathalie, chef autodidacte et maîtresse des lieux, concocte une cuisine qui fait la part belle aux produits, à la fraîcheur et aux saisons. Les habitants ne s'y

SI VOUS AIMEZ...

Les plages

Si Rondinara et Palombaggia (voir l'encadré p. 158) vous ont plu, voici d'autres options aux abords de Porto-Vecchio. La première est au sud de la ville, les deux suivantes au nord.

❶ Santa Giulia

La belle plage de Santa Giulia a la particularité de s'étirer entre la mer et l'étang de Santa Giulia. Il est difficile de s'y garer en saison. Vous pouvez faire halte à **L'Oasis Santa Giulia** (☎06 23 61 03 35 ; hôtel Moby Dick ; www.sud-corse.com ; en-cas 9-14 € ; ⏰tlj juin-sept) pour une pause végétarienne.

❷ Cala Rossa

Plus petite et moins impressionnante que certaines de ses voisines – c'est son charme –, Cala Rossa est la plage la plus huppée du nord de Porto-Vecchio.

❸ Pinarello

Cette presqu'île est un véritable piège pour les automobilistes en été, mais ses belles plages bordées de pins sont si attirantes...

❹ Carratagio (Carrataghju)

Une grève secrète. Cette belle étendue de sable fin n'est accessible qu'à pied ; 20 minutes de marche par un sentier (non indiqué) partant à proximité du Ranch Campo. Une paillote y est installée en saison.

Ci-dessus : Plage de Santa Giulia
PKAZMIERCZAK / ADOBESTOCK ©

trompent pas, qui viennent et reviennent se délecter de cette cuisine de marché. Réservation vivement recommandée.

Où prendre un verre et faire la fête

Dans la ville haute, la place de l'Église concentre des options intéressantes. En été, les terrasses s'étalent – si les choses continuent à ce rythme, il y aura un jour des tables jusque dans la sacristie !

Le Glacier de la Place (☎04 95 70 21 42 ; 4 pl. de la République) est une institution. Pour l'apéritif, direction le bar à vins **Les Plaisirs du Vin** (☎04 95 78 64 72 ; 3 rue du Général-de-Gaulle). Un peu à l'écart, **Le Patio** (☎04 95 10 73 41 ; www.patioportovecchio.com ; impasse Ettori) est un lieu tendance faisant office d'avant-boîte.

La reine des nuits de Porto-Vecchio reste cependant la **Via Notte** (☎04 95 72 02 12 ; www.vianotte.com ; rte de Porra ; ⏰juin à mi-sept), qui connaît chaque soir en été un succès démentiel. Musique variée, restaurant italien, espaces en plein air, à la sortie de la ville, en direction de Bonifacio.

Pour une soirée plus traditionnelle, **La Taverne du Roi** (☎04 95 70 41 31 ; 43 rue Borgo, porte Génoise) programme des soirées chants et guitares.

Achats

Direction l'épicerie fine **L'Orriu** (☎04 95 70 26 21 ; www.orriu.com ; 5 cours Napoléon ; ⏰avr-début nov) qui ne triche pas avec la qualité (ni avec l'origine) des produits qu'elle commercialise ou **Le Panier d'Annie** (☎04 95 72 12 01 ; 1 rue Pasteur ; ⏰avr-oct), avec mention spéciale à l'huile de noisette et à la charcuterie de Corte.

Renseignements

Office du tourisme (☎04 95 70 09 58 ; www.ot-portovecchio.com ; rue du Maréchal-Leclerc ; 📶). L'office organise des visites nocturnes guidées. Wi-Fi gratuit.

ALTA ROCCA

Changement de décor. Surplombant les plages du sud de l'île, l'Alta Rocca est un univers singulier révélant – à ceux qui en doutaient encore – l'extrême beauté de la montagne corse. Cette accueillante région déploie d'immenses forêts de pins laricios, de châtaigniers et de chênes verts. À l'horizon se dressent d'imposantes montagnes de granit : la beauté des aiguilles taillées en lames de couteau du fabuleux massif de Bavella est à couper le souffle. Au point que cette forteresse de roches est devenue emblématique du sud de la Corse. La région attire bien entendu les passionnés de loisirs sportifs et les amateurs de nature : les possibilités de canyoning et d'équitation sont nombreuses, et les sentiers de randonnée sillonnent pratiquement tous les villages. Avec leurs altières maisons de granit, les villages de l'Alta Rocca parsèment avec discrétion ce décor extraordinaire. Enfin, les abords de Levie abritent des vestiges mégalithiques parmi les plus importants de l'île.

Renseignements

Le petit **office du tourisme de Zonza** (04 95 78 56 33) est situé au milieu du village, tout comme celui de **Levie** (04 95 72 15 67 ; rue Sorba). Consultez également le site www.alta-rocca-tourisme.com.

L'Ospédale

Fraîcheur garantie à L'Ospédale ! Autrefois, les habitants de Porto-Vecchio fuyaient la chaleur estivale de la ville et du littoral pour venir se réfugier dans ce paisible hameau perché à 800 m d'altitude, avec une belle vue sur la côte – visible par temps clair à une vingtaine de kilomètres de là. Si l'influence de Porto-Vecchio se fait encore sentir, L'Ospédale a conservé le cachet des localités d'altitude, alignant de sobres maisons de granit. Elle profite aussi de la proximité immédiate d'une superbe forêt, l'une des plus belles de Corse du Sud. Une bonne base pour ceux qui hésitent entre mer et montagne.

À voir et à faire

Lorsqu'on monte en direction de Zonza, peu après être entré sous le couvert

Lac de L'Ospédale

JEAN-BERNARD CARILLET ©

À NE PAS MANQUER

Le col et les aiguilles de Bavella

Spectaculaire. A 1 218 m d'altitude, le col est dominé par les aiguilles de Bavella, sept pointes de granit acérées, sculptées par les intempéries et culminant à plus de 1 600 m. Selon la course du soleil, leur couleur vire de l'ocre au doré. Aussi appelées "cornes d'Asinao", ces aiguilles de pierre dévoilent une perspective sur le Monte Incudine, à 2 134 m (que le GR®20 relie au col). Cette nature sauvage abrite aussi une faune exceptionnelle (mouflon de Corse, gypaète barbu, etc.). Forcément, un décor aussi exceptionnel attire les foules. En saison, c'est peu dire que l'on se bouscule au col de Bavella. Outre le panorama, vous pourrez admirer au col la statue de **Notre-Dame-des-Neiges**, décorée d'ex-voto. Chaque année, le 5 août, elle fait l'objet de l'un des pèlerinages les plus importants de l'île.

De nombreuses activités sportives y sont en effet possibles. Outre le **canyoning** (voir l'encadré ci-contre), de nombreux sentiers balisés permettent de pratiquer la randonnée. Hormis le **GR®20**, qui traverse le massif, l'itinéraire le plus connu est celui du **Trou de la Bombe** ; celui des **piscines naturelles de Pulischellu et de la Purcaraccia** est aussi très apprécié. Un dépliant *Randonnées, faune et flore* est disponible à l'OT. Pour des sorties accompagnées, contactez Christophe Melchers, d'**A Muvrella** (☎06 74 66 00 48 ; www.amuvrella.com ; adulte/-15 ans 30/20 € ; ⏲tte l'année).

Vous pourrez faire halte à l'**Auberge du col de Bavella** (☎04 95 72 09 87, 09 80 40 10 73 ; www.auberge-bavella.com ; dort nuitée/demi-pension/pension complète 22/47/56 €, d avec sdb demi-pension 67 €/pers ; plats 12-24 €, menu 25 € ; ⏲Pâques-Toussaint) ou au **Refuge** (☎09 88 66 34 01 ; plats 9-25 €, menus 18-25 € ; ⏲avr-début oct).

Du col, la D268, qui mène à Solenzara, sur la côte est, est l'une des plus belles routes de Corse (voir l'encadré p. 164).

ℹ Infos pratiques

Le col est situé 9 km au-dessus de Zonza. Outre les emplacements gratuits, vite débordés en été, un parking payant (4 €) est disponible en saison.

végétal, la route sur la gauche – menant au hameau de **Cartalavonu** – est idéale pour découvrir la **forêt de L'Ospédale** et ses majestueux pins laricios. Après 2 km environ, vous arriverez au point de départ de plusieurs itinéraires. L'un d'eux est le **sentier des Rochers**, ou sentier des Taffoni : bien balisé par l'ONF (marques jaunes), ce chemin pédestre est un parcours facile, sans réel dénivelé, entre les arbres et les *taffoni* (cavités arrondies creusées dans la roche par l'érosion). Cartalavonu constitue la première étape du sentier **Mare a Mare® Sud** (voir l'encadré p. 167) et il est facile de l'emprunter pour quelques heures de marche.

D'autres activités vous attendent sur la route principale en direction de Zonza. Mention spéciale au **parc aventure Xtrem Sud** (04 95 70 01 20, 04 95 72 12 31 ; www.xtremsud.com ; forêt de L'Ospédale ; Pâques-fin sept) et à son superbe parcours aménagé dans le décor magique de la forêt, 1,5 km au-dessus de L'Ospédale, peu avant le lac et son barrage. Comptez 25/20 € par adulte/enfant (3 niveaux de difficulté et 140 ateliers). Un baby parc est réservé aux enfants de 3 à 5 ans (12 €). Une via ferrrata est en préparation sur la pointe du Diamant, à 5 km du parc et devrait être accessible d'ici à l'été 2021. Les animateurs proposent également des activités d'escalade et de **canyoning** (06 18 97 03 46) à Piscia di Gallo (65 €) ou à Bavella (45-55 €).

Après le parc aventure, vous arriverez à hauteur du très beau **lac de L'Ospédale**, dont le barrage interdit toute baignade et canotage, puis au point de départ de la balade menant à la **cascade de Piscia di Gallo** (1 heure 30 aller-retour), très fréquentée en été. Le sentier, qui débute après la buvette La Cascade, alterne montées et descentes, paysages de forêts, de maquis et de roches, et comporte un passage très escarpé en fin de parcours.

Canyoning autour de Bavella

Le secteur de Bavella est réputé pour le canyoning. Les plus connus sont le **canyon de la Vacca** et le **canyon de Purcaraccia**. Dans un cadre extraordinaire, la descente de 3 heures réserve des sensations fortes. S'ils conviennent à tous, leur principale difficulté tient à la marche d'approche et de sortie. Le **canyon de Piscia di Gallo** passe pour le plus spectaculaire. Le **canyon de Pulischellu**, qui demande moins d'efforts, est idéal pour les familles (à partir de 8 ans).

Les sorties s'effectuent à la demi-journée ou à la journée, et coûtent entre 45 et 65 € environ par personne, selon le canyon. Quelques prestataires :

- **Aqa-Canyon** (06 20 61 76 81, 04 95 78 58 25 ; www.aqa-canyon.com). À Levie.
- **Corsica Madness** (06 13 22 95 06, 04 95 78 61 76 ; www.corsicamadness.com). À Zonza.
- **Corse Montagne** (06 17 92 11 05 ; www.corse-montagne.com). À Sainte-Lucie-de-Tallano.
- **Corsica Canyon** (06 22 91 61 44 ; www.canyoncorse.com ; mars-oct). Vers Solenzara.

Où se loger et se restaurer

Le Refuge Gîte-restaurant **€-€€**

(04 95 70 00 39 ; hameau de Cartalavonu ; gîte demi-pension 46 €, d demi-pension 115-140 € selon saison ; plats 14-30 € ; avr-oct). Cette maison en pierre et bois, perdue au bout d'une piste, au milieu des pins laricios, est une bonne base pour découvrir les randonnées des environs. Le gîte d'étape (dortoirs de 6 places) mériterait d'être modernisé. Optez plutôt pour l'une des 4 chambres triples avec salle de bains, dépouillées mais correctes. Servant une bonne et copieuse cuisine familiale,

De Bavella à Solenzara

C'est l'une des plus belles routes de Corse : depuis le col et les aiguilles de Bavella (voir l'encadré p. 162), la D268 décrit, dans un paysage somptueux et sauvage, d'interminables lacets sur une trentaine de kilomètres jusqu'à Solenzara. Magique, la perspective sur le massif de Bavella se déploie le long de la route serpentant au milieu d'immenses pinèdes et de chaos rocheux jusqu'au **col de Larone** (608 m). Descendant progressivement, elle se rapproche de la rivière, après le Ponte Grosso. Dans une vallée encaissée, les dix derniers kilomètres suivent le cours de la Solenzara, où de magnifiques **vasques** attendent les amateurs de baignade.

À 7 km de Solenzara, juste après le camping U Rosumarinu, vous croiserez le superbe **parc aventure et via ferrata de Buccarona** (06 12 09 19 09 ; adulte/-16 ans 19/16 € ; juin-sept), comprenant une quarantaine d'ateliers dont une tyrolienne de 200 m.

Plusieurs campings sont installés dans de beaux sites le long de la route. Faites halte dans le cadre magnifique de la ferme-auberge **A Pinzutella** (04 95 57 41 18 ; aubergeapinzutella.wixsite.com/website ; gîtes 330-930 €/sem selon capacité et saison ; plats 15-29 € ; gîtes tte l'année, restaurant midi et soir tlj sauf lun mi-mai à sept) pour déguster les produits de la ferme.

le restaurant est aussi apprécié. Soirées guitare les mardis et vendredis (mi-juin à mi-septembre). À 1 km au-dessus de L'Ospédale, prenez à gauche vers Cartalavonu sur 3 km.

U Spitaghju Chambres d'hôtes **€€**
(04 95 26 77 53, 06 12 51 01 25 ; nadetdom@wanadoo.fr ; L'Ospédale ; s/d avec petit-déj 75-85/85-95 € selon vue ;). Au bord de la route principale, cette jolie maison en granit abrite, à l'étage, 4 chambres confortables, décorées dans des tons gris : deux avec balcon et vue sur le golfe (ajout d'un lit d'appoint possible ; 15 €) et deux côté route. Également un salon TV et un jardin fleuri agrémenté d'une terrasse perchée d'où l'on embrasse un vaste panorama de la côte. Pas de CB.

U Funtanonu Bistronomie corse **€€**
(04 95 10 32 92 ; L'Ospédale ; plats 15-30 € ; tlj juil-août, fermé mar avr-juin et sept). Coup de cœur pour cette auberge chic qui occupe une belle maison en pierre au centre du village. Bien qu'en bord de route, la terrasse ombragée est séduisante, tout comme la salle avec ses touches Art déco. Même belle impression côté cuisine, avec des standards corses élaborés à partir de produits frais. Bons desserts, bon accueil et bon esprit !

Zonza

Zonza (prononcez "tsonsz" !) est le village le plus actif et le plus fréquenté de l'Alta Rocca. Une bonne raison à cela : la proximité des aiguilles de Bavella (voir ci-contre), dont la haute silhouette se découpe en toile de fond au-dessus de ses toits. Il est donc avant tout fréquenté par les randonneurs et traversé par les véhicules se rendant vers les célèbres aiguilles. Son emplacement exceptionnel et ses infrasturctures diversifiées en font une base idéale pour rayonner dans l'Alta Rocca.

Où se loger

Le Pré aux Biches Glamping **€**
(06 19 34 74 10 ; www.lodges-yourtes-corse.com ; yourte 2/3/4/5/6 pers 50/65/80/90/95 €, 2 nuits mini en haute saison, demi-pension 28 €, petit-déj 6 €, repas 22 € ; mai à mi-sept, accueil 17h, check-out 11h). Après 1,5 km de piste cabossée, on découvre une adresse qui détonne : un campement de 8 yourtes mongoles,

Zonza et les aiguilles de Bavella

de 9 tentes lodges et d'un tipi (sdb extérieure privative), bien espacés les uns des autres, au milieu d'une prairie entourée de pins laricios. Confort simple (literie légère, lanterne solaire) mais tout est impeccable. Les repas du soir se prennent à l'extérieur, autour d'une grande table en bois (menu unique de produits locaux). Le midi, possibilité de commander un panier pique-nique (10 €). Accueil et atmosphère sympathique. Les eaux du Rizzanese sont à 10 minutes de marche.

Les Hauts de Cavanello Chambres d'hôtes **€€**
(☎04 95 78 66 82, 06 09 50 05 01 ; www.locationzonza.com ; hameau de Cavanello ; d avec petit-déj 84-98 €, pers supp 37 € ; ⏲mai-oct ; P). À 2 km de Zonza sur la route de Bavella, dans un domaine isolé dans la nature, 9 chambres sont aménagées dans deux maisons modernes. Dotées d'une entrée indépendante, elles sont bien équipées et accueillantes. Mention spéciale à la piscine en demi-lune bordée d'une terrasse en teck d'où l'on jouit d'une vue imprenable sur les aiguilles et les forêts avoisinantes.

Hôtel Le Tourisme Hôtel-restaurant **€€€**
(☎04 95 78 67 72 ; www.hoteldutourisme.fr ; d 99-159 € selon confort et saison, petit-déj 15 € ; ⏲mi-avr à oct ; P). Sans doute l'adresse la plus confortable des environs. Bien rénové, ce trois-étoiles à l'architecture contemporaine jouit d'une situation privilégiée, à l'orée du village, et d'une belle piscine chauffée bordée d'un deck en bois avec Jacuzzi. Lumineuses et confortables, la plupart des 14 chambres profitent d'une décoration contemporaine soignée et d'un balcon ou d'une terrasse avec vue dégagée. Bon accueil, excellents petits-déjeuners, service bar autour de la piscine et belles terrasses communes.

Où se restaurer

L'Eternisula Épicerie-brasserie corse **€**
(☎04 95 76 11 75 ; assiettes et plats 9-19,50 € ; ⏲tlj 12h-15h et 19h-22h sauf lun mai-oct). Envie d'une touche de branchitude à la

mode corse ? Tenue par un couple anglo-corse, dans une imposante maison en pierre, L'Eternisula s'annonce comme une adresse de "petite restauration". Ce qui n'empêche pas d'y faire un vrai repas (midi et soir). Outre de belles salades, des tartes salées et des desserts inspirés, on y trouve des assiettes à partager, de copieuses planches de fromages et une excellente charcuterie, mises en valeur par une belle sélection de vins de l'île. Un sans-faute pour cette adresse attachante qui tranche avec ses homologues de Zonza.

L'Aiglon Corse traditionnel **€€**
(04 95 78 67 79 ; www.hotel-zonza.com ; rue principale ; plats 12-26 €, formules midi/soir à partir de 17/19,50 €, menu 25 € ; avr-nov). Authentique et chaleureuse, cette belle adresse est une des références du village : la famille Quilichini est installée ici depuis quatre générations et le décor raconte en creux leur histoire. Spécialités et plats traditionnels sont parfaitement réussis, soignés et copieux. Également des plats végétariens, d'excellentes pâtes, plats de poisson, assiettes d'assortiments, pizzas et de bons desserts.

Levie (Livia)

Levie invite à une plongée dans l'histoire. À quelques kilomètres de là s'étendent en effet les importants sites archéologiques de **Cucuruzzu** et **Capula** (voir l'encadré p. 141), et, à l'intérieur même du village, se trouve un des musées les plus intéressants de l'île. Ce village paisible est, d'autre part, traversé par le sentier Mare a Mare® Sud. Il compte ainsi de bonnes infrastructures, ce qui en fait une base intéressante pour visiter la région.

À voir

Musée de l'Alta Rocca Histoire corse
(04 95 78 00 78 ; quartier Prato ; tarif plein/réduit 4/3 €, gratuit -26 ans ; tlj 10h-18h juin-sept, mar-sam 10h-17h oct-mai). Moderne et intéressant, ce musée offre une promenade à travers l'histoire, du IXe millénaire avant notre ère au XVIe siècle. La star des lieux est la **Dame de Bonifacio**, le plus ancien vestige humain de Corse, qui remonte à

Sainte-Lucie-de-Tallano (p. 168)

environ 6570 av. J.-C. Outre cette vénérable ancêtre, le musée est dévolu à la géologie et à la préhistoire de l'île, et à ses premiers habitants – avec des renseignements sur les outils, les armes, l'alimentation, l'habitat, les parures... Bien présenté dans un espace moderne et soigné, l'ensemble reste assez classique d'approche. Demandez une visite commentée (compris dans le prix de la visite) et/ou participez aux ateliers pour les familles et les enfants (toute l'année sur réservation).

Où se loger et se restaurer

Auberge U n'Antru Versu Hôtel-restaurant **€€**
(04 95 78 31 47 ; www.aubergeunantruversu.com ; San-Gavinu-di-Carbini ; d/qua 80-125/130-160 €, petit-déj 13 € ; plats 9-26 €, menu 24,90 € ; mars-fin oct ;). Au bord de la route (peu passante), cette maison en granit abrite 8 chambres modernes, colorées et joliment décorées. Entre murs en pierre apparente, teintes claires et éléments plus contemporains, le décor est vraiment réussi et le confort au rendez-vous : c'est une bonne adresse. À l'arrière, le jardin est très agréable pour petit-déjeuner. Pizzas et grillades très correctes.

A Pignata Ferme-auberge chic **€€€**
(04 95 78 41 90, 06 14 59 62 48 ; www.apignata.com ; rte du Pianu ; d demi-pension 2 pers 220-550 € selon confort et saison ; menu 53 €, enfant 22 € ; avr-déc, nov-déc uniquement restaurant le week-end ; P). Réputée de longue date pour sa cuisine, cette ferme familiale se distingue également sur le plan de l'hôtellerie. Hormis les moins chères, plus standards, les chambres affichent une décoration très réussie mêlant éléments naturels et matériaux contemporains. Deux chambres occupent des cabanes dans les arbres, et une autre une cabane de berger ; une chambre est accessible aux personnes à mobilité réduite. Belles prestations (hammam, massages, promenades à cheval...) et piscine intérieure chauffée. Gargantuesque et élaboré à partir de produits choisis avec soin, le menu unique se déguste dans une grande salle avec tables en chêne massif ou sur la terrasse couverte, avec les sommets de l'Alta Rocca en toile de fond. Réservation impérative. Environ 3 km avant le château de Cucuruzzu.

La Pergola Bar-restaurant **€**
(04 95 78 41 62 ; rue de Sorba ; plat 14 €, menu 22 € ; tlj midi et soir avr-oct). Ambiance conviviale garantie dans cette "guinguette" familiale sur laquelle veille Jean-Paul Maestrati. La cuisine est à l'image des lieux : franche et simple (gigot d'agneau, lasagnes, cannellonis au brocciu, assiette de charcuteries corses...). Une bonne adresse de village.

Achats

Pour emplir son panier de fromages et de charcuteries, direction la **Ferme I Frassedi**

Le Mare a Mare® Sud

Créé sur la base d'anciens sentiers de transhumance, ce parcours facile et réputé traverse l'Alta Rocca en reliant Porto-Vecchio, à l'est, à Propriano, à l'ouest (plus précisément, le balisage commence à Alzu di Gallina et finit à Burgo, à 7 km de ces localités). Il se compose de 5 étapes de 5 heures en moyenne, à une altitude maximale de 1 171 m. À une encablure des aiguilles de Bavella, il traverse notamment une série de beaux villages : Cartalavonu, Levie, Serra-di-Scopamène, Sainte-Lucie-de-Tallano. Le sentier est également un itinéraire culturel : il passe à proximité du site archéologique de Cucuruzzu (p. 141) et traverse le village de Levie (p. 166). La curieuse église de Carbini et le moulin à huile de Sainte-Lucie-de-Tallano sont également au programme.

Pozines sur le plateau du Coscione

(06 12 34 21 71), sur la route de Cucuruzzu. À la sortie du bourg en direction de Zonza, l'**Atelier du Lotus** (04 95 74 05 13 ; u-lotus.com ; coutelleriedulotus@hotmail.com ; tlj 9h-19h avr-sept, lun-sam 9h-12h et 14h-18, fermé dim oct-mars) est l'un des ateliers-boutiques de coutellerie les plus réputés de l'île.

Sainte-Lucie-de-Tallano (Santa Lucia di Tallà)

Entouré de champs d'oliviers, Sainte-Lucie-de-Tallano serait sans nul doute un bon candidat au titre de plus beau village de Corse. Perché à 450 m d'altitude, le bourg doit son charme à ses maisons de granit aux toits de tuile rouge orangé serrées les unes contre les autres, qui se détachent sur le vert profond des forêts et du maquis environnants. Pour la petite histoire, c'est ici qu'ont été tournées certaines scènes de l'adaptation cinématographique de la bande dessinée *L'Enquête corse* de Pétillon, réalisée par Alain Berberian (pour les besoins du film, le village a été rebaptisé Rossignoli).

À voir et à faire

Un **sentier du patrimoine** (1,7 km, 1 heure 30 ; facile) démarre de la place principale, A Piazza di l'Olmu, sur laquelle de dresse un monument aux morts. Son socle est constitué de **diorite orbiculaire** : une roche éruptive rare, reconnaissable à ses alvéoles grises, dont le gisement rendit le bourg célèbre. Le sentier descend le long d'un ruisseau jusqu'aux portes de l'**écomusée du moulin à huile** (2 € ; lun-sam 9h-12h et 15h-18h mai-oct) qui date du début du XIXe siècle et témoigne de l'importance de l'olivier dans l'histoire du village. Dans le village, l'**église Sainte-Lucie** (XVIIe siècle) vaut le coup d'œil, tout comme la **tour fortifiée**, percée de meurtrières et équipée de mâchicoulis, au bout de la rue du Borgo. À 500 m du centre, le **couvent Saint-François**, de style Renaissance, fut construit au XVe siècle. En pleine réhabilitation par l'architecte Amelia Tavella, le lieu est voué à devenir un pôle culturel d'envergure. Juste à côté, l'**église** au clocher de style baroque abrite un autel de marbre polychrome et des stalles en bois du XVIe siècle.

En contrebas du village, depuis le hameau de **Poggio**, vous pouvez entreprendre une agréable balade jusqu'à la **chapelle Saint-Jean-Baptise de Poggio**, un chef-d'œuvre de l'architecture romane (XIIe siècle). Empruntez pour cela le sentier Mare a Mare® Sud en direction de Loreto sur une quinzaine de minutes.

Où se loger et se restaurer

U Fragnonu Gîte d'étape **€**

(04 95 78 80 13 ; www.gite-tallano.fr ; dort demi-pension 45 € ; avr-oct). À 300 m de la place principale en direction du hameau de Zoza, ce superbe gîte occupe un ancien moulin à huile. Géré par la mairie, il compte 8 chambres de 4 lits avec sdb, fonctionnelles et très propres. Une salle commune vaste et plaisante ajoute à l'agrément du lieu. Repas copieux. Ouverture à 16h30. Pas de CB.

Le Sporting Restaurant **€€**

(04 95 23 06 17 ; village ; pizza 9,50-16 € ; tlj midi et soir). Le long d'une belle façade en granit, cette terrasse dévoile un décor assez contemporain, à l'atmosphère conviviale. La bonne surprise se poursuit dans les assiettes, à choisir entre petites tapas sympathiques ou quelques plats à l'ardoise (magret, lasagnes, burger, etc.) variant selon les jours. Simple et efficace.

Achats

L'huile d'olive occupant une place à part dans l'histoire du village, plusieurs producteurs profitent de cette manne et commercialisent de l'huile extraite de fruits qui ne proviennent pas toujours de Sainte-Lucie-de-Tallano. Contactez **U Palazzu di Tallà** (04 95 70 23 01 ; 10h-13h et 15h-18h mai-sept, sur rdv le reste de l'année), où Jean-Christophe Arrii vend sa production AOP en direct. Dans son vieux moulin, le pressoir restauré est en fonction ! Derrière l'église, rendez-vous sinon chez **Santa Lucia** (06 03 54 40 96 ; www.huile-santalucia.fr ; rue Borgo ; 10h-20h avr)oct) pour les huiles d'olive d'un autre oléiculteur passionné.

Serra-di-Scopamène

Étiré tout en longueur, à flanc de colline, ce village discret ménage un beau

VAUT LE DÉTOUR

Randonnée sur le plateau du Coscione

La nature à l'état pur : entre 1 400 et 1 700 m d'altitude, le plateau du Cuscionu est un site unique et magique, recouvert d'étendues herbeuses, parsemé de chaos granitiques et parcouru de ruisseaux et de pozzines (pelouses mousseuses ponctuées de mares). Haut lieu du pastoralisme et de la transhumance, il n'est pas rare d'y croiser des troupeaux de bovins, de chevaux ou de cochons sauvages (surtout entre mi-juin et le début de l'automne). La flore y est exceptionnelle avec, entre autres genêts, astragales, gentianes, aulne odorant ou encore la très rare et endémique Aconit de Corse. Il se prête, en été, à merveille à la randonnée pédestre et aux balades à cheval. En hiver, il est prisé des amateurs de ski de fond et de raquettes.

Après le hameau de **Jallicu**, la route continue à monter sur 6,6 km, jusqu'au centre d'accueil de Bucchinera, "porte d'entrée" du plateau. De là, 5 itinéraires distincts sont bien balisés : le **sentier de Punta di Ghjavingnolu** (2 heures 15 ; facile), le **sentier de l'eau** (2 heures 15 ; facile) qui longe un ruisseau et croise des pozzines ; le **sentier de la pierre** (1 heure 45 ; facile) ; le **sentier de Punta di Rinucciu** (2 heures 45 ; moyen) ; le **sentier des bergers** (3 heures 30 ; moyen) ; ou encore la jonction avec le **sommet de l'Alcudina** (6 heures aller-retour ; niveau sportif) qui croise le GR®20.

Parc aventure dans le massif de Bavella (p. 163)

panorama sur la vallée du Rizzanese et la Punta di Cuciurpula, à 1 164 m d'altitude. Entre ses maisons en granit se dresse la belle **église San Niculao**. Un **sentier du patrimoine** (environ 1 heure) est balisé dans le village. Pour une balade à dos d'âne, contactez **Alta Rocc'anes** (☎06 83 40 70 48 ; www.altaroccanes.com ; ⏲avr à mi-nov, lun-sam 9h-13h et 15h-19h).

Où se loger et se restaurer

Le Scopos Gîte d'étape €

(☎04 95 78 64 90, 06 62 81 52 47 ; www.gite-corse-scopos.com ; Serra-di-Scopamène ; dort demi-pension 46 € ; ⏲mi-mars à mi-nov ; wifi). Dans une maison moderne en bord de route, ce gîte profite d'une vue superbe sur la vallée. Impeccablement tenu par Annie, il possède des dortoirs de 4 à 6 lits, spacieux et lumineux. Confitures maison au petit-déjeuner et plats du terroir au dîner.

Casa Sarrinca Chambres d'hôtes €€

(☎06 15 44 74 87, 06 59 88 12 25 ; www.casa-sarrinca.fr ; quartier de l'église ; s/d/lits jum/tr avec petit-déj 75-120/85-130/95-140/105-155 € selon confort et saison ; ⏲tte l'année ; P wifi). Au cœur du village, cette belle maison en granit, prolongée d'un joli jardin, abrite 5 chambres confortables relevées de belles teintes profondes et d'un mobilier chiné. Délicieux petit-déjeuner maison ; la table d'hôtes (sur réservation 3 jours avant) est du même acabit. Accueil attentionné.

A Scoppa Café-restaurant €€

(☎04 95 78 73 29 ; quartier de l'église ; plats 14-20 € ; ⏲tlj midi et soir ; wifi). Quelle vue ! À lui seul, le panorama mérite une halte. À la fois, café, restaurant et épicerie, A Scoppa est idéal pour faire une pause sur sa belle terrasse extérieure, au bord de la route centrale du village. L'ensemble est de qualité, à des tarifs raisonnables et servis avec le sourire.

Quenza

À quelques kilomètres de Zonza par la D420, le joli village de Quenza vit dans l'ombre de son voisin et s'en porte plutôt bien. Agréable et isolé, il est à proximité du hameau de Jallicu et du plateau du Coscione (voir l'encadré p. 169), ce qui en fait une villégiature idéale pour partir explorer des lieux encore très sauvages.

À voir et à faire

En bas du village, la petite **chapelle Santa-Maria** (vers le XIe siècle), construite par les Pisans, mérite le coup d'œil. À l'entrée du village, notez également l'étonnant **château florentin**, édifié avec des pierres importées de Toscane (!) sur le modèle du Palazzo del Podesta de Florence.

N'hésitez pas à monter jusqu'au hameau de **Jallicu**, perdu à près de 1 200 m d'altitude. Il est situé à 6 km du bourg par une route en piètre état. Pour vous ressourcer dans ce site magnifique, optez pour une **balade à cheval** (50-72 €) en compagnie de **Pierrot** (04 95 78 63 21 ; gitechezpierrot.free.fr ; hameau de Jallicu ; dort/d demi-pension 47/61 € par pers ; table d'hôtes 27 € ; tte l'année ; pas de CB) ou faites la **randonnée du Coscione** (voir l'encadré p. 160). Si vous avez besoin d'un guide de randonnée, l'agence **Trekors** (06 84 44 71 66 ; www.trekors.com ; adulte/enfant 20-45/15-30 € ; tte l'année) a un bureau à Quenza.

Où se loger et se restaurer

Corse Odyssée Chambres d'hôtes **€€**
(04 95 78 64 05 ; www.gite-corse-odyssee.com ; d demi-pension 70 €/pers, enfant 45 € ; dîner 25 € ; tte l'année ;). Une adresse à la personnalité affirmée. La maîtresse des lieux a conçu ses chambres en gardant à l'esprit les voyages que les Corses entreprirent autrefois à travers le monde. Agrémentées d'une mezzanine, elles sont un peu petites, mais très coquettes. Chacune dispose d'une douche et d'un lavabo ; les toilettes sont communes. Mention spéciale à l'accueil et aux repas, cuisinés avec soin (dîner ouvert aux clients extérieurs sur réservation). À 1 km en montant à droite à l'entrée du village. Suivez les panneaux après le château.

Auberge Sole e Monti Hôtel-bistronomie **€€-€€€**
(04 95 78 62 53 ; www.solemonti.com ; d/q 80-160/120-270 € selon confort et saison, petit-déj 10 €, demi-pension 2/3 plats 25/45 € ; formule 15 €, menus midi/soir 29/35-45 € ; mai-sept ; P). Une excellente adresse. D'abord pour son restaurant, dont la cuisine bistronomique orchestrée par la chef Élodie Balesi à partir de produits bio et locaux fait l'unanimité. Mais aussi pour son hôtellerie, récemment rénovée : les chambres lumineuses dévoilent un esprit contemporain et un confort haut de gamme. Toutes profitent d'un balconnet, certaines avec une belle vue sur la vallée. Bon rapport qualité/prix et accueil agréable.

Achats

Magnani Miel
(04 95 78 72 78 ; sur rdv tlj juin-sept et week-end hors saison). Le miel de chez Magnani passe pour l'un des meilleurs de la région. Spécialités de miel (AOC) toutes fleurs, de miel d'arbousier et de miellat. La miellerie se trouve à l'entrée de Quenza, en face de la chapelle Santa-Maria.

LE CENTRE ET L'EST DE LA CORSE

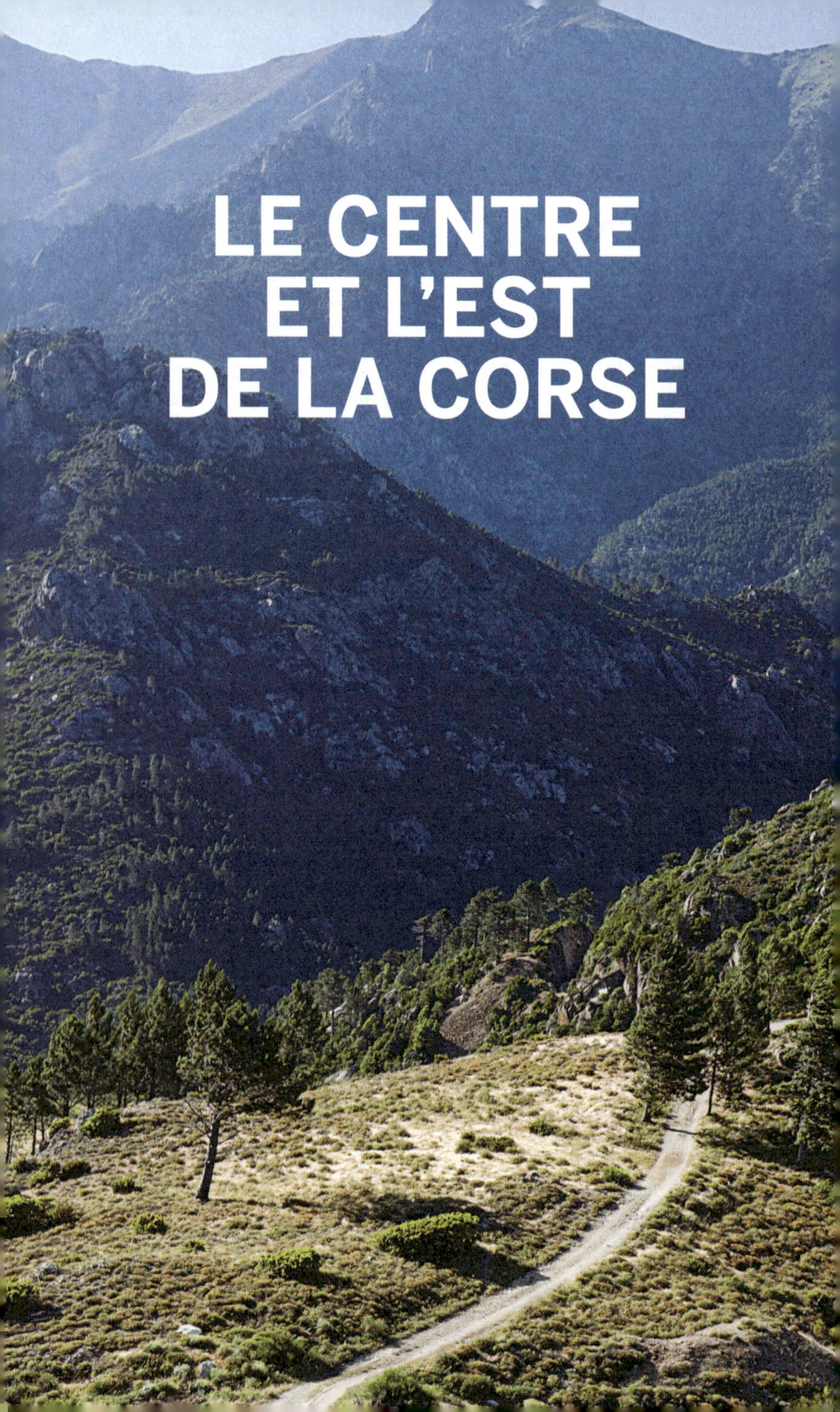

Un enchevêtrement de sommets aux parois abruptes ; un univers verdoyant dominé par des forêts de pins laricios ; des torrents impétueux et des rivières cristallines ; des vallées encaissées ; des villages discrets et une seule ville d'importance, Corte, bastion de l'identité insulaire : voilà le centre de la Corse.

Cœur sauvage de l'île, il est aussi, sans doute, son âme. Si la main de l'homme a investi l'est de l'île, réalisant de grandes plaines agricoles entre Moriani et Solenzara, quelques kilomètres à l'intérieur des terres suffisent pour découvrir de nouvelles merveilles naturelles.

Les paysages montagneux de la Castagniccia et de la Casinca vous offriront un patrimoine religieux aussi beau qu'original et de belles étapes culturelles.

Paysage des montagnes corses, près de Vivario (p. 191)

0
10 km
Campitello
Bastia (22 km)
Casamozza
Plaine Orientale
T20 (N193)
Golo
Vescovato
D137
Casinca (p. 194)
Venzolasca
Loreto-di-Casinca
Penta-di-Casinca
Tartagine
Asco
D47
PARC NATUREL RÉGIONAL DE CORSE
Ponte-Leccia
Vallée de l'Asco (p. 187)
D71
Ortiporio
San Pellegrino
D506
Costa Verde
Parc Galéa
Réserve de faune d'Asco
D147
Morosaglia
Fium Alto
Morianincu
La Porta
Col de Prato
Castagniccia (p. 196)
Talasani
T10 (N198)
Croce
Monte San Petrone (1 767 m)
Verdèse
D46
Piazzole
Francardo
D71
Campana
Couvent d'Orezza
San-Giovanni-di-Moriani
Santa-Lucia-di-Moriani
Moriani-Plage
Monte Cinto (2 706m)
Piedicroce
Parata
San Nicolao
Refuge de l'Ercu
Scala di Santa Regina
D84
Castirla
Lac du Cinto
Source minérale d'Orezza
Rapaggio
Santa-Reparata-di-Moriani
Cascade de l'Ucelluline
Corscia
Golo
D146
D330
Vallée du Niolo
Lozzi
D18
Col d'Arcarotta (819 m)
Santa-Maria-Poggio
Villages du Morianincu (p. 200)
D71
Callasima
Calacuccia
Cervione
Albertacce
Lac de Calacuccia
Santa-Lucia-di-Mercurio
D4
Couvent Saint-François d'Alesani
Ortale
D71
Prunete
Casamaccioli
Novale
Sant'Andria-di-Cotone
Refuge A Sega
Corte (p. 177)
Pietra-di-Verde
Chiatra
Forêt de Valdu Niellu
Capu di A Candela (1 802 m)
Gorges du Tavignano
Moïta
Lac de Nino (1 743 m)
Capu di U Facciatu (2 117 m)
Vallée de la Restonica (p. 182)
Poggio-di-Venaco
Linguizzetta
Zalana
Monte Cardo (2 453 m)
Piedicorte-di-Gaggio
Bergeries de Grotelle
Col de Belle Granaje (723 m)
D116
D16
Venaco
Tallone
T10 (N198)
Refuge de Manganu
Monte Rotondo (2 622 m)
D14
Lac de Capitello
Lac de Melo
T50 (N198)
Pianiccia
Tavignano
D43
Refuge de Petra Piana

Orto
Guagno
Pastricciola
Bergeries de Tolla
Vivario
Canaglia
Tattone
Vallée du Manganellu
GR®20
Forêt de Vizzavona
Cascade des Anglais
Vizzavona
Col de Vizzavona (1 163 m)
Vezzani
Ghisoni
D344
Bocognano
T20 (N193)
Cascade du Voile de la Mariée
Monte Renoso (2 352 m)
D69
PARC NATUREL RÉGIONAL DE CORSE
Les Bergeries de Capannelle
D44
Bastelica
Prunelli
D27
Taravo
PARC NATUREL RÉGIONAL DE CORSE
San-Gavino-di-Fiumorbo
Prunelli-di-Fiumorbo
Fium Orbo
Chisa
Zicavo
D83
D69
Sainte-Marie-Sicché
T40 (N196)
Cursigliese
D15
Étang de Diane
Aléria
Site antique d'Aléria
Aghione
D343
D344
Étang d'Urbino
MER TYRRHÉNIENNE
Ghisonaccia
Costa Serena
Étang de Palo
T10 (N198)
Travo
Solenzara
D268
Massif de Bavella (35 km)
Plage de Canella (7 km), plage de Favone (10 km), Tarco (14 km), Fautea (18 km) et Porto-Vecchio (28 km)

CORTE (CORTI)

Blottie sur un promontoire rocheux au débouché de plusieurs vallées, Corte (7 000 habitants, plus 4 000 étudiants en saison) est tout à la fois une ville étudiante dynamique et le cœur battant d'un espace naturel d'exception, bordé de cimes dentelées. Gardienne de l'identité insulaire, la cité cultive le souvenir de Pascal Paoli, le "Père de la nation" corse, dont une altière statue se dresse sur la place principale. Pour autant, Corte ne vit pas recroquevillée sur son passé et on découvre avec plaisir une ville universitaire (la seule de l'île) accueillante et animée.

À voir

Citadelle — Vieille ville

Vision impressionnante que celle de la citadelle, perchée à une centaine de mètres de hauteur et arborant, telle une figure de proue, un nid d'aigle qui semble posé en équilibre à l'extrémité du piton. Passé l'entrée publique, deux grandes bâtisses se font face : les casernes Serrurier et Padoue. Elles furent notamment utilisées comme centre pénitencier et caserne pour la Légion étrangère. La première abrite aujourd'hui le musée de la Corse (ci-dessous), la seconde l'office du tourisme et le FRAC (page ci-contre). Pour un aperçu du panorama en accès gratuit, grimpez l'escalier qui mène au belvédère à l'extérieur des remparts (suivez le fléchage).

Musée de la Corse — Histoire régionale

(☎ 04 95 45 25 45 ; www.musee-corse.com ; citadelle ; tarif plein/réduit 5,50/3 €, gratuit - 10 ans ; ⏰ mar-sam 10h-17h nov-mars, mar-dim 10h-18h avr-oct). Dans le magnifique cadre de la citadelle, ce Musée régional d'anthropologie dévoile de riches collections évoquant la Corse d'hier et d'aujourd'hui. Au 1er étage, la galerie Doazan propose un inventaire de l'artisanat et des savoir-faire de la Corse rurale. Des domaines plus contemporains sont abordés au 2e étage et le rez-de-chaussée est réservé aux expositions temporaires. Audioguides à la réception (1,50 €).

Ci-contre : Vallée de l'Asco (p. 187) ; ci-dessous : Place Gaffory à Corte

FRAC Corsica Art contemporain
(☎04 20 03 95 33 ; www.frac.corsica ; rue de la citadelle ; entrée libre ; ⏲fév-mai et sept-déc lun-ven 9h-12h et 14h-17h, sam 14h-17h, juin-sept lun-ven 9h-12h et 14h-18h, sam 14h-18h). GRATUIT
À l'entrée de la citadelle, le Fonds régional d'art contemporain de la Corse organise des expositions gratuites. Il abrite la deuxième collection publique d'art en Corse, constituée d'œuvres remontant jusqu'aux années 1980 et fait une large place aux talents émergents.

Palazzu Naziunale (Palais national) Bâtiment historique
À gauche avant de pénétrer dans la citadelle, le grand édifice rectangulaire de l'ancien palais du lieutenant génois abrita le premier et unique gouvernement indépendant de la Corse, dirigé par Pascal Paoli (voir p. 210). Il est souvent fermé au public durant l'été.

Place Gaffory Place historique
Au cœur de la ville haute trône la **statue du général Jean-Pierre Gaffory** (1704-1753), chef du gouvernement national corse avant Pascal Paoli. Derrière, la maison familiale de ce héros de la résistance antigénoise porte encore les impacts des balles tirées par les Génois contre les patriotes corses.

Sur la place se dresse aussi l'**église de l'Annonciation**, surmontée d'un impressionnant campanile. Édifiée au milieu du XVe siècle, agrandie au XVIIe siècle, elle est l'une des constructions les plus anciennes de la ville. Elle renferme une belle chaire en bois. Durant l'été, l'église accueille très régulièrement des concerts de polyphonies ou de chants corses de qualité.

Place Paoli Place historique
Corte devait bien une place au *Babbu di a Patria*, le "Père de la patrie". Dominée par une **statue de Pascal Paoli**, elle est l'épicentre de la ville et est bordée de terrasses de cafés et de restaurants. D'ici, une rampe appelée Scoliscia mène rapidement à l'autre place célèbre de la ville, la place Gaffory.

Chapelle Sainte-Croix Édifice religieux
De la place Gaffory, la rue du Colonel-Feracci mène à cette discrète chapelle du XVIIe siècle d'où part, chaque Jeudi saint au soir, les pénitents qui accomplissent une procession en forme d'escargot, la *granitula*. Derrière une façade modeste, elle abrite un retable baroque et un petit orgue à l'italienne.

Activités

Randonnée et vélo

Vous trouverez de nombreux sentiers aux abords de la ville, traversée par l'itinéraire Mare a Mare® Nord. Contactez **Altipiani** (☎09 60 37 08 42, 06 86 16 67 91 ; www.altipiani-corse.com ; 2 pl. Paoli ; ⏲tte l'année) si vous avez besoin d'un guide. Il loue également des vélos à assistance électrique (Touring 36 €, VTT 39 €, Cargo 39 €/j), pratiques pour circuler sans encombre dans la vallée de la Restonica (p. 182).

Canyoning et escalade

Des activités de canyoning et d'escalade dans tous les alentours peuvent être organisées depuis Corte. Contactez notamment l'agence Altipiani (ci-dessus) qui couvre de nombreux canyons dans les environs (38-55 € selon circuit).

Équitation

Pour des balades à poney ou des sorties à cheval, contactez la ferme équestre **L'Albadu** (voir ci-dessous) ou le centre équestre **Equiloisirs-FAE** (☎04 95 61 09 88 ; www.fae-equiloisirs.com ; pont de Papineschi, Poggio-di-Venaco ; ⏲tte l'année), à 5 minutes de Corte, en direction d'Aléria (T50, puis D214 vers Sermano).

Où se loger

L'Albadu Séjour à la ferme **€-€€**
(☎04 95 46 24 55 ; www.hebergement-albadu.fr ; ancienne rte d'Ajaccio ; s/d/qua demi-pension 88/120/232 €, camping adulte/enfant/voiture/tente 6/3,50/3/3-5 € ; ⏲tte l'année).
À 2,5 km de Corte, cette ferme équestre propose des emplacements de camping "à la ferme" et des chambres récemment

Corte

refaites, agréables et confortables, bien qu'un peu petites. L'ensemble est réparti sur un terrain bien entretenu, ombragé et avec vue panoramique sur les montagnes. Les dîners (table d'hôtes 25 €, vin compris) font la part belle aux produits de la ferme. Prendre la route de Venaco puis suivre le fléchage. Pas de CB.

Motel A Vigna Studios €

(☎04 95 46 02 19 ; motelavigna.eu ; ch. de Saint-Pancrace ; studio d 60-68 € ; ⏲avr-sept ; P).
Une adresse atypique d'un bon rapport qualité/prix. À environ 1 km du cours Paoli, vous logerez dans une petite résidence calme dotée d'un parking et de 8 studios tout équipés, à la décoration impersonnelle et aux salles de bain refaites à neuf. Vastes et fonctionnels, ils se doublent d'une terrasse ou d'un balcon. Une option abordable, idéale pour les familles. Pas de Wi-Fi.

Si Mea Hôtel avec piscine €€-€€€

(☎04 95 65 08 23 ; www.hotelsimea-corte.fr ; 3 av. Pont-de-l'Orta ; d 65-122 € selon confort et saison, petit-déj 9 € ; ⏲tte l'année ; P).
Dans une maison des années 1930, le Si Mea séduit par son charme architectural, sa vue sur la citadelle au loin, son ambiance de campagne à 10 minutes à pied du centre et sa belle piscine. Sobrement décorées, les chambres sont agréables : privilégiez celles à l'étages avec balcon privé (celles du rez-de-chaussée donnent sur une grande terrasse commune). Bon petit-déjeuner servi en terrasse. Parking sur place.

Le Duc de Padoue Trois-étoiles central €€

(☎04 95 46 01 37 ; www.ducdepadoue.com ; 2 pl. Padoue ; d/fam 76-120/114-165 € selon confort et saison ; ⏲avr-oct ; P).
Sur une ravissante place, ce bel immeuble du XIXe siècle profite d'une touche de charme bienvenue. C'est l'une des adresses les plus confortables du centre-ville. Les 11 chambres comportent mobilier contemporain, literie de qualité, bons équipements et touches colorées. Les "supérieures" avec balcon sont plus lumineuses que les standards, sombres pour certaines. Buffet petit-déjeuner à 1 € !

Casa di A Restonica Avec piscine €€-€€€
(04 95 33 48 54 ; hotelcasadiarestonicacorte.fr ; Faubourg Scaravaglie, vallée de la Restonica ; d 75-130 € selon confort et saison, petit-déj 7-14 € ; mars-nov ; P). À mi-chemin entre le centre-ville (15 min à pied) et la vallée de la Restonica (p. 182), cet établissement récent combine une situation pratique, une piscine et un confort haut de gamme irréprochable, avec des chambres contemporaines joliment décorées. Les "supérieure" disposent d'une terrasse à l'étage. D'un bon niveau de confort, l'ensemble manque toutefois un peu de charme.

Où se restaurer

Pâtisserie Casanova Pâtisserie €
(04 95 46 00 79 ; 6 cours Paoli ; lun-sam 7h-20h, dim 7h-12h30). Les Casanova régalent les gourmands depuis 1887. Les amateurs de desserts insulaires se délecteront de *canistrelli*, *amaretti*, *migliacci*, *fiadone* et autres gâteaux à la châtaigne. Tout est réalisé à partir de produits bio ; l'adresse sert également des petits-déjeuners.

U Centu Chiave Ferme-auberge €
(04 95 47 12 45 ; D39, rte du Fussatu ; plats 10-17 € ; avr-fin nov). Une escale sans chichis et revigorante ! Un brin champêtre, ce restaurant sert en toute simplicité des plats authentiques préparés à base des produits de l'exploitation (fromages, viande, légumes frais...). Tout y est ultra-simple et bon ! En outre, les tarifs sont très sages et l'atmosphère décontractée. À 2 km du centre en direction de la vallée du Tavignano (p. 183).

La Rivière des Vins grillades €€
(04 95 46 37 04 ; 5 rampe Sainte-Croix ; plats 12-25 €, formules 15-26 € ; tlj sauf dim). Grillades goûteuses, bon accueil et petits prix... la formule fait recette auprès des étudiants comme des visiteurs, au point qu'il est parfois difficile de trouver une table. Terrasse agréable, souvent animée en soirée, lorsque quelques musiciens se saisissent de leur guitare.Réservation indispensable en saison.

Terra Corsa Corse traditionnel €€
(06 35 27 74 01 ; 3 rue Mgr-Sauveur-Casanova ; plats 10-21 €, menus 17-25 € ; midi et soir tlj en saison, mars-oct). Cette bonne adresse joue une partition 100% corse. L'ardoise propose du brocciu et de la charcuterie artisanaux en direct de la ferme familiale : qualité garantie, même si les portions sont un peu chiches. Des spécialités typiques se déclinent dans les menus.

Le 24 Inventif €€
(04 95 46 02 90 ; 24 cours Paoli ; menus 20-23 € ; 10h-2h tlj). La belle salle en pierre avec son mur de bouteilles annonce une touche de sophistication qui se retrouve dans l'assiette et dans la carte des vins. Le 24 propose une cuisine imaginative mêlant produits corses et inspirations culinaires dépassant les frontières de l'île : *parillada* de la mer, risotto aux truffes, pavlova aux fruits rouges et à la menthe... Ambiance musicale le soir.

Où prendre un verre

Population étudiante oblige, la vie nocturne cortenaise est bien plus dynamique en hiver qu'en été.

Quelques bars agréables bordent le cours et la place Paoli : il y a notamment l'incontournable **Café du Cours** (04 95 46 00 33 ; 22 cours Paoli), l'inoxydable **Bip's** (04 95 46 04 48 ; 14 cours Paoli) et le très branché **Rex** (04 95 31 78 94 ; 1 cours Paoli). Au pied de la statue du général Gaffory, le **Bar de la Haute Ville** (04 95 61 06 20 ; 2 pl. Gaffory), surnommé le "BHV", accueille souvent des musiciens corses. Notez également **La Vieille Cave** (page ci-contre) pour prendre un verre dans une atmosphère 100% rustique.

Achats

L'Andatu Produits corses
(04 95 46 11 98 ; impasse du Cours ; 8h-12h et 15h-19h lun-sam). En retrait du cours Paoli, bonne sélection de charcuteries, de vins,

MARTIN/ADOBESTOCK ©

À NE PAS MANQUER

La traversée de l'île en train

Ici, on l'appelle U Trinighellu. Traversant l'île de Bastia à Ajaccio, et ralliant Calvi avec un changement à Ponte-Leccia, le **Chemin de fer de la Corse** (CFC ; https://cf-corse.corsica) n'est pas seulement un moyen de transport. Pour les visiteurs, c'est également un moyen unique de découvrir certains panoramas de l'intérieur de l'île. Après avoir pris de la hauteur en quittant le littoral, son trajet rejoint en effet Corte puis Vizzavona, serpentant dans le Parc naturel régional de Corse et desservant au passage de nombreux sentiers de randonnée. S'insinuant dans un relief où il est parfois le seul à pouvoir se frayer un chemin, le train aligne tunnels, ponts, viaducs, descentes impressionnantes et montées délicates.

Le service, longtemps, fut assuré par des michelines jaune et rouge. Elles ont maintenant été remplacées par de nouveaux engins, certes moins photogéniques mais plus confortables. Leur arrivée en 2012 a légèrement réduit les temps de parcours. Pour plus de détails, voir p. 256.

de fromages et de terrines ou encore de confitures.

La Vieille Cave Caviste

(☎04 95 46 33 79 ; 2 ruelle de la Fontaine ; ⏲tlj tte l'année). À deux pas de la place Paoli, dans une atmosphère 100% corse, on y propose une sélection de crus locaux, de muscats et de liqueurs insulaires.

A Chiostra Atelier de poterie

(☎04 95 46 19 53, 06 12 39 86 50 ; 4 rue Chiostra ; ⏲tlj 9h-19h Pâques-Toussaint, sur rdv reste de l'année). Les nombreuses pièces (vase, plat, tasse...), sobres et élégantes, sont exposées à la vente dans une belle cave multicentenaire. Derrière l'église de la place Gaffory.

Casa di u Legnu Bois d'olivier et tissus

(☎04 95 47 05 52, 06 08 31 83 28 ; 2 rue du Vieux-Marché ; ⏲tlj 9h-21h avr-début nov). Michel Andrei fabrique des jouets, des jeux et des ustensiles en bois d'olivier, et son épouse des tissages artisanaux. Près de la place Gaffory.

Renseignements

Office du tourisme de Corte (☎04 95 46 26 70 ; www.corte-tourisme.com). À l'entrée de la citadelle, à côté de la caserne Padoue. Bonne documentation sur l'ensemble du Centre Corse, les transports dans la région et les possibilités de visites dans la ville. Wifi gratuit.

VALLÉE DE LA RESTONICA

Petit bijou du Centre Corse, la vallée de la Restonica commence aux portes de Corte. Bondissant entre les montagnes, le torrent couleur vert-de-gris, qui prend sa source dans le lac de Melo (1 711 m) et rejoint le Tavignano au pied de la citadelle de Corte, a creusé sur son passage de magnifiques vasques propices à la baignade, dans un cadre naturel grandiose. Sans surprise, ce décor attire les foules en saison. Or la vallée, desservie par une étroite et sinueuse route goudronnée, s'accommode mal de cet afflux de visiteurs. Hors saison, la Restonica reprend son aspect sauvage (à bon entendeur...).

À voir

La **route de la Restonica** (la D623), qui serpente dans les gorges jusqu'aux bergeries de Grotelle, révèle une série de paysages tous plus superbes et rafraîchissants les uns que les autres. Mais, dès le début de la saison, l'affluence engorge la vallée. La route étroite permet difficilement le croisement des véhicules (quelques aires sont aménagées, mais insuffisantes) et les files de plusieurs dizaines de voitures rendent la conduite particulièrement difficile. Nous vous déconseillons tout bonnement d'emprunter la vallée en voiture : autant la découvrir autrement.

Il est en effet possible de s'y rendre sans véhicule : à Corte, Altipiani (p. 178) loue sdes vélos à assistance électrique ; en août, les **Autocars Cortenais** (☎04 95 46 22 89, 06 20 17 17 55 ; www.autocarscortenais-corse.fr) assurent des navettes jusqu'à la vallée de la Restonica (téléphonez la veille). À pied, comptez 15 km depuis le début de la route jusqu'aux bergeries.

Si vous ne comptez pas effectuer de **randonnée aux lacs de Melo et de Capitello** (voir l'encadré page ci-contre), vous pouvez facilement atteindre certaines des plus belles **vasques de baignade** (voir l'encadré p. 186) qui se trouvent relativement en aval. Idéalement, évitez la haute saison : la vallée est sublime sans la foule. Si vous souhaitez malgré tout parvenir en haut de la vallée en voiture, partez très tôt le matin.

Notez qu'il est interdit de se garer n'importe où, notamment sur les aires qui permettent aux véhicules de se croiser. La circulation des caravanes et camping-cars est par ailleurs interdite au-delà du lieu-dit Tuani. Les parkings de Grotelle et de Lamaghjosu sont payants de juin à septembre (3/6 € moto/voiture). Il est enfin interdit de faire du feu, de bivouaquer, de pratiquer le camping sauvage et de jeter des déchets aux abords de la rivière.

Activités

Pour les baignades dans les vasques, voir l'encadré p. 186.

Randonnée

Un grand nombre de randonnées, de 30 minutes à plusieurs heures, sont balisées depuis la route. La plus célèbre est celle menant aux lacs de Melo et de Capitello (voir l'encadré page ci-contre).

Escalade

Quatre sites d'escalade jalonnent la route entre Corte et le sentier menant aux bergeries d'Alzu, sur le versant est de la vallée. Contactez Altipiani (p. 178).

Où se loger et se restaurer

Les adresses ci-après sont présentées dans l'ordre où vous les rencontrerez en venant de Corte.

Hôtel et Auberge de la Restonica Hôtel-restaurant €€-€€€
(hôtel 04 95 45 25 25, auberge 04 95 46 09 58 ; www.hotelrestonica.com, www.aubergerestonica.com ; d 90-135 € selon saison, petit-déj 12 € ; plats 15-28 € ; avr-fin oct ; P). À 1,6 km de Corte, cette grande demeure de pierre est située à quelques mètres d'une cascade et d'un bassin naturel. L'hôtel comprend 7 chambres confortables, ainsi qu'une agréable piscine extérieure. Côté cuisine, l'auberge est appréciée pour sa carte du terroir.

Hôtel Dominique Colonna Luxe contemporain €€€
(04 95 45 25 65 ; www.dominique-colonna.com ; d/ste 185-380/245-490 € € selon vue, confort et saison ; avr-oct ; P). Une institution de la vallée à l'esprit contemporain. Les chambres de très bon confort possèdent climatisation, Wi-Fi, TV, terrasse ou balcon. La plupart donnent sur la rivière. L'établissement dispose en outre d'une jolie piscine chauffée.

Hôtel Arena – Le Refuge Hôtel-restaurant €€
(04 95 46 09 13 ; www.hotel-arena-lerefuge.com ; s/d 75-110/75-125 €, petit-déj 12 € ; plats 14-24 €, menus 20-30 € ; avr-début oct ; P). Cette construction moderne et bien agencée, à première vue sans charme, est située au bord de la rivière et de ses vasques. Les chambres fraîches et lumineuses, d'un bon rapport qualité/prix, sont confortables et bien équipées. La plupart ont vue sur la rivière ; certaines disposent d'un balcon. Côté restauration, l'adresse mêle les saveurs corses à des inspirations plus lointaines, au gré de l'humeur de la cheffe.

Chez César Restauration légère €
(06 86 06 51 71 ; plats 7-14 € ; tlj 12h-15h avr-sept). Unique possibilité de restauration en amont de la vallée, avant les bergeries de Grotelle, cette sympathique adresse est située dans un cadre hors du temps. On y déguste de petites assiettes sans façon : des produits corses dans la sobriété mais

SI VOUS AIMEZ... Randonner

1 Lacs de Melo et de Capitello
Le sentier est balisé en jaune depuis le parking des bergeries de Grotelle, terminus de la route la Restonica (page ci-contre). Comptez 2 heures aller-retour pour le lac de Melo (plutôt facile) ; 1 heure 30 de plus pour celui de Capitello (plus difficile). Attention, certains passages sont escarpés et des tronçons peuvent être glissants. N'entreprenez pas ces randonnées sans un bon équipement.

2 Vallée du Tavignano
Cette vallée n'est accessible qu'à pied. Au départ de la citadelle de Corte, un sentier bien balisé en orange suit le cours du Tavignano. Il mène en 2 heures à la passerelle de Rossolino, idyllique pour la baignade. Des chemins mènent jusqu'aux vallées du Niolo et de la Restonica. Toutefois, les randonnées sont conditionnées à l'ouverture du refuge A Sega, seule infrastructure permettant de passer la nuit dans la vallée.

3 Monte Cinto
La station du Haut-Asco est le point de départ de la montée vers le Monte Cinto (8 heures aller-retour), haut lieu de la montagne corse.

4 Vallée du Pinara
Environ 1 km en contrebas d'Asco, au niveau du pont génois, un itinéraire d'environ 3 heures 30 aller-retour mène dans cette vallée qui permettait autrefois de rejoindre le Niolo depuis Asco. Le sentier, balisé en orange, débute après le pont. Il oblige à franchir plusieurs cours d'eau à gué.

Ci-dessus : Lac de Capitello

avec la qualité ! Fromages, charcuteries, omelettes au brocciu ou un unique plat du jour. Pas de CB… mais un parking !

Bergerie fromagerie – Chez Jean-Paul et Claire En-cas corses €
(06 10 41 22 42 ; Grotelle ; plats 6-18 € ; mi-avril à mi-nov). La bonne adresse des "bergeries de Grotelle", terme générique qui semble s'appliquer davantage au site qu'à une adresse précise, c'est celle-ci ! Au bout de la route goudronnée, dans un cadre sublime, le sympathique Jean-Paul et sa fille Claire reviennent chaque année faire le fromage frais dans cette bergerie traditionnelle en pierre. Une petite restauration est servie à la bonne franquette et dans la bonne humeur sur de grosses tables en bois. Au choix, sandwichs, omelette au brocciu et à la menthe, assiette de charcuteries et, bien sûr, fromages. L'une des étapes les plus attachantes de la vallée !

Renseignements

Point d'information de la vallée de la Restonica (04 95 46 33 92 ; lieu-dit Chjarasgiolu ; juil-août). À 4 km de Corte. Horaires variables.

VALLÉE DU NIOLO

Si Corte est l'âme de la Corse, c'est dans la vallée du Niolo (Niolu en corse) que battait le cœur de l'île. Longtemps enclavée, elle fut un territoire ultime, où le pastoralisme jouait un rôle essentiel. Loin des fracas du monde moderne, cette terre de bergers produisait un fromage d'excellente réputation. Si la modernité s'y est depuis frayé un chemin, les montagnes immuables dressent encore un décor naturel de toute beauté.

L'accès à la vallée se fait par le splendide défilé de la **Scala di Santa Regina** (voir ci-contre). On arrive ensuite au cœur d'une vaste cuvette, où apparaît **Calacuccia**, la "capitale" du Niolo, flanquée de son lac. Ce dernier est artificiel : le barrage, construit dans les années 1960, est aujourd'hui le plus puissant aménagement hydroélectrique de Corse. En continuant vers l'ouest, on arrive aux villages d'**Albertacce** et de **Casamaccioli**, où se déroule le 8 septembre l'une des grandes foires centenaires de l'île : la fête de la Santa. D'Albertacce, une route secondaire monte jusqu'à **Calasima**, le plus haut village de Corse, perché à 1 100 m. Le cadre est surnaturel : où que porte le regard, il bute sur des murailles de granit. Observez les **Cinque Frati**, une série de cinq aiguilles en dents de scie. Surtout, ne manquez pas de poursuivre votre route jusqu'à la majestueuse **forêt de Valdu Niellu**, qui conclut la vallée avec magnificence.

À voir

Scala di Santa Regina Site naturel
Voie d'accès dans la vallée entre Castirla et Calacuccia, ce profond corridor de granit au fond duquel coule le Golo est bordé de vertigineuses parois atteignant 500 m. L'ensemble donne une impression de sauvagerie géologique. Par endroits, la route est construite en corniche sur des accotements renforcés par des arches de soutènement. Ce paysage minéral est l'un des plus étonnants de la région, tant par ses couleurs que par son écrasante âpreté.

Forêt de Valdu Niellu Promenade
Après Albertacce, les paysages deviennent plus verdoyants : la D84 traverse l'immense forêt de Valdu Niellu, la plus vaste de Corse, plantée en grande partie de majestueux pins laricios, de bouleaux et de hêtres. Certains arbres s'élèvent à plus de 30 m de haut et frôleraient les 300 ans. En chemin, vous passerez devant la **maison forestière de Popaghja**, point de départ de plusieurs randonnées, dont celle qui mène au **lac de Nino**.

Activités

Avec sa nature vierge et son environnement spectaculaire, le Niolo est un formidable terrain d'aventure. Située dans le village de Lozzi, à 2 km après Calacuccia en venant de la Scala di Santa Regina,

JEAN-BERNARD CARILLET ©

Canyoning dans le Niolo

l'active **Association sportive du Niolu** (AS Niolu ; ☎ 06 22 50 70 29 ; www.haute-montagne-corse.com ; rte de Cuccia, Calacuccia) est incontournable pour les activités de pleine nature dans la région. Outre la randonnée, l'escalade, le canyoning, elle a aussi équipé un **parc aventure** (☎ 06 22 50 70 29 ; www.haute-montagne-corse.com ; rte de Vergio ; adulte/4-10 ans 20/15 € ; ⏲ tlj 11h-19h juil-août, sur rdv reste de l'année) dans le cadre somptueux de la forêt de Valdu Niellu, au niveau de la maison forestière de Popaghja, 8,5 km après Albertacce sur la route du col de Vergio.

Baignade dans les vasques

À la sortie d'Albertacce en direction du col de Vergio, au niveau du pont génois appelé **Ponte Altu**, vous pourrez vous rafraîchir dans les superbes vasques émeraude du Golo.

Randonnée

Les villages du Niolo constituent une base idéale pour partir à l'assaut des grands sommets environnants (Monte Cinto, Paglia Orba), mais il existe également des balades plus faciles. Vous pourrez en théorie vous procurer la brochure *Niolu Les Randonnées* à l'office du tourisme de Calacuccia (p. 187).

Équitation

Le **Ranch U Niolu A Cavallu** (☎ 06 23 67 92 90, 06 19 64 15 29 ; www.ranchunioluacavallu.fr ; rte de Vergio, Albertacce ; ⏲ sur réservation), installé en pleine forêt à 5,5 km d'Albertacce en direction du col de Vergio, organise de superbes balades, à partir de 2 heures, et jusqu'à plusieurs jours. **La Promenâne** (☎ 06 15 29 45 64 ; www.randonnee-ane-corse.com ; 36 rue Canali, Albertacce ; ⏲ début mai-fin sept) loue pour sa part des ânes pour de courtes balades ou des randonnées d'une journée ou plus.

Canyoning

Pour les débutants, les moniteurs conseillent le **canyon de Frascaghju**, dans la forêt de Valdu Niellu. Plus sportif, le **canyon de La Ruda** est impressionnant. Les pratiquants confirmés pourront se renseigner sur le **canyon de Falcunaghja**, très aérien.

Ski de fond et raquettes

En hiver, les pistes forestières de la **forêt de Valdu Niellu** se prêtent à merveille

SI VOUS AIMEZ...

Vous baigner dans les vasques

Creusées par des torrents pendant des millions d'années au cœur d'une nature somptueuse, les vasques de rivière offrent des possibilités de baignades rafraîchissantes inespérées en été. Le petit effort qu'il faut consentir pour y accéder renforce leur attrait.

1 Vallée de la Restonica

Les plus célèbres. Les vasques les plus adaptées se situent entre l'auberge de la Restonica (p. 183) et le point d'information, et sur les trois derniers kilomètres de la route avant les bergeries de Grotelle.

2 Vallée du Travo

Jolies vasques près du village de Chisà (p. 202), dans cette vallée accessible par l'étroite D645, perpendiculaire à la T10, entre Ghisonaccia et Solenzara.

3 Pont de Noceta

Au départ de Venaco. Des vasques idylliques et peu connues.

4 Pont du Vecchio

Près de Vivario. Accès facile à la rivière. Petites cascades, bassins et ombre sur les berges. Un vrai bonheur !

5 Gorges du Manganellu

Accessibles facilement depuis Canaglia. Notre conseil : marchez jusqu'aux bergeries de Tolla. Vous trouverez de magnifiques vasques pour faire trempette le long du parcours.

Ci-dessus : Vasques du Travo, près de Chisà
EMMANUEL DAUTANT ©

à la pratique du ski de fond et des raquettes (s'adresser à l'AS Niolu, p. 185).

Où se loger

Casa Balduina Chambres d'hôtes €€

(04 95 48 08 57, 06 20 53 65 18 ; www.casabalduina.com ; lieu-dit Le Couvent, Calacuccia ; ch à partir de 69 €, petit-déj 10 € ; mai à mi-oct ; P). Jeanne Quilichini, une figure de la vallée, accueille ses hôtes dans une jolie maison aux airs de mas provençal, pourvue d'une tonnelle abondamment fleurie. Côté jardin ou côté lac, les 5 chambres, pimpantes et gaies, sont décorées dans des tons pastel avec des meubles cérusés et du carrelage à l'ancienne (lits de 140 cm).

A Pianella Chambres d'hôtes €€

(04 95 35 23 85, 06 19 92 68 35 ; www.apianella.fr ; Castirla ; d/tr/fam avec petit-déj 95/110/190 €, pers suppl 15 € ; avr-fin sep ; P). Cette belle maison couverte de lierre jouit d'une belle vue sur la vallée. Les 4 chambres sont égayées de couleurs lumineuses, de belles sdb et d'une vue sur la vallée. Vaste suite avec deux chambres triples. Table d'hôtes sur réservation (35 €).

Casa Vanella Chambres d'hôtes €€

(06 15 75 16 37 ; www.chambres-hotes-corse-niolu.com ; Casamaccioli ; d/ste fam 2/3/4pers avec petit-déj 75-110/75-110/95-130/150-220 €, table d'hôtes adulte/-10 ans 28/10 € ; P). Face au village de Casamaccioli, la demeure récente se double d'un bâtiment mitoyen très design, à disposition des hôtes : salon, cuisine et grandes baies vitrées offrant une vue panoramique sur les plus hautes montagnes de Corse. Les 4 chambres avec vue sont impeccables, joliment décorées et profitent d'un bon niveau de confort ; deux disposent d'une terrasse ; également une suite familiale de deux chambres avec terrasse. Table d'hôtes sur réservation, jeux pour les enfants dans le jardin et vasques à proximité. L'une des rares adresses à être ouverte toute l'année.

Où se restaurer

A Casa Niulinca Corse €
(04 95 48 04 85, 06 03 35 60 03 ; av. de la Scala, Calacuccia ; plats 12-21 € ; tlj fin juil-début sept, tlj sf mar ou mer mai-oct, soir ven-sam nov à mi-avr). Ne vous fiez pas à la situation peu engageante au bord de la route : vous trouverez ici une cuisine de belle qualité et des produits en direct de la ferme familiale et de producteurs des alentours. Charcuteries et fromages à tomber ! Salle intérieure chaleureuse et vente de produits locaux sur place.

Restaurant du Lac Bar-restaurant €€
(04 95 48 02 73 ; Sidossi ; plats 12-24 € ; 12h-14h et 19h30-22h30 tlj avr à mi-oct). Non loin du lac, cette adresse propose une cuisine de qualité dans un cadre agréable, malgré l'absence de vue sur le lac. Pas de CB.

Renseignements

Office du tourisme de Calacuccia (04 95 47 12 62 ; av. de Valdu-Niellu, Calacuccia ; avr-oct). Brochure *Niolu Les Randonnées* contenant un descriptif de 5 randonnées dans les environs.

VALLÉE DE L'ASCO

Autre bijou du Centre Corse, la vallée de l'Asco forme une longue entaille d'une trentaine de kilomètres au nord de Corte. Dominés par des crêtes rocheuses, dont le Monte Cinto, ces 16 000 ha de nature très préservés présentent également l'avantage d'être peu fréquentés. Sauvage, austère, envoûtante, cette vallée reculée forme un sanctuaire pour plusieurs espèces, dont le mouflon, le gypaète et la sittelle. L'accès est facile : il suffit de suivre la D47, à quelques kilomètres au nord du village de Ponte-Leccia. Il existe de nombreuses vasques où se baigner dans des eaux calmes et peu profondes tout au long de la vallée.

À voir

En remontant la vallée au fil de la D47, vous longerez d'abord la basse vallée de l'Asco, où se trouve le **Village des Tortues** (04 95 47 85 03 ; villagedestortues.wordpress.com ; rte d'Asco ; adulte/5-16 ans 6/3 €, gratuit -5 ans, animaux interdits ; tlj 9h30-13h et 14h30-19h mi-mai à mi-sept , dernière entrée

Pont génois dans la vallée de l'Asco

1h avt fermeture matin et soir), un centre d'élevage consacré à la tortue d'Hermann, la dernière tortue terrestre en France.

La route se poursuit dans un cadre naturel magnifique, avec les villages de **Moltifao** et de **Castifao** bâtis en balcon sur la vallée. Elle traverse ensuite de superbes gorges sauvages, où il est possible de se baigner. Vous pouvez faire un détour jusqu'au **couvent San Francescu di Caccia**, un monument du XVIe siècle en ruine, dont se dégage une atmosphère mystérieuse. La route rejoint ensuite le village d'**Asco**, réputé pour son miel, aux qualités gustatives exceptionnelles. En contrebas d'Asco, se trouve un remarquable **pont génois** en dos d'âne enjambant la rivière.

Après Asco, le paysage se fait nettement plus montagnard. La route traverse une belle forêt de pins laricios centenaires puis, 15 km plus loin, la station du **Haut-Asco**. Terminus : cette station de ski située sur le tracé du GR®20, culmine à plus de 1 400 m d'altitude. Désaffectée en 1992 à la suite d'intempéries, elle a fait l'objet de travaux et a finalement repris du service en 2016. L'hiver, elle dispose d'un téléski desservant quelques pistes vertes et bleues. La **Maison de la montagne** (04 95 32 43 40 ; asco.corsica) vend les forfaits de téléski (demi-journée/journée/-8 ans 10/15/10 €) et propose des locations de skis et de chaussures (20 €). L'été, la station est très fréquentée par les randonneurs du GR®20 et d'autres marcheurs. Vous pourrez jeter un coup d'œil à la **Maison du Mouflon** (04 95 32 43 40 ; asco.corsica ; Haut-Asco ; 2,50 € ; hsur demande les jours d'ouverture de la station), un petit écomusée sur la faune et la flore de la vallée.

Activités

La vallée est avant tout fréquentée par les randonneurs. D'autres activités de plein air sont proposées par **In Terra Corsa** (04 95 47 69 48 ; interracorsa.com ; rte de Calvi, Ponte-Leccia ; tte l'année, sur réservation), agence efficace et professionnelle basée à la sortie de Ponte-Leccia en direction de la vallée. Notez que les tarifs sont assez élevés.

Vallée de l'Asco

FABIEN/ADOBESTOCK ©

VAUT LE DÉTOUR
Le Boziu

Le splendide, rude et très paisible Boziu (Bozio), microrégion méconnue aux allures mystérieuses et impénétrables, commence aux portes de Corte. Vous y découvrirez des paysages immenses, de profondes vallées boisées, des cimes altières, des points de vue sublimes, de pittoresques villages de pierre bâtis en sentinelle et des chapelles magnifiques. Quiétude des villages, sentiers pédestres peu foulés ou tortueuses routes désertes... Ici se découvre un autre visage de la Corse : loin, très loin, des foules.

De Corte, suivez la T20 (ancienne N193) vers le nord, puis bifurquez après 5 km à droite sur la D41 en direction de **Tralonca**. Continuez vers **Santa-Lucia-di-Mercurio**, puis **Sermano**. À 10 minutes du village, en contrebas, la superbe **chapelle romane San-Nicolao** renferme des fresques du XVe siècle (demandez les clés au gîte d'étape de Sermano). Poursuivez jusqu'au magnifique village de **Bustanico** et flânez entre les vieilles demeures de pierre. Prenez ensuite la direction d'**Alando**, à 2,5 km, où se trouve le **couvent San-Francescu-di-u-Boziu**. Vous pourrez séjourner au **couvent d'Alando** (06 38 49 53 49, 04 95 48 64 21 ; chambresdhotes-corte.fr ; Alando ; d 80 € ; table d'hôtes 24 € ;). Continuez jusqu'à **Favalello**, à 3 km, pour admirer les fresques de la **chapelle Santa-Maria-Assunta**, devant la mairie. La maison d'hôtes **A Casa Aperta** (04 95 61 09 21, 06 80 58 31 50 ; www.a-casa-aperta.com ; plaine du Féo, Favalello ; s/d/tr avec petit-déj 71-82/80-88/95-100 € ; avr-oct ; P) est une bonne option pour s'arrêter.

Poursuivez sur 1 km puis prenez à gauche la D339. Vous rejoindrez en environ 9 km **Sant'Andria di Boziu** et sa magnifique "**cathédrale**" dont le clocher, véritable phare du Boziu, culmine à 37 m de hauteur. Vous pourrez faire halte à la charmante **Casa Capellini** (06 14 74 44 98 ; Sant'Andria di Boziu ; d avec petit-déj 90-140 € ; avr-oct ; P).

Vous pourrez ensuite gagner le village voisin de **Mazzola** puis le hameau de **Piedilacorte**, où se dresse une très belle église, qui semble toiser les vallées environnantes. Cap ensuite sur **Erbajola**, où la **chapelle San-Martinu**, un émouvant petit bâtiment au toit de lauzes, est accessible par un chemin empierré en 15 minutes de marche. D'Erbajola, suivez la direction de **Foccichia** (6 km) et d'**Altiani** (8 km), avant de reprendre la T50 vers Corte.

L'agence a aménagé le **Parc Asco Vallée Aventure** (aventureparc.corsica), équipé de nombreuses vias ferratas et tyroliennes, avec 6 niveaux différents (adulte/4-16 ans 29-45/27 € selon niveau, location matériel incluse). Elle propose aussi des sorties **canyoning** (adulte/7-12 ans 45-100/39-84 € selon canyon et niveau) pour tous niveaux : le canyon le plus facile, le Stranciacone, convient aux débutants et s'apparente davantage à une randonnée aquatique.

En hiver, vous pouvez découvrir la vallée lors de sorties à raquettes et suivre des cours de ski.

Randonnée

La station du Haut-Asco, fréquentée en été par les randonneurs du GR®20, manque de balades balisées à la journée. Pour marcher quelques heures, faites l'itinéraire de la **vallée du Pinara**. Vous pouvez aussi vous élancer sur un petit **tronçon du GR®20** depuis le Haut-Asco. Vers le sud, le sentier met le cap vers le refuge de Tighjettu, en passant au pied

INSOLITE !

Porcins coureurs

N'en déplaise à une célèbre bande dessinée, il n'y a pas plus de cochons sauvages que de sangliers domestiques en Corse. Les porcins que vous pourrez voir en grand nombre s'égailler au bord des routes de l'intérieur de l'île sont des porcs domestiques élevés dans un cadre particulier, désignés sous le terme de "cochons coureurs". Contrairement à une idée reçue, ils ne sont pas issus d'un croisement avec le sanglier, avec lequel ils n'ont de commun que la couleur foncée de la robe, noire ou rousse, ainsi qu'une grande rusticité et une robustesse caractéristique de leur race.

La saveur particulière de leur viande est due à leur alimentation. Livrés à eux-mêmes – ce qui explique leur voracité –, ils se nourrissent de glands et de châtaignes, allongés d'un complément à certaines périodes de l'année. Ils sont abattus après avoir grandi entre 12 et 24 mois, le plus souvent dans des élevages familiaux. On en dénombre environ 45 000 dans toute l'île.

La charcuterie ainsi produite est aussi excellente que... chère. En été, de nombreuses spécialités prétendument corses sont élaborées à base de viande de porc importée...

du Monte Cinto. Vers le nord, le GR® prend la direction du refuge de Carozzu.

Baignade dans les vasques

Vous trouverez de nombreux sites de baignade tout au long de la vallée, notamment au niveau d'un pont, au lieu-dit Mulindina, 9 km avant Asco ; puis d'un autre pont 5 km environ après la localité.

Où se loger et se restaurer

Les adresses ci-dessous sont présentées dans l'ordre où vous les trouverez en remontant la vallée depuis Ponte-Leccia.

La Ventulella Chambres d'hôtes **€-€€**
(04 95 35 36 65/06 71 93 27 62 ; www.ventulella.com ; d avec petit-déj 65-95 € selon confort et saison, lit supp 15 € ; tte l'année ; P). Au-dessus de Moltifato, cette imposante demeure des années 1940 ne manque pas de charme. Depuis l'immense terrasse, la vue s'échappe sur les 7 ha d'oliviers, d'amandiers et de chênes de la propriété avec, au loin, les aiguilles de Popolasca. Avec une décoration fraîche et soignée, les 3 chambres confortables ont tout une salle de bain privative : certaines ont de belles terrasses. Assiette régionale en haute saison (15 €), et table d'hôtes sur réservation le reste de l'année (25 €).

E Cime Auberge-studios **€€**
(04 95 47 81 84, 06 83 42 10 78 ; www.e-cime.com ; studio 2/3/4 pers 80/90/105 € par nuit ; demi-pension 33 € ; plats 10-27 €, menu 19 € ; avr-sept ; P). À la sortie du village, cette auberge offre un somptueux panorama, qui embrasse les vallées de l'Asco, de Pinnera et du Capo Bianco. Simplement décorées, les 4 studios sont accueillants, impeccables, climatisés et dotés d'un balcon ou d'une terrasse (2 nuits minimum). Enfin, sur place, vous dégusterez d'excellentes viandes grillées au feu de bois. Accueil chaleureux des propriétaires. Tout cela fait vite oublier le peu de charme architectural de la bâtisse, assez moderne !

Miellerie d'Asco Boutique-restaurant **€**
(06 47 50 06 71 ; www.miel-corse-asco-guidoni.net ; 1 rue Poggiola, Asco ; sandwichs et plats 3,50-24 s € ; tlj 8h-19h avr à mi-oct). Juste à l'entrée d'Asco, cette boutique

réputée pour ses miels artisanaux se double d'un accueillant petit restaurant où tout est fait maison. Une bonne source d'informations sur la vallée.

Camping Monte Cinto Camping €

(☎04 95 47 86 08 ; www.campingmontecinto-asco.com ; adulte/-12 ans/voiture/tente/camping-car 6/3/3/3/7 € ; ⏲mai-oct). Magnifiquement situé en pleine forêt, 10,5 km au-dessus d'Asco et 4,5 km avant la station, à 1 050 m d'altitude. Hors saison, on se croirait au bout du monde, bercé par les cloches des vaches et le bruit de la rivière qui offre de petites "plages" où se baigner.

Renseignements

Office du tourisme intercommunal-Vallée du Golo (☎04 95 30 66 32 ; www.tourisme-pasqualepaoli.corsica ; pl. de la Gare, Ponte-Leccia)

DE CORTE À VIZZAVONA

De Corte, la T20 suit son cours en direction d'Ajaccio en traversant les superbes paysages du centre de l'île, dominés par les imposantes silhouettes du Monte d'Oro et du Monte Rotondo. Les forêts deviennent de plus en plus denses à mesure que l'on s'approche de Vizzavona.

Venaco et environs

Entre Corte et Vizzavona, le Venacais est une région sauvage et tranquille, piquetée de quelques villages et hameaux au milieu de forêts profondes. À 600 m d'altitude, Venaco (660 habitants), la principale localité, surplombe la vallée du Tavignano. Réputé pour les truites de ses torrents et les fromages de ses brebis, ce bourg naguère actif semble quelque peu assoupi.

Activités

À l'entrée de Venaco en venant d'Ajaccio, la D143 descend dans la vallée et mène au **pont de Noceta**, à 5 km, où vous pourrez vous baigner dans le Vecchio. Altipiani (p. 178), à Corte, propose du **canyoning** dans des sites peu fréquentés.

Où se loger et se restaurer

U Frascone Hôtel €€

(☎04 95 47 00 85 ; www.ufrascone.com ; T20 ; d/qua 69-92/128-154 €, buffet petit-déj 10 € ; ⏲avr-oct ; P 📶 ❄). À l'entrée sud de Venaco, il s'agit de l'une des adresses les plus séduisantes des environs. Cette bâtisse du XIXe allie le charme des volumes anciens et le peps d'une décoration élaborée : mêlant vintage, ancien, contemporain et notes acidulées, le style est très réussi. Elle compte une douzaine de chambres agréables, spacieuses pour la plupart, et confortables (bonne literie, TV, etc.), ainsi qu'une belle terrasse.

A Cantina di Matteu Corse €

(☎04 95 31 79 86 ; T20 ; sandwichs 6 €, plats 14 € environ ; ⏲tlj midi et soir, fermé dim hors saison). Matteu Leonelli et son épouse vendent des produits corses de la région, rigoureusement sélectionnés dans leur toute petite boutique. Également assiettes de charcuteries ou de fromages, servies avec un bon verre de vin ou de la bière corse, des tripettes avec des pommes de terre vapeur. En hiver, c'est ici qu'il faut venir déguster le *figatellu* grillé au feu de bois ! Accueil très sympathique.

Vivario

Cerné de montagnes et resserré autour de son église, Vivario est un joli bourg dont les toits de tuiles se détachent sur le vert des forêts environnantes. L'une des curiosités des environs est le **pont du Vecchio**, qui enjambe la rivière du même nom, à 3 km au nord, et qui est réputé pour ses **vasques**. Cet ouvrage d'art en forme de viaduc se distingue par son manteau métallique, œuvre de Gustave Eiffel. L'ensemble est doublé d'un pont moderne en béton, assez disgracieux.

Où se loger et se restaurer

U Campanile Hôtel-restaurant €€

(04 95 47 22 00, 06 19 53 56 54 ; www.hotel-restaurant-ucampanile.com ; d/tr 70/80 €, demi-pension 25 €, petit-déj 10 € ; plats 12-18 €, menu 28 € ; tte l'année sf fin déc à début jan ; P). Face à l'église, au bord de la route principale, cette maison de village renferme 5 jolies petites chambres avec salle de bains. Outre une décoration soignée, deux d'entre elles profitent d'un balcon avec vue sur la vallée. Les lieux dégagent tout le charme d'une résidence de campagne. Le restaurant concocte de bonnes spécialités corses servies sur la jolie terrasse ou dans sa salle cosy, le tout pour un bon rapport qualité/prix.

Auberge E Valle Restaurant €€

(06 83 90 06 91 ; pl. de la Fontaine ; plats 9-18 € ; tlj). Au cœur du village, cette adresse est tenue par Mathieu, le fils de Simon-Paul Muracciole, éleveur-producteur de porcs Nustrale à Muracciole. En plus d'une excellente charcuterie, on y sert pâtes, grillades et salades avec entrain ; et avec l'amour des bons produits. Belle carte de vins corses.

Achats

Bergerie Loefgen Fromages

(04 95 47 23 62, 06 78 55 59 21 ; lieu-dit Arca, Muracciole). Le fromage de brebis fermier au lait cru de chez Loefgen, primé, est réputé comme l'un des meilleurs. L'endroit se mérite : il faut marcher une vingtaine de minutes le long d'un sentier depuis le hameau de Muracciole. Venez l'après-midi de préférence, de février à juin. Et téléphonez avant, car la production part vite. Sinon, demandez du "Loefgen" dans les boutiques de produits corses de la région… Selon les récoltes, vous pourrez également trouver du miel produit par le fils, Romain.

Vizzavona

Un peu de fraîcheur ! Bien connue des randonneurs du GR®20, Vizzavona est synonyme d'altitude et de forêt. Traversée par la route reliant Ajaccio à Bastia via Corte et l'intérieur des terres, la région compte en effet plus de 1 600 ha de forêt de hêtres et de pins laricios, dont certains seraient séculaires. Vous aurez l'embarras du choix pour découvrir la magnifique **forêt de Vizzavona**, tant les sentiers pédestres qui la sillonnent sont nombreux. Redoutée au XIXe siècle car des bandits avaient l'habitude d'y rançonner les voyageurs, elle est redevenue un havre de paix.

Dominée par le **Monte d'Oro** (2 389 m), cinquième sommet de l'île, Vizzavona est elle-même nichée dans la forêt, centrée autour de sa gare, à 700 m de la route nationale. Elle se limite à une poignée de maisons et d'hôtels formant une minuscule localité de quelques dizaines d'habitants, aussi insolite que pittoresque. Le **col de Vizzavona** (1 163 m) est situé 3 km plus au sud.

Activités

Parc aventure et canyoning

Aménagé au col de Vizzavona par la société Corsica Natura, le **Parc Aventure Vizzavona** (04 95 37 28 41, 06 75 94 27 74 ; www.corsicanatura-activites.fr ; col de Vizzavona ; adulte/7-15 ans/4-6 ans 25/20/15 €, tarifs groupe à partir de 6 pers ; tlj 9h-19h juil-août, sur réservation 12h-18h mi-juin à mi-sept ; P) vous emmènera tutoyer les hêtres et les pins laricios. Équipés d'une ligne de vie continue, 14 parcours présentent 6 niveaux de difficulté.

Corsica Natura organise également des sorties **canyoning** et des **randonnées aquatiques** pour adultes et enfants à partir de 7 ans (adulte 45-70 € selon parcours).

Randonnée

La **forêt de Vizzavona** est sillonnée de nombreux sentiers balisés. Un panneau descriptif, face à la gare, recense les principaux. Nos préférés : les **cascades des Anglais**, d'accès facile (compter 1 heure 30 aller), et celle du **Voile**

En haut : Penta-di-Casinca (p.195) ;
en bas à gauche : Cascade des Anglais (p. 194) ;
en bas à droite : village en Castagniccia (p. 196)

de la Mariée, qu'il faudra rejoindre en voiture depuis Bocognano.

Où se loger et se restaurer

Le Vizzavona Hôtel-restaurant €€
(04 95 47 21 12 ; www.hotel-vizzavona.com ; Vizzavona ; d hôtel 105-125 € selon confort et saison, d/tr chalet 80/100 €, petit-déj 10 €, dîner 22 € ; plats 12-25 €, formule midi 15 € ; mi-mai à fin sept ; P). À 50 m de la gare, cette imposante demeure de 1904 entourée d'un grand jardin ne manque pas de charme. Entièrement refaite, elle propose, sur trois niveaux, 11 chambres spacieuses avec salle de bains. Impeccables et accueillantes, elles arborent une décoration sobre et dans l'air du temps. À l'arrière, l'ancien logement des palefreniers a été aménagé en chalet, avec 4 chambres (doubles et triple) et sdb commune. Une chambre adaptée aux personnes handicapées a également été aménagée dans un nouveau bâtiment, dans le parc. Le restaurant propose une cuisine à base de produits locaux, de moins bonne facture. CB acceptée.

LA CASINCA

Aux portes de Bastia et face à la plaine orientale, la minuscule Casinca a su garder son côté sauvage, entre mer et montagne. Ses gros bourgs aux hautes maisons de schiste sombre, adossés aux collines, semblent surgir comme par enchantement des forêts de châtaigniers et d'oliviers.

Vescovato

À quelques kilomètres de la côte par la D237, Vescovato apparaît au détour d'un virage. Le bourg fut au XVe siècle la résidence de l'évêché. Découvrez à pied les ruelles du centre du bourg et le passage couvert médiéval, taillé dans la roche, appelé **"a loghja"**. Il débouche sur un parvis où se dresse l'**église San Martino**, du XIVe siècle, de style baroque.

Où se loger et se restaurer

Domaine de Valle Chambres d'hôtes €
(04 95 38 93 03 ; www.domainedevalle.fr ; T10, Querciolo ; s/d/tr avec petit-déj 65-75/ 70-80/90-100 € selon durée et saison ; jan à mi-déc ;). Bon point de chute proche de la mer et des villages de la Casinca, cette maison d'hôtes offre l'un des meilleurs rapports qualité/prix des environs. Cet ancien relais de diligence se dresse au milieu d'une propriété arborée. Les 4 chambres sont accueillantes et claires, avec du beau carrelage et des sanitaires impeccables. L'huile d'olive AOP produite sur le domaine est excellente, tout comme la confiture de clémentines. Pas de CB.

L'Ortu Table bio à la ferme €€
(04 95 36 64 69 ; rte de Venzolasca, Vescovato ; plats 10-30 € ; midi et soir ven-dim mai-sept). Précurseur de la cuisine bio sur l'île, L'Ortu vous accueille entre Vescovato et Venzolasca. On y redécouvre le goût du potager et des choses simples ainsi que quelques suggestions plus sophistiquées. La cuisine fraîche et goûteuse est servie avec le sourire dans un cadre champêtre et agréable. Pensez à réserver. Pas de CB.

A Mustaccina Restaurant €€
(06 28 54 27 68 ; pl. du village, Vescovato ; plats 11-21 € ; midi et soir tlj). Sur la sympathique place principale de Vescovato, cette adresse profite d'une agréable terrasse. La surprise est surtout du côté des assiettes, fraîches et colorées, ornées de fleurs comestibles : lasagnes, pâtes fraîches, salades variées et autres mets traditionnels revisités ravissent les papilles, tout en restant dans une certaine simplicité... et des prix sages. Service souriant.

Penta-di-Casinca

Quelques kilomètres plus loin, Penta-di-Casinca est classé "site pittoresque" depuis 1973. Le village compte parmi les plus beaux et les plus étonnants de l'île : perché sur une colline, il est bâti le long d'une ruelle unique, parallèlement à la côte. Le panorama est superbe. Il séduit par ses belles maisons en lauze de schiste vert et son église baroque. Un intéressant **sentier du patrimoine** (50 min) traverse les ruelles et les différents "quartiers" du village.

Où se restaurer

U Fornu Corse €

(06 13 08 39 48 ; plats 10-21 € ; midi et soir tlj mai-sept). Avec une vue magnifique sur la Casinca, on déguste ici une cuisine corse traditionnelle : travers de porc, camembert rôti, mix entrecôte, charcuterie, beignets de fromages frais (mardi), soupe corse (jeudi), curatella d'agneau (vendredi). L'ardoise varie selon les saisons et les arrivages. En contrebas de la rue principale (et unique !). Réservation conseillée.

Loreto-di-Casinca

La vision du village de Loreto-di-Casinca (180 habitants), littéralement posé sur un éperon à 630 m d'altitude, est impressionnante. Ses toits de lauzes irrégulières et son beau patrimoine contribuent à son charme. Ombragée de platanes centenaires, son immense place centrale (A Piana) a été autrefois aménagée pour accueillir les nombreux pèlerins venant se recueillir pour la fête de la Vierge, le 8 septembre : en 1480, on en a recensé jusqu'à 50 000 ! Plus loin dans le village, l'église Sant' Andria, de style baroque, date de 1760 et abrite de nombreux ex-voto. Au "belvédère" se déploie un panorama sur les alentours et, par temps clair, jusqu'aux îles de l'archipel toscan.

Où se restaurer

U Rataghju Corse €€

(04 95 36 30 66 ; menu 30 € ; tte l'année, midi et soir). Dans le superbe décor d'un ancien séchoir à châtaignes, ce restaurant accueillant vous fera découvrir les châtaignes autour d'un copieux menu : charcuterie, ragoût de viande, beignets au fromage frais, fromages corses et confiture de figues maison.

Monte San Petrone dominant la Castagniccia (p. 196)

HASSAN BENSLIMAN/ADOBESTOCK ©

VAUT LE DÉTOUR
Maison natale de Pascal Paoli

Gros bourg au charme rustique posé dans la montagne entre Ponte-Leccia et La Porta, **Morosaglia** est avant tout célèbre pour être le lieu de naissance de Pascal Paoli, que ses concitoyens appellent très respectueusement *Babbu di a Patria* ("Père de la patrie"). La **Maison natale de Pascal Paoli** (☎04 95 61 04 97 ; www.isula.corsica/musees ; hameau de Stretta ; tarif plein/réduit 4/3 €, gratuit -10 ans et 1er et 2e sam de déc ; ⏱lun-sam 9h-18h 1er oct-15 mai, tlj 9h-18h 16 mai-30 sept, fermeture annuelle 23 déc-14 jan) comprend 4 salles où sont présentés des peintures, des livres, des lettres et des habits d'époque. La dépouille de Paoli, rapatriée en grande pompe d'Angleterre où il mourut en exil en 1807, repose dans la chapelle qui jouxte le musée. Une visite virtuelle sur tablette est mise à disposition pour les malvoyants.

Ci-dessus : Statue de Pascal Paoli
JFBERNARD/ADOBESOTCK ©

LA CASTAGNICCIA

Parcourue de mille cours d'eau, découpée en collines ou en montagnes et sillonnée d'un réseau de routes formant d'interminables lacets, la Castagniccia est un monde à part. Sereine et boisée, cette belle région doit son nom aux innombrables châtaigniers qui furent plantés à l'époque génoise. De son épais manteau végétal émergent des villages aux maisons de pierres sèches coiffées de toits de lauzes. Ici et là apparaissent aussi les vestiges de son riche passé. En arrière-plan se dessine la silhouette du Monte San Petrone culminant à 1 767 m d'altitude.

L'itinéraire ci-dessous part de La Porta (la "porte" de la Castagniccia) et se dirige vers le littoral sud. Le village de Cervione, la corniche de la Castagniccia et les villages du Morianincu, qui relèvent officiellement de la Costa Verde, s'inscrivent logiquement dans la suite de ce circuit.

La Porta

Étirée le long de sa rue principale, La Porta peut être considérée, comme son nom l'indique, comme la "porte" de la Castagniccia. Le village coule des jours paisibles au pied du bâtiment qui fait sa fierté : une église baroque flanquée d'un impressionnant campanile.

À voir

Église Saint-Jean-Baptiste Baroque
Construite entre 1648 et 1680, l'église Saint-Jean-Baptiste et son étonnant **campanile** haut de 45 m justifient à eux seuls une visite de La Porta. Dotée d'une magnifique façade ocre et blanc, l'église est considérée comme l'un des plus beaux édifices baroques de Corse. Elle abrite un orgue artisanal de 1780.

Activités

Randonnée

Outre le sentier Mare a Mare® Nord, de nombreuses randonnées sont balisées en Castagniccia. Procurez-vous la brochure *Sentiers pédestres de Costa Verde* (téléchargeable sur castagniccia-maremonti.com) qui recense 20 boucles de tous niveaux (balisage orange). Vous pourrez par exemple vous lancer à l'assaut du Monte San Petrone (environ 6 heures aller-retour) depuis le col de Prato.

Vélo

Neuf **itinéraires de VTT-FFC** balisés (de 1,5 km à 21 km), de niveau très facile à très difficile, sillonnent le territoire, ainsi que 9 **parcours de vélo** regroupés sous l'appellation "Espace Cyclosport" (brochures disponibles à l'office du tourisme et téléchargeables en ligne sur castagniccia-maremonti.com). Notez aussi la **voie douce Prunete-Moriani** de 6 km entre Moriani-Plage et Prunete, le long de la côte.

Où se loger et se restaurer

L'Appollu Hôtel-restaurant €€

(☎ 04 20 13 03 03 ; www.lappollu.com ; d-app 80-130 € ; plats 9-25 € ; ⏲ tte l'année ; P ❄ ≋ ᯤ). De loin meilleur rapport qualité/prix de la région. Ouvert en 2017 dans l'ancienne gendarmerie, cet hôtel moderne offre un impressionnant niveau de confort. Les appartements à la décoration contemporaine abritent de vastes chambres soignées et des salles de bains impeccables. Belle piscine chauffée. Excellente restauration également : pâtes, pizzas, "sushi bar"... Les plats, très copieux et d'une grande fraîcheur, sont parfaitement maîtrisés. À l'entrée de La Porta, légèrement en contrebas.

Piedicroce et environs

Bourg actif à flanc de montagne, au pied du Monte San Petrone, Piedicroce est un carrefour de la Castagniccia qui peut servir de base pour rayonner dans la région.

À voir

Un itinéraire de traverse intéressant consiste à emprunter la D506, puis la D46, jusqu'à **Parata**, qui présente une très belle église baroque. De là, un sentier pédestre mène en 1 heure 30 à pied à la **chapelle de San Bertuli d'Orezza**, édifice médiéval dominant toute la *conca* (vallée).

Prenez également le temps de découvrir **Verdèse**, un magnifique hameau, où le temps semble s'être arrêté.Il est indiqué sur la droite après Campana : suivez sur quelques kilomètres la route noyée sous les frondaisons des châtaigniers. Vous y trouverez un bel espace de création.

Village de Cervione (p. 200)

Église Saint-Pierre-et-Saint-Paul — Baroque

Au centre du village de Piedicroce, cette très belle église classée monument historique se distingue par sa façade baroque colorée, chef-d'œuvre du XVIIe siècle admirablement restauré. À l'intérieur, son buffet d'orgues, le plus ancien de l'île, mérite le coup d'œil. Il résonne encore régulièrement dans l'édifice.

Couvent d'Orezza — Ruines

À 1 km de Piedicroce, en direction de Campana, les ruines du couvent d'Orezza vous attendent en bord de route. Fondé en 1485 par des franciscains, il fut détruit par des soldats allemands en 1943. Le campanile, enserré de lierre, est toujours debout. L'édifice fut un haut lieu de l'indépendance corse : on raconte que Pascal Paoli et Napoléon Bonaparte y auraient mené des tractations secrètes.

Eaux d'Orezza — Site d'embouteillage

(04 95 39 10 00 ; orezza.com ; boutique tlj 10h30-18h30 mi-juin à mi-sept). De Piedicroce, une route passe à **Stazzona** et descend jusqu'au site des Eaux d'Orezza. Cette ancienne station thermale jadis réputée pour ses eaux ferrugineuses est maintenant le site d'embouteillage de la plus célèbre eau gazeuse corse. L'atelier ne se visite pas, mais il est possible de se promener librement autour. Boutique et vente d'eau sur place en saison.

Où se loger et se restaurer

Les Prairies — Camping à la ferme €

(06 88 12 33 42 ; Rumitoriu ; camping 2 adultes + véhicule + tente 20 €, enfant 5 € ; juin-sept). À mi-chemin entre Piedicroce (11 km) et la côte (13 km) sur la D506, ce camping comblera les amoureux de nature. Les campeurs s'installent sous d'immenses châtaigniers et disposent d'un bloc sanitaire bien entretenu. Possibilité de pêcher ou de se baigner dans le Fiumalto, tout proche. Pas d'accès individuel à l'électricité, mais réfrigérateurs, congélateurs et prises à disposition.

La Diligence — Chambres d'hôtes €€

(04 95 34 26 33, 06 13 21 50 07 ; www.la-diligence.net ; Verdèse ; ch 2 nuits mini avec petit-déj 140-230 €, demi-pension adulte/enfant 30/15 € ; avr- à mi-oct). Au pied du haut campanile baroque du paisible village de Verdèse, à 3,5 km de Campana, cet ancien relais muletier abrite 5 chambres différentes, à la décoration fraîche et campagnarde : poutres apparentes, mobilier ancien, cheminée… L'ensemble recueille de très bons échos.

De Piedicroce à Cervione

Ce bel itinéraire serpente sur 35 km dans un environnement boisé, ponctué de villages. Depuis Piedicroce, la D71 croise le hameau de **Carcheto**, puis se poursuit jusqu'au **col d'Arcarotta** (819 m). Après le col, vous pouvez faire un détour via le **couvent Saint-François d'Alesani**, ou poursuivre le parcours sur 14 km – rythmé par d'interminables virages et d'extraordinaires panoramas – jusqu'à **Ortale** et, 12 km plus loin, via un chemin à flanc de montagne, **Sant'Andrea-di-Cotone**, avant de rejoindre, 4 km plus loin, Cervione.

À voir

Carcheto — Hameau

Remarquable pour ses maisons en pierres sèches et son **église Sainte-Marguerite** (XVIe siècle), le hameau est le point de départ d'un sentier menant à la **cascade de la Struccia**, qui jaillit à 15 m de haut.

Couvent Saint-François d'Alesani — Site historique

(06 79 71 41 91 ; Piazzali ; www.couvent-alesani.fr ; horaires variables). GRATUIT Blotti au cœur d'un vallon, ce couvent, ponctué d'un joli cloître livré aux herbes folles, fut originellement construit au XIIIe siècle par l'ordre des Franciscains, puis déplacé sur ce site à une date inconnue. Il fut le théâtre d'un étonnant épisode : en 1736, après 7 ans de guerre contre l'occupant génois, Théodore Ier, baron de Neuhoff,

y fut proclamé premier roi de Corse et couronné pour seulement 9 mois de règne.

Où se loger et se restaurer

Auberge des Deux Vallées Terroir €

(☎06 83 91 42 43, 04 95 33 73 74 ; col d'Arcarotta ; d avec petit-déj 45 € ; plats 6-12 € ; ⏲tlj mai à mi-oct). Au col d'Arcarotta, cette auberge profite d'une terrasse dont le panorama porte jusqu'à la mer. Sincère et goûteuse, la cuisine est confectionnée à base de produits frais et maison... Une belle expérience. Pas de CB.

Castellu d'Orezza Chambres d'hôtes €€€

(☎06 07 47 65 08 ; castelludorezza.com ; Carcheto ; d 110-125 €, petit-déj 12 € ; wifi). Au cœur de Carcheto, cette belle maison d'hôtes est une valeur sûre. Composés de deux bâtisses du XVIe et du XVIIIe, dont l'une est dédiée aux chambres d'hôtes, les lieux respirent le charme de l'authenticité. Les 5 chambres, claires, impeccables et soigneusement décorées, offrent un très bon niveau de confort. Petit-déjeuner bio servi en terrasse, table d'hôtes, plateau ou panier-repas sur demande, vélo à disposition et bons conseils prodigués par André, le maître des lieux.

LE MORIANINCU ET LA COSTA VERDE

Entourés par la Casinca au nord, la Castagniccia à l'ouest et la Costa Serena au sud, les villages du Morianincu – dont Cervione – s'inscrivent naturellement dans le prolongement d'une visite de la Castagniccia, notamment via la fameuse corniche de la Castagniccia. Côté littoral, la Costa Verde offre une façade maritime plutôt décevante, dont l'épicentre est Moriani-Plage.

Cervione

Surprise au milieu de la quiétude régionale : ce village de caractère concentre l'animation alentour ! Agencé en amphithéâtre à plus

Chapelle de Serrale, sur la commune de San-Giovanni-di-Moriani

EMMANUEL DAUTANT ©

de 300 m d'altitude, il déroule des ruelles pavées, des passages voûtés et un beau panorama sur la plaine. Il se distingue par un passé d'une grande richesse : Cervione fut en effet une villégiature estivale à l'époque romaine, une capitale sous le roi Théodore de Neuhoff, puis la résidence des évêques d'Aléria à partir de 1578.

À voir

Cathédrale Saint-Érasme — Baroque

Étonnante dans ce bourg modeste, cette remarquable cathédrale baroque est flanquée d'un majestueux campanile du début du XVIIIe siècle. Sa façade a été complètement restaurée en 2019. Au centre de Cervione, sur une placette aux faux airs de décor de cinéma.

Musée ethnographique de l'Adecec — Patrimoine

(04 95 38 12 83 ; www.adecec.net ; pl. du Musée ; adulte/enfant 5/2 € ; 9h-12h et 14h30-18h lun-sam). Au pied de la cathédrale, dans l'ancienne demeure de l'évêque d'Aléria, ce lieu de mémoire du patrimoine insulaire présente un panorama des métiers et des traditions corses au fil de ses 14 salles. Visites guidées sur réservation.

Où se loger et se restaurer

A Balamata — Chambres d'hôtes €

(04 95 38 15 69, 06 23 50 10 68 ; A Traversa, Cervione ; d avec petit-déj 70 € ; tte l'année ;). En plein cœur du village, A Balamata propose des chambres d'hôtef confortables dans une belle demeure ancienne. Cette dernière conserve le charme de l'ancien et l'élégance des volumes. Accueil possible au restaurant U Casone.

U Casone — Restaurant-pizzeria €-€€

(04 95 38 10 47, 06 35 49 49 89 ; lieu-dit Casone, Cervione ; plats 6-25 € ; tlj sauf lun midi en saison, fermé lun hors saison, fermé mi-déc à mi-fév). Sur une belle terrasse (le premier atout des lieux) ou dans la salle, la cuisine généreuse devrait satisfaire tous les goûts : salades, omelettes, terrines, pâtes, spécialités de veau corse et de grillades, poissons ou plats plus élaborés comme le filet de bœuf Rossini et les gambas flambées au cognac.

Plage de Ghisonaccia sur la Costa Serena

VAUT LE DÉTOUR

La Costa Serena et la Côte des Nacres

Belle opération de marketing touristique : la "plaine orientale", région à la réputation peu enviée auprès des touristes, a été rebaptisée "Costa Serena" entre Aléria et Ghisonaccia et "Côte des Nacres" autour de Solenzara. C'est déjà plus glamour. Dans les faits, la physionomie de l'ex-plaine orientale reste inchangée : étirée sur plus de 80 km, la seule véritable plaine de l'île, fertile qui plus est, garde sa vocation agricole (viticole notamment) et est traversée comme une flèche par la T10 qui relie Bastia et Porto-Vecchio. Sur le plan touristique, cette plaine est souvent délaissée par les visiteurs. Ses longues plages tranquilles et ses paysages sont en effet assez monotones. Quelques sites méritent néanmoins le détour.

C'est le cas du **site antique et musée archéologique d'Aléria** (☎04 95 57 00 92 ; www.corse.fr/musees-corse ; fort de Matra ; tarif plein/réduit 2/1 €, gratuit -10 ans ; ⏲9h-12h et 13h-18h tlj mi-mai à sept, 8h-12h et 13h-17h tlj oct à mi-mai, fermé dim nov-mars), installé dans le magnifique **fort de Matra**. Ses 4 salles renferment des objets provenant du site d'Alalia (l'Aléria antique) et témoignent de son passé étrusque, phocéen et romain. Le billet d'entrée donne aussi accès aux **ruines**, à 300 m au sud-ouest du fort. Elles comportent les vestiges d'un forum, d'un capitole, de temples et d'une partie du centre de la ville romaine.

Plus au sud, **Solenzara** est une station balnéaire récente, qui possède une petite marina agréable pour boire un verre ou manger une glace. Elle assure la transition entre la plaine orientale et les paysages du Sud. Elle marque en outre le début d'une très belle **route menant au col de Bavella** (voir l'encadré p. 139) et à l'Alta Rocca. De longues plages s'étendent au nord, tandis que celles au sud présentent un visage plus échancré et moins monotone : l'une des plus réputées est la **plage de Canella**, à 5 km au sud. Cinq kilomètres plus loin, la **plage de Favone** évoque déjà les belles étendues de sable de la partie la plus méridionale de l'île. **Tarco**, 3 km plus au sud, et **Fautea**, ornée d'une tour génoise, valent également le détour. Vous trouverez des informations détaillées à l'**office du tourisme de Solenzara** (☎04 95 57 43 75 ; www.cotedesnacres.com).

Corniche de la Castagniccia

Depuis Cervione, la D330, une magnifique route en corniche longe sur 5 km des contreforts montagneux et ménage des points de vue spectaculaires sur la côte. Elle passe d'abord par **Valle-di-Campoloro** puis **Santa-Maria-Poggio**, avant de poursuivre vers **San Nicolao** : sur ce trajet, juste après un tunnel, faites halte à la **cascade de l'Ucelluline**, un superbe site naturel où l'on peut se baigner (accès par un sentier escarpé, à droite de la route).

Villages du Morianincu

L'arrière-pays de Moriani, le Morianincu, offre une série de magnifiques villages perchés.

De la corniche de la Castagniccia (ou de Moriani-Plage via la D34), vous atteindrez le très beau village-terrasse de **San Nicolao**. N'y manquez pas la visite de l'église : c'est l'un des plus grands édifices baroques de Corse. Construit à la fin du XVIIe et au début du XVIIIe, elle abrite des fresques colorées en cours de restauration, ainsi qu'un retable entièrement restauré.

De là, vous rejoindrez **Santa-Lucia-di-Moriani** et ses maisons austères aux toits de schiste, qui semblent posées en équilibre sur une crête en forme d'amphithéâtre. Prenez ensuite la direction de **San-Giovanni-di-Moriani**, un autre village ménageant des vues sublimes sur les collines boisées du Morianincu et la plaine orientale. Le campanile en

VAUT LE DÉTOUR

Escapade dans la vallée du Travo

La discrète vallée du Travo vous fera basculer sans transition dans un environnement sauvage, loin des foules de la côte. Se terminant en cul-de-sac, elle est accessible par une route étroite (la D645), perpendiculaire à la T10, entre Ghisonaccia et Solenzara. En partie en corniche, la route longe le Travo jusqu'à **Chisà**, à environ 15 km de la T10. Vous pourrez vous baigner dans de jolies **vasques** juste après le pont à l'entrée du village (accès par le portail gris). Un autre lieu superbe pour faire trempette vous attend un peu plus loin : du pont, parcourez 1,4 km en direction de la T10 et repérez un grand pin sur la gauche, une vingtaine de mètres avant une petite aire de stationnement. Juste avant l'arbre, à la hauteur d'un poteau électrique en bois, un sentier descend dans le maquis jusqu'au **Travo**, dans un site escarpé, avec de belles dalles rocheuses pour pique-niquer, et des vastes cristallines. Pour une sortie **aqua rando** (3 heures 40-45 €/pers ; à partir de 9 ans), contactez **Alpa Corse** (06 17 10 61 15 ; alpacorse.com). Cette agence est la seule à proposer un parcours sur cette rivière (l'une des trois labellisées "rivière sauvage" en Corse) menant à Chisà. Sans marche d'approche, elle s'adresse à tous les niveaux (les difficultés peuvent être évitées).

pierre grise de l'église Saint-Jean (ou San Giovanni), classée monument historique, culmine à 33 m et rivalise avec celui de La Porta (p. 196), en Castagniccia.

Où se restaurer

La Bella Vista — Ferme-auberge €€

(06 69 63 08 20 ; Santa-Lucia-di-Moriani ; menu unique 28 €, vin et café compris ; midi et soir tlj juin-sept, sam-dim soir hors saison ; P). En plus d'offrir une magnifique vue plongeante sur la côte et l'église de Sainte-Lucie-di-Moriani, cette ferme-auberge sert dans la bonne humeur des spécialités corses qui raviront les amateurs. Vente d'excellente charcuterie sur place.

Moriani-Plage

Étirée le long de la route nationale, cette station balnéaire moderne et un peu artificielle ponctuée d'une zone pavillonnaire et de boutiques sans grand charme offre un visage à l'opposé de la Corse traditionnelle. Mais elle abrite l'une des perles paysagères de l'île : le parc Galea. Et puis, il y a aussi des plages, bien sûr : la ville s'enorgueillit d'être bordée de 17 km de sable fin.

À voir et à faire

Une douzaine de **plages** bordent Moriani. Outre celle située au niveau du centre-ville, accessible à pied, elles étendent leurs bandes de sable rectilignes de part et d'autre de la localité.

Parc Galea — Botanique et culture

(07 78 13 56 70 ; www.parcgalea.com ; rte de l'ex-CNRO, Taglio-Isolaccio ; adulte/7-18 ans/4-6 ans 9/6/3 €, gratuit -4 ans ; tlj 10h-19h juil-août, tlj 14h-19h mi-avr à sept, dim 14h-19h oct et mars à mi-avr ; P). Visite impérative ! Créé par des passionnés de botanique et de culture corse portés par l'envie de partager, ce parc est d'une très rare qualité et constitue une excellente introduction aux territoires et à la culture de l'île – voire à la nature en général ! De petites salles en jardins, vous déambulerez à travers 2 000 m² d'expositions où la muséographie moderne fait écho à de belles compositions de cactées et d'autres plantes. Au fil des pavillons, de nombreux thèmes sont abordés : la Corse géologique, la Corse antique, la Corse des bergers, la Corse sauvage... Expositions temporaires scientifiques et artistiques, ateliers pour enfants le dimanche, cycle de conférences. Pique-nique possible sur place et ludique

sentier "pieds nus" ! À 8 km au nord de Moriani par la T10.

Où se loger et se restaurer

Levolle Marine Hôtel bord de plage **€€-€€€**
(04 95 58 41 50 ; www.levollemarine.com ; Poggio Mezzana Plage, lieu-dit Levolle Sottana ; d 90-145 € selon confort et saison, petit-déj 11 € ; mai-sept ;). Bonne surprise, cet hôtel des environs proches de Moriani-Plage jouit d'une position idéale : en retrait de la route nationale, les pieds dans l'eau et au cœur de la verdure. La décoration des chambres est fraîche et lumineuse, et le calme, le beau jardin méditerranéen, le grand salon et la plage sont appréciables. Piscine, Jacuzzi et sauna sur place. À 3 km au nord de Moriani-Plage.

Cinderella Restaurant **€€**
(04 95 38 57 52 ; lieu-dit Malacoda, RN198, Santa-Maria-Poggio ; plats 12-24 €, menu 30 € ; tlj sauf dim soir et lun avr-oct). À 3 km au sud de Moriani, cette halte se démarque par sa cuisine de qualité, son cadre charmant, avec terrasse ombragée, et son accueil souriant. Outre un complet menu "corse", vous trouverez ici des plats relativement élaborés – avec notamment de nombreux fruits de mer –, mais aussi des pizzas cuites au feu de bois et de délicieux desserts maison. Suggestions du moment à l'ardoise le week-end.

Renseignements

Office du tourisme de la Costa Verde
(04 95 38 41 73 ; www.castagniccia-maremonti.com ; 430 rte de Moriani, T10 ;). Dans un ancien chai de 1923. Accès Wi-Fi.

En savoir plus

Paysage de l'Alta Rocca (p. 161)

L'emblème à tête de Maure, emblème officiel de la Corse

EMMANUEL DAUTANT ©

La Corse aujourd'hui

La complexité corse va bien au-delà des chiffres. L'intrication de son territoire, de son histoire, de sa culture façonne son caractère, insaisissable et fascinant. Aussi pauvre que riche, hospitalière que fermée, violente que tranquille... La Corse n'est pas avare en paradoxes.

Un état des lieux contrasté

Les spécificités socio-économiques de l'île expliquent en partie les tensions politiques et sociales qu'elle connaît. La Corse a le triste privilège d'être sur le podium du taux de pauvreté national. En 2014, son salaire moyen était le plus bas du pays. Paradoxalement, la pression foncière est forte et les prix à la consommation sont plus élevés que sur le continent ; le coût de la vie est cher, ce qui amplifie le contexte de pauvreté.

Cependant, son PIB est en forte progression depuis les années 1990. En 20 ans, elle aurait réduit de 75% son retard de production de richesses par rapport à la métropole. La Corse tire essentiellement ses revenus du tertiaire non marchand, de la construction et surtout du tourisme, auquel un emploi sur 10 serait lié. L'île reçoit en moyenne 10 millions de visiteurs par an. Un chiffre considérable au vu de ses 340 000 habitants – mais toutefois en baisse en 2019, venant ainsi interrompre l'augmentation constante de la fréquentation depuis 2015.

Marquée par une faible densité de population (39 hab/km^2, contre 118 hab/km^2 pour la métropole), la Corse assiste à une progression démographique dynamique, due à un excédent migratoire. Sa diaspora est aussi un élément clé de la compréhension de l'île – selon des estimations, plus de 2 millions de Corses vivraient en dehors de l'île.

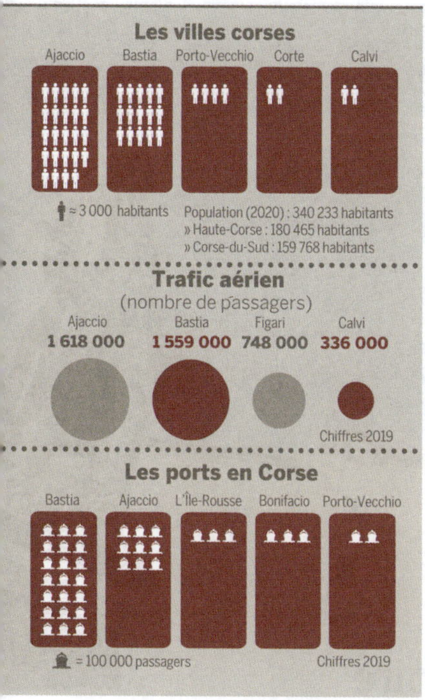

La violence

Près de 500 assassinats ont été commis sur l'île depuis 1996. Un record en France, mais aussi en Europe occidentale. Cette violence est en partie liée, de près ou de loin, au nationalisme, dont les diverses branches armées ont revendiqué des centaines d'attentats. Ce front montre des signes d'apaisement depuis que le FLNC a annoncé enclencher un "processus de démilitarisation et une sortie progressive de la clandestinité" en 2014.

Mais la violence politique est loin d'être la seule sur l'île : règlements de comptes, spéculation immobilière, désœuvrement des jeunes, recomposition des clans et dérives mafieuses participent de l'importance des crimes de sang en Corse. Pour autant, si le taux d'homicides est plus élevé qu'ailleurs, les vols, les agressions sexuelles et les cambriolages sont beaucoup plus rares que sur le continent. La majorité des Corses aspirent à la paix et la plupart des villages vivent dans une parfaite quiétude.

Tourisme et environnement

En Corse plus qu'ailleurs, économie et environnement sont liés. Le dilemme : comment concilier développement économique et protection du patrimoine naturel ? Le sujet déchaîne les passions, et, malgré les mesures de protection du littoral, la pression immobilière sur celui-ci est de plus en plus forte. Une étape semble toutefois avoir été franchie en 2015 avec l'adoption du Padduc (Plan d'aménagement et de développement durable de Corse ; voir l'encadré p. 243).

Tournant politique

Fin 2017, la liste nationaliste Pè a Corsica (Pour la Corse) est arrivée en tête des élections territoriales. Les dirigeants de ce "nationalisme politique", vainqueurs par les urnes et non les armes, ont demandé dans la foulée à Paris "d'ouvrir des discussions" et de faire "sa part du chemin". Une situation qui jette un voile d'incertitude sur la relation entre l'île et le reste du pays. C'est dans ce contexte que l'île a inauguré en 2018 son nouveau statut de Collectivité territoriale unique (CTU), une instance qui résulte de la fusion de l'ancienne région et des deux départements de Haute-Corse et de Corse-du-Sud, dotée d'une assemblée délibérante, l'Assemblée de Corse, présidée par Jean-Guy Talamoni, et d'un Conseil exécutif, présidé par Gilles Simeoni. Autre événement marquant de 2018, l'officialisation du parti Femu a Corsica (qui n'était encore qu'un groupe à l'Assemblée) après sa sécession du PNC, témoignant de fissures dans l'unité affichée du mouvement. Désormais, comment va se poursuivre l'association entre autonomistes et indépendantistes ? Quelles négociations vont se tenir avec le gouvernement ? L'histoire corse est toujours en train de s'écrire....

Statue de Pascal Paoli, Corte (p. 177)

HASSAN BENSLIMAN/FOTOLIA ©

Histoire

La Corse doit à sa position géographique, longtemps considérée comme stratégique, d'avoir été propulsée très tôt au cœur de l'actualité des grandes puissances européennes et méditerranéennes. Pisans, Génois, Français, Sarrasins, Espagnols et Britanniques y ont livré bataille. Menée au pas de charge, cette histoire est aussi celle de la lutte des Corses pour faire entendre leur voix face à des États qui firent souvent peu de cas d'eux.

6570 av. J.-C.
Le squelette de la "Dame de Bonifacio" est, à ce jour, la plus ancienne trace de présence humaine en Corse.

565 av. J.-C.
Les Grecs phocéens fondent la ville d'Alalia (Aléria) sur la côte est de l'île.

260-160 av. J.-C.
Les légions romaines débarquent sur les côtes corses et rattachent l'île à la Sardaigne.

Les origines

Si l'homme a certainement existé en Corse dès le paléolithique, sa trace la plus ancienne remonte au néolithique. Vraisemblablement arrivés par la Toscane, les premiers habitants de l'île se nourrissent des produits de la chasse, de la pêche et de la cueillette, vivent dans des abris sous roche et disposent d'un outillage rudimentaire. À l'ère mégalithique (4000 av. J.-C.), ces peuples préhistoriques érigèrent des menhirs et dolmens. C'est peu après que seraient arrivés les Torréens-Shardanes, mystérieux "peuple de la mer" qui serait entré en conflit avec les peuples insulaires. Détruisant ou enterrant face contre terre un grand nombre des œuvres de leurs prédécesseurs, les Torréens les auraient remplacées par des constructions circulaires, les *torre*. Par la suite, les ensembles architecturaux complexes des *castelli* témoignent d'un mode de vie sédentaire et organisé.

Les premiers conquérants

La position-clé de l'île, au carrefour des grandes routes commerciales, attira vers ses rivages les premiers peuples navigateurs. Les Phéniciens y firent peut-être un passage, tout comme les Étrusques et les Carthaginois. Les Grecs phocéens, en revanche, s'y attardent et fondent Alalia (Aléria) au VIe siècle av. J.-C.

L'île, à ce stade de son histoire, n'a encore connu que des peuples marchands en quête de comptoirs commerciaux où faire escale et remplir les cales de leurs navires. Avec Rome, elle va faire le dur apprentissage de l'implantation d'un peuple dominateur. Guidée par des considérations stratégiques, Rome ne souhaite pas laisser l'île tomber aux mains de ses ennemis, les Carthaginois. Après dix expéditions entre 260 et 160 av. J.-C., la conquête romaine commence par Alalia – rebaptisée Aléria –, puis s'étend à tout le littoral. Contrainte et forcée, la Corse se romanise et ses habitants se réfugient dans les montagnes. L'Empire romain, dont l'influence s'étendra sur 700 ans, fera peu pour le développement de l'île.

Goths, Vandales et autres Barbares

Seul vestige de l'effondrement de l'Empire romain d'Occident en l'an 476, l'Empire byzantin (Empire romain d'Orient) s'intéresse de très loin aux anciens territoires romains. Il laisse ainsi le champ libre aux adversaires de la Rome déchue, comme les Ostrogoths ou les Vandales. Après avoir ravagé la Gaule, ces "Barbares" s'attaquent à la Corse où ils détruisent vraisemblablement Aléria. La reconquête de l'île par Byzance, qui s'avère tout aussi brutale, met fin à leur domination. La Corse, dans le même temps, est en proie aux attaques répétées des Sarrasins (nom donné alors aux musulmans), dont les incursions s'accompagnent de razzias dans les villages. La chrétienté finit par réagir et la papauté, profitant des dissensions en Europe, remplace peu à peu la lointaine Byzance dans les affaires de Corse...

764
Sous contrôle pontifical, l'île connaît ses premières expéditions barbaresques. Elles s'étendront sur cinq siècles.

1077
Le pape Grégoire VII confie les affaires corses à l'évêque de Pise.

1133
Le pape Innocent II place l'île sous la tutelle partagée de Pise et de Gênes.

★ Les meilleurs... Sites préhistoriques et antiques

Filitosa (p. 139)
Cauria (p. 141)
Cucuruzzu et Capula (p. 141)
Musée de l'Alta Rocca (p. 167)
Aléria (p. 201)

Cauria (p. 141)

CLAIRE ANGOT ©

Seigneurs, papes et Pisans

Le Xe siècle voit l'entrée en scène de la noblesse. De grandes familles seigneuriales se créent des fiefs sur l'île où elles règnent en maître. On sait peu de chose de cette époque troublée par les rivalités entre ces clans. Il semblerait cependant que ce soit à la demande de quelques féodaux toscans que le pape se préoccupe à nouveau de l'île. En 1077, Grégoire VII confie les affaires corses à l'évêque de Pise. Puissante cité italienne en constante lutte d'influence avec sa sœur ennemie – Gênes –, Pise s'intéresse avant tout au commerce. Les marchands se dissimulent ainsi sous la robe de l'évêque. Seulement troublée par les incursions sarrasines, l'époque pisane sera pour l'île synonyme de paix, de prospérité et de développement.

Gênes, cependant, jette des regards envieux sur la Corse. La rivale de Pise parvient à ses fins en 1133, lorsqu'elle obtient du pape Innocent II le partage de l'île entre les deux Républiques italiennes. Gênes fortifie Bonifacio puis crée Calvi, avançant ses pions jusqu'à supplanter Pise, au XIIIe siècle. La défaite de Pise à la bataille de la Meloria, en 1284, scelle la fin de la Corse pisane.

L'occupation génoise

Nul nom ne résonne aussi lugubrement dans l'histoire corse que celui de Gênes. La brutale présence de la République italienne va durer cinq siècles. Consciente que la Corse est une pièce maîtresse dans le développement de ses affaires, Gênes s'empresse d'en faire une forteresse, y érige des places fortes et une centaine de tours de guet. La République italienne, en revanche, n'a guère de temps à perdre à administrer ses habitants. Plutôt que de les soumettre, elle les chasse le plus souvent de ses places fortes et utilise sa main-d'œuvre : Gênes oblige les populations à planter oliviers, châtaigniers et autres essences rentables, met les rares plaines de l'île en culture, lève des impôts et se charge de mater l'opposition locale avec une brutalité féroce. Les seigneurs féodaux, on s'en doute, ne tardent pas à voir d'un mauvais œil l'arrivée de ces nouveaux maîtres. C'est pour soutenir dans sa lutte contre les Génois le plus puissant d'entre eux, Vincentello d'Istria, que le roi d'Aragon, Alfonse V, en vient à s'intéresser à la Corse. En 1420, il approche avec sa flotte les rivages

1284
Après sa victoire lors de la bataille de la Meloria, la cité de Gênes contrôle toute la Corse.

1453
L'Office de Saint-Georges reprend les rênes de l'île.

1553
Selon la volonté du roi Henri II, les troupes françaises prennent possession de l'île.

de l'île. À la faveur d'une trahison, il prend la très génoise Calvi puis s'attaque à Bonifacio. Il abandonnera après 4 mois de siège infructueux…

Au milieu du XVIe siècle, Gênes croit enfin régner en maître sur la Corse. Le retour de l'île au cœur des intérêts stratégiques européens en décidera autrement.

Sampiero Corso et les Français

En 1552, Henri II, roi des Français, se lance à l'assaut de la péninsule italienne. Une fois de plus, la Corse doit à sa position géographique d'être embarquée dans la tourmente. En 1553, un corps expéditionnaire commandé par le maréchal de Termes et secondé par le corsaire turc Dragut, allié des Français, arrive devant Bastia. La ville est prise, bientôt suivie d'autres, et quelques jours suffisent à faire de la Corse une terre française. C'est à cette occasion qu'un colonel corse arrivé avec les Français s'illustre par son courage : Sampiero Corso. Sa popularité et sa détermination ne suffiront cependant pas à sauver la victoire française : les Génois, aidés par Charles Quint et l'Espagne, redeviennent maîtres de l'île en 1559, avec le traité du Cateau-Cambrésis. Les Corses retrouvent donc leur ennemi de toujours. La tentative de reconquête de l'île par Sampiero Corso, en 1564, ne sera qu'un espoir de courte durée.

La reprise en main génoise sera terrible. Le nouveau gouverneur réglemente, réprime, privilégie les cités historiques génoises, impose le développement des oliviers, des châtaigniers et des vignes… Nombreux sont alors les Corses qui choisissent l'émigration.

Sampiero Corso : le fougueux

Né en 1498 près de Bastelica, celui qui fut appelé "le plus corse des Corses" commence par s'illustrer sur le continent comme militaire au service du roi de France. Malgré son origine modeste, ses hauts faits d'armes lui permettent d'épouser la noble Vanina d'Ornano, de trente-cinq ans plus jeune que lui. Violemment antigénois, Sampiero s'engage avec fougue aux côtés de l'armée française dans la reconquête de son île natale. L'échec de sa première tentative ne le voit pas déposer les armes. N'ayant pas réussi à obtenir l'appui des puissances européennes, c'est avec quelques partisans qu'il débarque à nouveau sur l'île en 1564, où il parvient à porter quelques rudes coups à la puissance génoise sans en venir à bout. Trois ans plus tard, Sampiero sera assassiné. L'un des épisodes les plus tragiques de sa vie verra sa haine de Gênes se retourner contre son épouse. Apprenant qu'elle avait décidé de se rendre dans la République honnie, Sampiero Corso la tua de ses mains avant de l'enterrer en grande pompe…

Le soulèvement et les interventions françaises

C'est dans ce contexte que survient, en 1729, l'un des plus importants épisodes de l'histoire de l'île : le soulèvement qui marque le début de la guerre de Quarante Ans. Le refus d'un vieil

1559
Le traité du Cateau-Cambrésis restitue l'île aux Génois.

1567
Mort de Sampiero Corso, trois ans après une tentative échouée de conquête de l'île.

1755
Tentative de Pascal Paoli de créer un État corse indépendant.

Pascal Paoli : le précurseur

Personnage le plus glorieux de l'histoire insulaire, Pascal Paoli voit le jour en 1725 près de Morosaglia (voir sa maison natale p. 196). Cultivé – il a étudié à Naples –, le futur "père de la patrie" lit Montesquieu, correspond avec Rousseau et fait parler de l'île dans les salons continentaux.

C'est à la suite de son père Hyacinthe et de son frère Clément, qui se sont déjà illustrés dans la lutte contre les Génois, que Pascal Paoli s'engage dans la libération de l'île. Non seulement il deviendra rapidement la première menace des occupants, mais cet esprit brillant et éclairé apportera également à la Corse l'un des premiers textes constitutionnels démocratiques.

Certains historiens avancent que le "mythe paolien" est surestimé par rapport à l'œuvre accomplie. Il n'en demeure pas moins que l'apport de Paoli, qui manqua de temps pour mettre en œuvre des idées en avance sur son époque, est exceptionnel dans l'histoire de la Corse. Pascal Paoli mourra en exil à Londres, en 1807.

homme de payer l'impôt que lui réclame le percepteur génois met le feu aux poudres. L'événement fait boule de neige et, de jour en jour, davantage de Corses refusent de payer. Les insurgés s'organisent et ébranlent l'ordre génois. Bastia, Algajola puis Saint-Florent tombent entre leurs mains. Gênes appelle à la rescousse l'empereur d'Autriche, dont les troupes finissent par se rendre maîtresses de la situation. Mais Gênes crie victoire trop tôt. La révolte reprend et les Corses, réunis en consulte à Corte en 1735, posent les bases d'un texte constitutionnel, instaurant la Corse en État souverain.

La lutte continue après un épisode cocasse – le passage sur l'île de Théodore de Neuhoff, aristocrate allemand qui se proclame brièvement roi de Corse – et inquiète Gênes au point que la République accepte en 1738 le soutien de la France. Trop heureuse de remettre le pied sur l'île, la Couronne de France délègue un corps expéditionnaire en 1741, puis à nouveau en 1748. Envoyé sur place, le marquis de Cursay réussit à administrer l'île et à ménager les intérêts corses et les exigences génoises. Il n'en sera guère récompensé : dénoncé par les Génois comme trop favorable aux Corses, il est rappelé à Paris et emprisonné. L'île, en 1753, est toujours sous l'autorité génoise.

De la révolte au rattachement à la France

L'année 1755, qui voit Pascal Paoli prendre la tête de l'insurrection corse, marque le renouveau de la révolte. Cultivé, l'homme qui arrive au secours de l'île commence par réussir ce qu'aucun autre n'a pu faire avant lui : unifier la résistance contre les Génois. C'est un véritable État qui naît ensuite sous l'impulsion de ce visionnaire. Juxtaposée à la Corse génoise, une Corse indépendante sort ainsi de sa gangue et s'organise : Paoli rétablit l'ordre, promulgue une Constitution démocratique, développe l'agriculture,

1729-1769
Guerre de Quarante Ans. Elle s'achève par la défaite des paolistes à Ponte-Novo face aux troupes françaises.

15 août 1769
Naissance de Napoléon Bonaparte à Ajaccio.

1789
Décret promulguant l'appartenance de la Corse à l'Empire français.

Bonifacio (p. 146)

★ Les meilleurs... Sites historiques

Citadelle de Bonifacio (p. 147)

Tours génoises du cap Corse (p. 52)

Musée de la Corse, Corte (p. 177)

Citadelle de Calvi (p. 79)

Maison natale de Pascal Paoli (p. 196)

crée une université, donne à l'île son emblème à tête de Maure, fonde L'Île-Rousse pour concurrencer Calvi...

L'État paolien, qui siège à Corte, manquera cependant de temps. La France, qui avait fondé l'espoir de mettre la main sur l'île, se pose vite comme sa rivale. En 1764, elle obtient la bénédiction de Gênes pour s'installer dans les places fortes de Bastia, d'Ajaccio, de Calvi et de Saint-Florent. Quatre ans plus tard, le traité de Versailles consacre la mainmise française sur la Corse. La mobilisation des paolistes ne parviendra pas à renverser la vapeur. Leur défaite à la bataille de Ponte-Novo, le 8 mai 1769, marque le début de la Corse française.

La Corse française

Rétablissant l'ordre et organisant l'administration, la France reprend la recette génoise, la brutalité en moins. Ces années sont marquées par l'intégration de la Corse à un ensemble français que la Révolution s'apprête à faire voler en éclats. Le mouvement révolutionnaire rencontre d'emblée un écho favorable sur l'île. En 1789, un décret de l'Assemblée nationale stipule que "la Corse fait partie de l'Empire français et que ses habitants seront régis par la même Constitution que les autres Français". Amnistiant les paolistes, ce texte ne scelle pas pour autant leur réconciliation avec la France. Refusant de se soumettre à la Convention, Paoli fait entrer la Corse en sécession et appelle une nouvelle venue à la rescousse : la Grande-Bretagne.

Arrivée en vue de l'île en 1794, la flotte anglaise prend Saint-Florent, Bastia, puis Calvi au cours d'une mémorable bataille qui coûta un œil à l'amiral Nelson. Avec ce nouveau coup de théâtre, c'est maintenant au tour du roi de Grande-Bretagne de régner sur l'île. Mais Paoli est vite déçu par cette nation qu'il considérait comme un modèle de libéralisme : la Grande-Bretagne poursuit en effet en Corse un but stratégique et économique, faisant peu de cas du peuple insulaire. Évincé, Paoli est rappelé à Londres où il meurt quelques années plus tard. Le royaume anglo-corse sera de courte durée : la signature entre la France et la Sardaigne du traité de Paris ne tarde pas, en effet, à fragiliser la position anglaise, au point d'obliger la Grande-Bretagne à quitter la Corse.

1794
La Corse est sous le contrôle des Anglais ; cette domination durera deux ans.

1914-1918
30 000 Corses meurent au combat.

1943
La Corse est le premier département français libéré des forces d'occupation.

Napoléon Bonaparte : l'empereur

Le futur empereur des Français naît à Ajaccio en 1769. Attaché à son pays, il reviendra souvent en Corse durant ses années d'études militaires à Paris. Bonaparte, pourtant, ne tarde pas à voir plus loin et plus grand que son île natale : son destin le conduit dans le Paris de la Révolution, au pied des pyramides d'Égypte, aux confins de l'Europe, à Iéna, à Trafalgar, dans la lointaine Russie… Napoléon Bonaparte fera en définitive peu pour son île natale, où il sera parfois en désaccord avec les paolistes. Il s'inquiétera cependant toujours de son avenir et participera au développement de sa ville d'origine. Son nom contribuera enfin à donner à la Corse un rayonnement mondial. C'est dans une autre île, celle de Sainte-Hélène, qu'il mourra en 1821.

C'est alors le plus célèbre des enfants du pays, révélé par la Révolution, qui prend en main les affaires corses. Bonaparte n'aura qu'un but : que l'île devienne "une bonne fois française". Cette entreprise ne se fera pas sans mal. Bonaparte refusera notamment que des Corses soient impliqués dans l'administration de l'île, qu'il divise en deux départements. Paradoxalement, ce Corse est certainement celui qui fera le plus pour "franciser" l'île.

Exception et solidarité

Intégrée à la France, la Corse du XIXe siècle ne tarde pas à mettre en avant ses spécificités. Elle démontre notamment que sa structure clanique perdure et fait montre d'un banditisme préoccupant. Les problèmes de pauvreté y sont toujours criants.

L'engagement corse dans les deux guerres mondiales sera en revanche on ne peut plus solidaire de la France. Des milliers d'enfants de l'île tomberont sur les champs de bataille entre 1914 et 1918. En 1940, l'île est occupée par les troupes mussoliniennes et nazies. La Corse voit alors surgir quelques grandes figures de la Résistance. En 1943, le soulèvement de la population fera de la Corse le premier département français libéré.

Ces faits d'armes ne suffiront cependant pas à consacrer la totale réconciliation de la Corse et de la France. Tandis que de nombreux Corses choisiront dans l'après-guerre d'émigrer vers les colonies françaises, le "malaise corse" prendra peu à peu forme sur l'île.

Le "malaise corse"

Née dans les années 1960, la revendication autonomiste corse se nourrit du sentiment selon lequel aucun des peuples qui se sont succédé au cours des siècles sur l'île n'est parvenu à administrer la Corse de façon satisfaisante. L'autodétermination, dès lors, est considérée comme la seule voie souhaitable par les autonomistes. À leurs yeux, la France ne fait pas exception. Dans ce climat de méfiance, l'installation dans les années 1960 de rapatriés d'Algérie (les pieds-noirs) dans la plaine orientale, avec les aides financières du gouvernement français, est vécue par certains comme un affront fait à l'île.

1976
Création du Front de libération nationale corse (FLNC), dissous en 1983 par le gouvernement.

1981
Ouverture de l'université de Corte et création de l'Assemblée de Corse.

1998
Le préfet Claude Érignac est assassiné.

En 1975, la découverte de pratiques de vinification frauduleuses de la part d'un viticulteur pied-noir met le feu aux poudres : les rapatriés d'Algérie sont accusés de s'enrichir sur le sol corse avec l'aval du gouvernement. Le ton monte lorsque la cave de l'un d'entre eux est occupée, à Aléria, par un commando autonomiste. Suite à l'assaut des forces de l'ordre, qui se conclut par deux morts, la hache de guerre est déterrée : en 1976, le Front de libération nationale corse (FLNC) voit le jour. L'autonomisme – qui deviendra vite nationalisme – commence dès lors à faire parler les armes.

L'histoire interne du mouvement a depuis été émaillée de multiples rebondissements. Le FLNC, qu'Edmond Simeoni refuse de diriger dès sa création, se divisera au fil des années en de nombreuses branches politiques, auxquelles correspondent autant de branches armées. Cette difficulté du mouvement à se trouver un leader unique mènera à plusieurs scissions (1989-1990), puis à une véritable "guerre" fratricide entre branches nationalistes, de 1993 à 1996.

Les réponses de l'État français au nationalisme corse ont été, elles aussi, ponctuées d'errances. Les gouvernements successifs ont oscillé entre la carotte et le bâton. En 1981, l'ouverture de l'université de Corte et la création de l'Assemblée de Corse furent à l'origine d'une décrispation de courte durée – la dissolution du FLNC par le gouvernement, en 1983, raviva les tensions.

Après plus de trente années d'actions parfois violentes, les divergences de vues entre les deux parties en présence portent sur une large palette de domaines : économie, environnement, défense de la langue, tourisme. Les nationalistes dénoncent en effet la politique du "tout-tourisme", qui se résume, à leurs yeux, à un outil d'assimilation visant à créer une "colonie de peuplement" sur l'île, transformée en village-vacances deux mois par an et végétant le reste de l'année.

L'emblème à tête de Maure

C'est Pascal Paoli qui donna officiellement ses armes à la Corse : l'emblème à tête de Maure. Nul ne sait dire avec précision comment la Corse en est venue à s'identifier à cet étendard. Le mot Maure, ou More, désigne les Sarrasins, longtemps ennemis de l'île. Peut-être est-ce en signe de victoire sur ces derniers que cet emblème fut choisi. À l'époque des croisades, tout croisé ayant remporté une victoire sur les "infidèles" pouvait en effet ajouter la tête de Maure à ses armoiries. Une autre hypothèse consiste à penser que ces armes symbolisent la victoire sur l'oppresseur et la possibilité, enfin, de regarder son avenir en face. Il est en effet significatif de constater que l'homme représenté sur l'étendard de la Corse a relevé son bandeau sur son front, libérant ainsi ses yeux. Les armes de la Sardaigne, en revanche, comportent quatre têtes de Maures dont le bandeau masque les yeux.

La tête de Maure présente toujours son profil gauche sur les armes de la Corse.

1999
Affaire de la paillote Chez Francis : des gendarmes mettent le feu à un restaurant bâti illégalement.

2001
Assassinat de François Santoni, ex-leader du FLNC.

4 juillet 2003
Arrestation d'Yvan Colonna.

De l'assassinat du préfet Érignac au "processus de Matignon"

L'assassinat du préfet de région Claude Érignac, le 6 février 1998, a vu la tension franchir un cran supplémentaire. Plus grave meurtre commis en Corse depuis les débuts du nationalisme, l'assassinat en pleine rue du plus haut représentant de l'État sur l'île a sonné comme un coup de tonnerre. La gravité des faits a déclenché une vive réaction de l'opinion publique corse, mais aussi du gouvernement français. S'appuyant notamment sur le rapport de la commission d'enquête, qui dénonçait aussi bien l'émergence d'un "système corse prémafieux" que "l'inconstance des gouvernements", le gouvernement de Lionel Jospin répliqua en 1998 avec une vaste opération "mains propres". Cette politique fut cependant pour une large part décrédibilisée par l'affaire de la paillote Chez Francis : en avril 1999, des gendarmes mettent secrètement le feu à un restaurant de plage bâti illégalement sur le domaine public maritime dans le golfe d'Ajaccio. La découverte du pot aux roses fait grand bruit : le préfet Bernard Bonnet, successeur de Claude Érignac, est mis en examen. Si les motivations exactes de cette hasardeuse affaire restent dans l'ombre, nombreux sont ceux qui y virent la volonté de faire respecter la loi par tous les moyens, fussent-ils hors la loi...

Contre toute attente, ce contexte a ouvert la voie à une période de négociations. Désignées sous le terme de "processus de Matignon", elles firent des remous tant côté gouvernement que nationalistes. Après avoir causé la démission de Jean-Pierre Chevènement, ministre de l'Intérieur, en août 2000, des différends violents entre leaders nationalistes débouchèrent sur plusieurs assassinats. Finalement, le processus accouche en 2002 d'une loi relative à la Corse, qui étend les prérogatives de l'Assemblée de Corse et prévoit "un programme exceptionnel d'investissements d'une durée de 15 ans". Cette période de dialogue sera malheureusement de courte durée.

Nouvelles impasses...

Le 4 juillet 2003, alors que les magistrats jugeant les auteurs présumés de l'assassinat du préfet Érignac sont sur le point de rendre leur verdict, Yvan Colonna, suspecté d'avoir tiré les coups de feu mortels, en fuite depuis mai 1999, est arrêté dans le maquis. Son cas est disjoint du procès des autres membres du commando. À l'issue de celui-ci, la cour d'assises spéciale de Paris condamne à la réclusion criminelle à perpétuité Alain Ferrandi et Pierre Alessandri, présentés comme les "cerveaux" du crime. Les six autres prévenus sont sanctionnés de 15 à 30 ans de réclusion – deux d'entre eux verront leur peine modifiée suite à une procédure d'appel et, en février 2006, Vincent Andriuzzi et Jean Castela, condamnés à 30 ans de réclusion en première instance, sont acquittés en appel et remis en liberté.

Le procès d'Yvan Colonna a lieu l'année suivante. À l'issue d'un mois d'audiences au cours desquelles les langues ne se délient guère, le berger de Cargèse est condamné à la réclusion criminelle à perpétuité. Plaidant non coupable mais désigné comme le tueur par plusieurs membres du commando, qui se rétracteront par la suite, Yvan Colonna fait

6 juillet 2003
Victoire du "non" au référendum voulu par Nicolas Sarkozy et soutenu par les nationalistes.

2004
Victoire de la droite aux élections régionales grâce à un accord avec les nationalistes.

Septembre 2005
Des marins s'emparent du *Pascal Paoli* pour dénoncer le projet de privatisation de la SNCM. Le GIGN prend le bateau d'assaut.

aussitôt appel de cette décision (après de multiples rebondissements, elle sera finalement confirmée en juin 2011), qui déclenche une nouvelle vague d'attentats dirigés contre des bâtiments abritant des services officiels.

L'échec du référendum de 2003, lancé par Nicolas Sarkozy, sur la réforme administrative de l'île, pour lequel indépendantistes et autonomistes ont milité en faveur du "oui", marque également cette période, tout comme le spectaculaire assaut du *Pascal Paoli*. En septembre 2005, après que l'État eut parlé de privatiser la SNCM, compagnie de navigation subventionnée par la collectivité de Corse, qui connaît de graves difficultés financières et des grèves successives, une quarantaine de marins "mutins" s'emparent du navire phare de la compagnie. Le lendemain, le ferry est pris d'assaut par les troupes héliportées du GIGN au large de Bastia. Les mutins se rendent sans opposer de résistance, mais des heurts violents se déroulent entre manifestants et forces de l'ordre la nuit suivante à Bastia.

Des armes et des urnes

Dans ce contexte troublé, le mouvement nationaliste semble également mis à mal. Cela ne l'empêche pas de faire parler la poudre, mais de nombreux observateurs estiment que les vagues d'attentats de ces dernières années révèlent le malaise croissant de milieux indépendantistes de plus en plus divisés. La politique étatique n'est guère plus facile à cerner : certains observateurs jugent que l'État semble souvent se désintéresser du bourbier corse, quand il ne multiplie pas les errances sur le dossier insulaire...

Successeur de Nicolas Sarkozy, François Hollande a estimé en 2012 que la violence sur l'île est "aujourd'hui essentiellement liée à des réseaux, des clans, des règlements de comptes". Force est de constater que la violence a évolué ces dernières années. Longtemps le fait de militants nationalistes, elle était avant tout motivée par des revendications politiques. Cela lui valait une relative sympathie de la population qui considérait les mouvements nationalistes comme les porte-voix de leur aspiration à la prise en compte des spécificités de l'île. La démilitarisation du FLNC en 2014 et l'accès des nationalistes à la présidence de l'Assemblée de Corse ont ouvert la voie à un apaisement des tensions. Mais un second type de violence, aux airs de "guerre des gangs", a cependant émergé. Caractérisée par des assassinats spectaculaires, elle relève davantage du grand banditisme que de l'action politique. Certains y voient le signe évident de la "perte de repères" de la jeunesse de l'île.

La Corse est-elle en train d'évoluer ? Qui sait ? Ce qui est sûr, c'est que la majorité des Corses semblent aujourd'hui plus qu'hier fatigués de ces tensions et de ces luttes sans fin, sans oublier qu'elles témoignent d'un profond malaise de la société corse.Fin 2017, la coalition des autonomistes de Gilles Simeoni et des indépendantistes de Jean-Guy Talamoni est arrivée largement en tête des élections territoriales. C'est dans ce contexte que l'île a inauguré en janvier 2018 son nouveau statut de Collectivité territoriale unique (CTU), une instance qui résulte de la fusion de l'ancienne région et des deux départements de Haute-Corse et de Corse-du-Sud.

Les municipales de 2020 ont renforcé l'ancrage des nationalistes, élus dans des villes clés comme Bastia ou Porto-Vecchio, les confirmant comme première force politique de l'île.

Décembre 2007
Yvan Colonna est condamné à la réclusion criminelle à perpétuité pour le meurtre du préfet Érignac.

Décembre 2015
Le nationaliste Talamoni est élu à la présidence de l'Assemblée de Corse ; Gilles Simeoni prend la tête du Conseil exécutif de la Corse.

14 décembre 2018
Mort d'Edmond Simeoni, figure de l'histoire corse contemporaine, considéré par beaucoup comme le père du nationalisme corse.

Pêcheur à Campomoro (p. 141)

Mode de vie

La Corse, à bien des égards, est un monde à part au sein de l'ensemble français. L'histoire de l'île, jalonnée d'invasions successives, a en effet exacerbé le sentiment de l'identité insulaire. Si elle sait dévoiler des trésors de chaleur et d'hospitalité à ceux qui font un petit effort pour décoder son âme et oublier les stéréotypes, cette île conservatrice sait aussi ériger un mur invisible entre le corse et le non corse...

Identité régionale

L'identité corse est un sujet éminemment sensible, qui a déjà fait couler beaucoup d'encre et, au fil de l'histoire, pas mal de sang. En réalité, la question qui se pose est moins celle de l'identité corse en elle-même que celle de la représentation qui en est donnée, souvent de manière simpliste, tant par certains Corses que certains *pinzutti* (continentaux). D'où des malentendus réguliers...

Quoi qu'il en soit, on peut énoncer quelques traits qui, s'ils n'ont pas valeur de postulats définitifs, aideront les visiteurs à mieux comprendre ce que signifie "être corse" à notre époque. En premier lieu, il faut rappeler (et marteler !) que la Corse est une île, dont l'histoire tumultueuse a été jalonnée d'invasions. De là provient le sentiment de méfiance et d'autoprotection qui imprègne la mentalité locale. Tout ce qui est "non corse" peut menacer l'identité insulaire et provoque parfois des réactions disproportionnées, comme ces panneaux de signalisation en français rageusement barrés à la peinture, histoire de rappeler que la langue corse n'a pas été jetée aux oubliettes. Plus inquiétantes, les réactions racistes à l'encontre de la communauté arabe ("Arabi fora") ne peuvent trouver une explication que dans une dérive extrémiste de cet esprit de repli et de méfiance.

À une écrasante majorité, les Corses se sentent davantage corses que français. Paradoxalement, ils restent néanmoins, pour la plupart, très attachés à la France. Au bout du compte, ils ont développé au fil du temps une relation d'amour-haine avec le continent, pas toujours facile à vivre et à gérer, tant pour eux que pour les visiteurs.

À cela s'ajoutent une série de valeurs fondatrices du peuple corse, qui restent vivantes sur cette île conservatrice. Le sens de l'honneur – et le respect de la parole donnée qui en découle – vient certainement en tête. L'atteinte à l'honneur, des hommes comme des femmes, est considérée de longue date comme le pire des affronts. On raconte que le simple fait de toucher le costume ou la coiffe d'une femme suffisait naguère à la déshonorer, et des fiertés bafouées ont été à l'origine de nombreuses vendettas meurtrières. L'île a ainsi produit un certain nombre de "bandits d'honneur", devenus hors-la-loi et réfugiés parfois des années durant dans le maquis pour avoir lavé une offense par les armes. Précisons au passage que les armes, au-delà de la tradition de la chasse, font partie de la culture corse.

La famille tient également une place privilégiée. Quelques règles servent à préserver son unité et sa continuité. Outre l'indivision, qui prévaut lors des héritages, la tradition voulait – et veut souvent encore – que le premier enfant porte le prénom de son grand-père paternel, le deuxième celui de sa grand-mère maternelle, le troisième celui de sa grand-mère paternelle, le quatrième celui du grand-père maternel. Comme souvent sur le pourtour de la Méditerranée, la famille corse traditionnelle est patriarcale. Les garçons héritaient autrefois des habitations. Les terres du littoral – moins bonnes que celles de l'arrière-pays à l'époque où sévissait le paludisme – étaient dévolues aux filles (nombre d'entre elles s'en félicitent maintenant...). Le clan est une autre caractéristique insulaire. Véritable famille élargie associant des parents éloignés, mais aussi des membres de la communauté villageoise, le clan est une structure fermée, jalouse de son influence et de son autorité. Ses membres sont fidèles à ce cercle d'entraide dont ils servent aveuglément les intérêts.

Ces Corses qui ont quitté leur île

Il y a plus de Corses hors de l'île qu'en Corse. L'émigration a de longue date tenté les enfants du pays, et nombreux sont ceux qui affirment que les plus grandes fortunes corses se sont faites hors de l'île... Plusieurs causes expliquent l'apparition précoce de cette diaspora. Citons notamment les occupations étrangères successives, la misère ou encore le paludisme, qui sévissait le long des rivages corses et fut éradiqué par les Américains après la Libération.

Au début du XIXe siècle, la France hexagonale constitue la première destination des émigrés corses, où nombre d'entre eux se tournent vers l'armée. D'autres choisissent l'Italie, où ils vont étudier les belles lettres ou les sciences. L'émigration est surtout le fait du Nord, Balanins et Capcorsins en tête. Ces derniers sont nombreux à se laisser tenter par les Amériques. Revenus sur l'île, certains se firent construire les étonnantes "maisons d'Américains" que l'on peut encore admirer dans le Cap. L'aventure coloniale prend ensuite le relais. Dans les années 1930, on estime à plus de 20% le nombre de Corses dans certains secteurs de l'armée et de l'administration coloniale. La majorité reviendra sur le continent à l'heure de la décolonisation.

La femme dans la société corse

Comme de nombreuses sociétés méditerranéennes, "machistes" à bien des égards, la Corse laisse une large place à la femme. Derrière l'image traditionnelle de la femme corse, vêtue de noir et silencieuse en présence des hommes, se dissimule en effet une autre réalité, où les femmes occupent le devant de la scène. Rappelons que ce sont souvent les mères qui appelaient à la vendetta. Lorsqu'un homme était assassiné, il n'était pas rare de voir son épouse se rendre sur le lieu du crime, où elle faisait mettre à ses enfants le doigt dans la plaie causée par la balle mortelle. Elle traçait ensuite sur leur front un signe de croix avec le sang de leur père avant de leur faire jurer de le venger.

Suite à l'assassinat du préfet Érignac, en février 1998, les femmes du *Manifeste pour la vie* ont fait parler d'elles en réclamant justice et en décidant de se réunir chaque sixième jour du mois face aux grilles du palais de justice de Bastia tant que le meurtre ne serait pas élucidé. L'association 51 femmes pour la Corse de l'an 2000, créée peu de temps après, poursuit un objectif plus économique.

Ce n'est pas la première fois que les femmes corses laissent éclater leur colère sur la place publique : en 1791, un mouvement de révolte des Bastiaises commandées par Flore Oliva, surnommée "la Colonelle", fit trembler le palais épiscopal de la ville où s'était réfugié un évêque favorable à la Constitution... Danielle Casanova, personnalité de la Résistance corse qui périt en déportation en 1943, figure aussi parmi les grandes dames de l'île.

Au niveau politique, le processus de féminisation reste très modeste, avec seulement 36 communes administrées par des femmes. L'Assemblée de Corse, en revanche, applique la parité : à l'heure où nous écrivons ces lignes, elle compte 25 femmes sur 51 membres.

Gardons-nous cependant de croire que "la Corse est un village". S'il est un autre signe distinctif de la société insulaire, c'est son manque d'unité. Les habitants de l'île l'ont de tout temps prouvé, et en toutes circonstances. Les liens qui existent au sein des familles, des clans et des villages sont souvent aussi puissants que ceux qui les opposent à une autre famille, un autre clan ou un autre village...

À l'heure où de nombreux Corses n'habitent plus l'île, "être corse" équivaut pour beaucoup à se conformer aux valeurs abordées brièvement ci-dessus. Le non-Corse, "celui qui n'est pas de la famille", risque pour sa part de voir un certain ethnocentrisme dans ces traits culturels et de trouver la société corse bien "refermée" sur ses villages, ses clans, ses familles, ses terroirs. Souvent, le nouveau venu ressent en Corse la présence d'un mur invisible séparant l'"étranger" et le Corse, comme deux mondes se côtoyant, le premier étant toléré par le second tant qu'il ne se mêle pas des affaires internes de l'île. Une dichotomie exacerbée par le fait que le tourisme bouleverse certaines valeurs insulaires : alors que la Corse possède une culture montagnarde dont la plus grande part des activités traditionnelles a lieu en hiver (saison du *figatellu*, de la charcuterie, du brocciu, de la chasse), la majorité des visiteurs viennent aux beaux jours, sur les côtes...

La Corse, cela dit, sait aussi se faire très chaleureuse. L'île dévoilera des trésors de chaleur et d'hospitalité à ceux qui feront un petit effort pour décoder son âme et oublier les stéréotypes.

Us et coutumes

Quelques règles de conduite simples faciliteront votre voyage en Corse. En premier lieu, certaines habitudes de politesse, parfois disparues sur le continent, perdurent sur l'île. On s'attendra, par exemple, à vous entendre dire "merci monsieur" ou "merci madame", et pas simplement "merci" afin de gagner quelques secondes. La précipitation,

La dette de sang

De toutes les traditions corses, la vendetta est certainement celle qui a fait le plus parler d'elle au-delà des mers. Très répandue entre les XVIe et XVIIIe siècles, cette coutume vit des familles se livrer de véritables guerres, étalées sur plusieurs années, voire plusieurs générations. Il serait cependant erroné de penser que la vendetta se substituait à une justice officielle. Elle répondait au contraire, le plus souvent, à l'absence d'autorité de justice sur l'île et a toujours décru lorsqu'un pouvoir fort présidait à sa destinée. Loin d'être une justice "anarchique", la vendetta répondait à des règles : elle se déclarait comme une guerre, pouvait se finir par la signature d'un traité de paix, etc. Les atteintes à l'honneur furent l'une des causes les plus répandues. Les rivalités amoureuses, les différends concernant des terres ou encore la volonté d'affirmer localement sa puissance mirent également le feu aux poudres en de nombreuses occasions. Jean-Baptiste Marcaggi propose dans *Bandits corses d'hier et d'aujourd'hui* (1932, réédité par La Marge en 1978) une définition de la vendetta : "[...] c'est non seulement le droit de se faire justice soi-même, mais aussi l'obligation impérative, en cas de meurtre, d'acquitter la 'dette de sang', de revendiquer, d'une façon générale, la réparation des offenses faites à l'honneur d'un membre du groupe familial. Les vengeurs, en un mot, poursuivent jusqu'à satisfaction un but de justice." La vendetta, on le voit ici, est un engrenage. Selon ses règles, qui interdisent toute compensation matérielle pour un meurtre ou une offense, chaque mort en appelle une autre. Nombreuses sont ainsi les vendettas qui n'ont pris fin que lorsque les deux familles déploraient des pertes égales... Cette sanglante coutume séculaire, intimement liée à la valeur que l'on attache au sens de l'honneur, avait également son rituel, très méditerranéen. Non seulement les familles en guerre gardaient la chemise ensanglantée du mort tant qu'il n'était pas vengé, mais les hommes ne se taillaient plus ni les cheveux ni la barbe tant que leur vengeance n'était pas complète... Plus répandu dans le Sud – il n'y en eut jamais au Cap Corse, et très peu en Balagne –, le phénomène prit des proportions considérables. L'île déplora certaines années près de 900 meurtres... Nombreux sont ceux qui, une fois leur vengeance accomplie, n'eurent d'autre choix que de prendre le maquis et de se faire bandits. Il n'était plus alors question d'honneur, mais de survie, et tous les moyens étaient bons pour gagner et protéger sa vie.

en règle générale, n'est pas de mise et vous aurez tout à gagner en prenant le temps... N'oubliez pas de vous présenter lors d'une conversation ; on aime ici savoir à qui l'on a affaire. Par ailleurs, le fait de venir à une invitation en apportant quelque chose peut dans certains cas être vécu comme offensant. Vos hôtes pourraient en déduire que vous avez peur de ne pas trouver sur place de quoi vous satisfaire. L'usage veut enfin, si vous buvez un verre avec des Corses, que chacun paye sa tournée plutôt que de diviser la note. Surtout, évitez de critiquer la Corse et ne vous comportez pas en pays conquis. D'autres, nombreux, s'y sont déjà cassé les dents !

Population

Selon les prévisions de l'Insee, publiées en 2019, la Corse comptait 339 178 habitants, dont 110 000 environ regroupés à Ajaccio et Bastia. La Corse-du-Sud et la Haute-Corse totalisaient respectivement 158 800 et 180 378 habitants et figuraient parmi les départements les moins peuplés de France.

Le dépeuplement reste une menace et le vieillissement de la population, notamment dans les villages de l'intérieur, est également préoccupant. L'opposition perdure entre les communes du littoral, qui concentrent la population, et celles d'un intérieur rural en voie de désertification. Sur les 360 communes que compte la Corse, les quelque 87 communes du littoral réunissent 84% de la population. Dans 137 des communes rurales de l'intérieur, la moitié des habitants ont plus de 60 ans. Les communes les plus montagneuses ont perdu environ 15 000 habitants entre 1960 et 1990, et certaines régions ont une densité quasi saharienne. Si l'accroissement naturel est nul (les décès sont supérieurs aux naissances), l'île gagne cependant des habitants. Cette croissance démographique est due à un phénomène migratoire, plusieurs milliers de personnes, actifs et retraités, choisissant chaque année de s'y installer. Ces arrivées se concentrent surtout dans les zones urbaines : Bastia, Ajaccio, Porto-Vecchio, Balagne.

L'île connut au cours de son histoire quelques épisodes d'immigration. Outre les Grecs aux XVIIe et XVIIIe siècles, puis une modeste immigration italienne, elle reçut au lendemain de la guerre d'Algérie, selon la volonté du gouvernement français, un grand nombre de rapatriés de l'ancienne colonie française. Leur installation dans la plaine orientale ne se fit pas sans heurts et cet épisode a joué un rôle important dans la naissance du mouvement nationaliste.

Les étrangers résidents représentent environ 10% de la population insulaire, ce qui est relativement élevé par rapport à la moyenne nationale. Les Marocains sont le groupe le plus représenté – environ 35% des immigrés – devant les Portugais, les Italiens et les Tunisiens. La présence étrangère demeure forte dans le Sud, la plaine orientale, la Balagne et les grandes villes.

La proportion des moins de 25 ans est importante (environ 25%) et leur insertion professionnelle difficile. La natalité y est plus faible que la moyenne nationale : un peu plus de 9 naissances pour 1 000 habitants contre 12,2 sur le plan national. Les naissances sont par ailleurs inégalement réparties : selon l'Insee, la moitié des communes corses n'enregistrent une naissance qu'une année sur deux. La Corse, par ailleurs, compte parmi les régions françaises totalisant le plus grand nombre d'interruptions volontaires de grossesse (IVG) par habitant, notamment chez les très jeunes filles.

Sports

La Corse réserve une place importante au football. Ses deux clubs phares, l'AC Ajaccio (ACA) et le SC Bastia (SCB), qui ont évolué dans les années 1970 parmi l'élite, notamment le SCB, connaissent depuis une période moins faste. L'AC Ajaccio est ainsi revenu en ligue 2 depuis 2014, suivi en 2016 par le SC Bastia, qui a ensuite été rétrogradé en National 3 en 2017. Le football corse a été ces dernières années souvent montré du doigt pour le manque de fair-play de certains de ses supporters, l'intrusion de la politique dans la sphère sportive et des attitudes racistes à l'égard de certains joueurs.

L'île accueille quelques manifestations sportives, dont voici les plus importantes :

Avril

FitaTarget Kalliste – Tournoi international de tir à l'arc, à Biguglia.

Juin

Corsica Raid – Cette difficile épreuve (www.corsicaraid.com) ouverte aux amateurs combine, sur 5 jours, course en montagne, VTT, canyoning, etc. Début juin.

Juillet

Restonica Trail – Depuis 2009, ce trail (restonicatrail.fr), héritier de l'ancienne course Inter-lacs, propose un parcours de course en montagne de 69 km, avec un dénivelé positif de 3 700 m. Il se double du Tavignanu Trail (33 km, 2 500 m de dénivelé positif) et de l'Ultra-trail di Corsica (110 km, 7 450 m de dénivelé positif).

Mediterranean Trophy – Cette épreuve de voile internationale est ouverte aux bateaux de croisière habitables de plus de 9 m. Suspendue en 2018, elle pourrait reprendre dans les prochaines années.

Septembre

A Paolina – 70 km de course à pied à partir de L'Île-Rousse (www.course-a-paolina.com). Fin septembre ou début octobre.

Octobre

Tour de Corse automobile – Cette compétition (www.tourdecorse.com) de 3 ou 4 jours se déroule chaque année sur route, depuis 1956.

Médias

Presse écrite

Depuis 1998, date à laquelle le groupe Hachette a regroupé les journaux *La Corse* (émanation de La Provence) et *Corse Matin* (édition locale de *Nice Matin*) en un seul titre, *Corse Matin* est le seul quotidien régional corse. Tiré à 36 000 exemplaires environ, il s'intéresse à l'actualité internationale, nationale et locale. Depuis le 1er décembre 2014, *Corse Matin* est devenu une filiale à 100% du quotidien *La Provence*, dont le principal propriétaire est Bernard Tapie. Vous pourrez retrouver *Corse Matin* sur le site www.corsematin.com.

Quelques publications au tirage limité, utiles pour comprendre la Corse actuelle, complètent la liste des titres de presse écrite. *Le Journal de la Corse*, qui se présente comme un "hebdomadaire de défense des intérêts de l'île depuis 1817" et comme le "doyen de la presse française", traite de toute l'actualité de l'île. *Le Petit Corse*, quant à lui, est un mensuel d'information sur l'actualité, la culture et la vie quotidienne en Corse.

Les mouvements nationalistes sont notamment représentés dans la presse par *Arritti* (arritti.corsica), organe du Parti de la Nation corse (Partitu di a Nazione Corsa). Majoritairement en français, ce petit hebdomadaire s'intéresse à l'actualité insulaire et internationale et ouvre les colonnes de ses 12 pages à la poésie et à l'histoire. Plus virulent, *U Ribombu* (www.uribombu.corsica), est la voix de l'Unità Naziunale, et éclaire à ce titre sur les revendications du principal mouvement nationaliste corse.

Radio

Le relief corse rend la propagation des ondes radio particulièrement difficile. Un grand nombre de stations se contentent de couvrir le littoral et vous ne pourrez capter à l'intérieur de l'île que les radios italiennes, moins soumises aux limitations de puissance des émetteurs. Les mêmes stations émettant sur différentes fréquences en divers points de l'île, un système sophistiqué (de type RDS) n'est pas un luxe. Radio Corse Frequenza Mora, qui fait partie du réseau France Bleu ("locale" de Radio France), est la fréquence la plus écoutée. Dépassant les 25% d'audience, la station allie informations, culture et musique, en français et en corse. Frequenza Mora émet en FM sur 101.7 (Bastia), 100.5 et 97 (Ajaccio), 101.7 et 100 (Corte), 101.8 et 105.4 (Porto-Vecchio), 101.7 (Calvi), 88.2

Procession de la Semaine sainte à Erbalunga (p. 55)

(est du Cap Corse), 98.2 (Bonifacio), 100.4 (L'Île-Rousse). Son émission emblématique, le Forum, de 8h à 9h30 en semaine, ouvre largement l'antenne aux doléances, coups de gueule et dénonciations des auditeurs. C'est le rendez-vous radiophonique le plus écouté de l'île, notamment par les hommes politiques et les décideurs, prêts à réagir au quart de tour... Alta Frequenza, "la radio corse", qui émet sur 103.2 (Ajaccio), 98.9 (Bastia et le Cap Corse), 101.2 (Bonifacio) et 104 (Corte), est également disponible sur le Net (www.alta-frequenza.corsica).

Vous capterez France Info sur 105.5 à Bastia et 105.6 ou 92 à Ajaccio. France Inter émet sur 92.4 (Ajaccio), 95.9 et 96.8 (Bastia), 92.3 (Bonifacio), 96.8 (Porto-Vecchio), 89.4 (Vivario), 98.2 (Corte), 98 (L'Île-Rousse). NRJ est diffusée sur 101.2 à Ajaccio, 100.8 à Bastia, 105.1 à Bonifacio, 88.3 à L'Île-Rousse ; Fun Radio sur 105.2 à Ajaccio, 99.4 à Bastia, 93.6 à Calvi ; France Culture sur 89.2 ou 92.3 à Bastia et 97.6 à Ajaccio ; France Musique sur 93.9 ou 99.8 à Bastia et 88 ou 94 à Ajaccio.

TV

Outre les chaînes de télévision nationales françaises, l'île dispose avec France 3 Corse de la chaîne numérique Via Stella, qui diffuse des programmes nationaux et régionaux. Ceux qui souhaitent s'initier à la langue insulaire pourront y écouter le journal en corse, Sei Ore, à 18h.

Religions

La Corse est culturellement catholique. Présente à de nombreux stades de la vie quotidienne, la religion s'illustre lors des cérémonies et des processions (Sartène, Calvi, Bonifacio...). De nombreuses églises, souvent remarquables pour leur architecture, sont disséminées sur l'ensemble du territoire et les ex-voto disposés au pied des statues témoignent de la vigueur de la foi. Sainte Dévote, martyrisée au IIIe siècle, est la principale patronne de l'île, mais saint Alexandre Sauli, saint Appien, saint Euphrase, sainte Julie, sainte Restitude et saint Théophile de Corte sont également fêtés. La religion catholique cohabite cependant sur l'île avec un certain nombre de superstitions. La Corse compte également quelques temples protestants (Ajaccio, Pietranera) et une église catholique de rite grec à Cargèse. Les lieux de culte musulman sont au nombre d'une vingtaine dans l'île, installés dans des locaux construits ou loués par des associations musulmanes.

Les croyances populaires sont également très importantes en Corse. Certains redoutent encore le mauvais œil, l'*ochju*, et de nombreux habitants ont encore foi en le mazzérisme, une croyance typiquement insulaire qui se fonde sur l'idée que certaines personnes – les *mazzeri* – sont dotées d'un don de prophétie funèbre qui s'accomplit en rêve. L'"activité" d'un *mazzeru* a lieu durant ses rêves : il traque des animaux dans le maquis ou dans une forêt, qui revêtent le visage d'un proche ou d'un voisin sur le point de mourir. Les *mazzeri* sont surnommés "chasseurs d'âme" ou "messagers de la Mort".

Chapelle Santa-Maria-Assunta de Favalello, Boziu (p. 189)

Arts et artisanat

L'île se distingue avant tout par l'architecture de ses églises, tours génoises et citadelles, ainsi que par ses chants traditionnels polyphoniques, en plein renouveau depuis les années 1970.

Architecture

Reconnu par les spécialistes pour sa richesse, le patrimoine roman corse se divise en deux périodes. La première est le préroman (dès le IXe siècle), qui vit la construction de centaines de petites églises et de chapelles rurales. Il n'en reste aujourd'hui qu'une dizaine, pour la plupart en ruine. La seconde période, plus remarquable, correspond à l'influence pisane. À la fin du XIe siècle, la république de Pise fit venir des architectes chargés de construire de petites cathédrales, notamment dans le Nebbio, la Castagniccia et la Balagne. Parmi les plus connues, San-Michele de Murato et la cathédrale de la Canonica (au sud de Bastia) sont reconnaissables à leurs murs polychromes.

Expression artistique du renouveau religieux, le baroque investit la Corse sous l'influence de Gênes aux XVIIe et XVIIIe siècles. De nombreuses églises de Balagne et de Castagniccia adoptent alors ce style très en vogue dans l'Italie du Nord. Derrière les façades à fronton triangulaire ou curviligne, les intérieurs sont somptueux. L'église Saint-Jean-Baptiste de La Porta (Castagniccia), les édifices religieux de Bastia et les cathédrales d'Ajaccio et de Cervione constituent quelques exemples de ce courant artistique, visible dans l'architecture de 150 églises construites jusqu'au XIXe siècle.

Les remparts d'Ajaccio (p. 118)

Écoutez Mérimée expliquer le code d'honneur de la *vendetta*, et comparer l'élégance du fusil à celle d'une canne.

Scannez la page avec l'appli lisez!

6 min

Extrait de Colomba (1840).

Les bâtiments militaires constituent un autre témoignage architectural de premier plan. Notamment les tours génoises (il en reste 67) qui ponctuent le littoral corse et les nombreuses citadelles des villes côtières – Bastia, Saint-Florent… Construites par les occupants génois, certaines furent agrandies par les Français, comme celle de Corte, seul témoignage de citadelle de l'intérieur des terres. La maison d'habitation traditionnelle corse (*casa*) est le plus souvent en granit, à l'exception des zones calcaires de Bonifacio et de Saint-Florent et du nord de l'île, où le schiste est plus couramment utilisé. Elles atteignent fréquemment 4 ou 5 étages. Les petites ouvertures permettent de se protéger du froid en hiver, comme de la chaleur et de la lumière estivales. Les toits sont recouverts de larges plaques fines de schiste dont la couleur varie selon la provenance : gris-bleu à Corte, vert à Bastia, gris argent en Castagniccia.

Peinture

À l'instar de l'architecture, la Corse a davantage importé les cultures pisane et génoise qu'elle n'a engendré de courant artistique ou de peintres. Ainsi, des fresques gothiques, réalisées à la fin du XVe siècle, ornent-elles encore une vingtaine d'églises et de chapelles. Le musée Fesch d'Ajaccio – le plus grand musée de Corse – conserve la plus vaste collection en France de peintures italiennes après celle du Louvre (voir p. 119). Rassemblée par le cardinal Fesch, oncle de Napoléon, commissaire à la guerre en Italie puis commerçant avisé, elle compte des dizaines d'œuvres des primitifs italiens. Au XIXe siècle, quelques artistes corses se firent remarquer en fréquentant les écoles de grandes villes françaises (Charles Fortuné Guasco, Louis Pellegrini…). Certains allèrent même jusqu'au prix de Rome ou furent exposés dans les Salons parisiens. Plus tard, l'île contribua à l'effervescence artistique en accueillant, à la fin du XIXe siècle et au début du XXe siècle des artistes majeurs venus chercher la lumière particulière de la Méditerranée. Parmi eux, Matisse confiera : "C'est à Ajaccio que j'ai eu mon premier émerveillement pour le Sud." Fernand Léger, également à l'aube de sa carrière, choisit de passer plusieurs étés sur le littoral corse. Utrillo et sa mère, Suzanne Valadon, y firent également plusieurs séjours, tout comme Signac et l'Américain Whistler. Moins précurseurs et cependant issus de la même génération, des peintres insulaires comme Lucien Peri, François Corbellini, Pierre Dionisi ou le sculpteur Jean-Mathieu Pekle sont synonymes du renouveau artistique de la Corse après la Première Guerre mondiale. La plupart ont trouvé leur inspiration dans les paysages de l'île.

Littérature

Avant d'être écrite, la littérature insulaire est orale. Née dans les villages, transmise au cours des veillées, mais aussi lors de la transhumance des bergers, elle fait la part belle à la poésie, aux contes (*fola*) et aux histoires de la vie quotidienne. La chanson est le plus souvent le vecteur de cet art oral dont l'interprète devient aussi le recréateur (la complainte du départ,

Écoutez Alphonse Daudet se remémorer son séjour sur l'île des Sanguinaires, une nuit de tempête.

Scannez la page avec l'appli lisez!

3 min

Extrait du Phare des Sanguinaires, 1869.

Le phare des Sanguinaires (p. 12è)

le *lamentu* du bandit, la sérénade de l'amoureux, la chanson électorale...). Aujourd'hui, les groupes de polyphonies corses ont su se réapproprier ce patrimoine littéraire.

La littérature écrite arrive tardivement. Avec le développement des villes, des cercles littéraires voient le jour (comme à Bastia, l'Accademia dei Vagabondi, 1659). Les écrivains se font historiens (*Historia di Corsica*, Anton Pietro Filippini, 1594) et développent une forme de sentiment national. À partir du XIXe siècle, la littérature corse d'expression italienne (dont le représentant le plus connu est Salvatore Viale, 1787-1861) laisse lentement la place au français. C'est aussi l'époque où des auteurs du continent s'intéressent à l'île et en dressent des tableaux romanesques, pas toujours à la gloire de ses habitants. Ils sont nombreux : Guy de Maupassant publie *Un bandit corse* (1882), *Une vendetta* (1883) et *Histoire corse* ; Alexandre Dumas *Les Frères corses* (1844) ; Honoré de Balzac *La Vendetta* ; sans oublier Prosper Mérimée qui écrira, après son voyage en Corse, l'inoubliable *Colomba* (1841).

Parmi les contemporains, deux écrivains corses, largement publiés sur le continent, ont apporté leurs visions de l'île. Enfant de Bastia, Angelo Rinaldi décrit avec précision la société corse d'après guerre. *Les Dames de France*, *La Dernière Fête de l'Empire*, *Les Jardins du consulat*, *Les Roses de Pline* traduisent l'imaginaire littéraire de l'auteur, nourri de ses années d'enfance. Marie Susini, quant à elle, évoque les problématiques de la structure familiale et de l'enfermement insulaires. Citons notamment *L'Île sans rivages* (1953).

Marie Ferranti est l'une des auteures corses les plus connues, notamment avec *La Fuite aux Agriates* (Gallimard, 2000), qui relate l'histoire d'une jeune femme entrée par amour dans l'engrenage de la politique insulaire. L'auteure a également publié *La Chambre des défunts*, *La Chasse de nuit* (2004), *Lucie de Syracuse* (2006), *La Cadillac des Montadori* (2008), *Une haine de Corse* (2012), *Marguerite et les grenouilles* (2013) et *Les Maîtres de chant* (2014), chez le même éditeur. *Deux, rue de la Marine* (Les Vents contraires), d'Hélène et Jeanne Bresciani, est la chronique d'une enfance bastiaise sur fond de deuil du père.

En 2012, Jérôme Ferrari a porté haut les couleurs de la littérature d'origine insulaire en obtenant le prix Goncourt avec *Le Sermon sur la chute de Rome* (Actes Sud, 2013). Né à Paris au sein d'une famille corse, île dans laquelle il s'installe à 20 ans avant de partager sa vie entre la Corse et des postes d'enseignant à l'étranger, l'auteur situe son récit dans un bar de village de l'île, au comptoir duquel les habitants philosophent sur la fuite du temps et évoquent l'époque coloniale, mêlant leurs réflexions avec le quotidien de la montagne insulaire.

Parmi les auteurs contemporains remarqués, citons également Marc Biancarelli, qui écrit en corse et en français et porte un regard sans complaisance sur son île dans *Murtoriu* (Actes Sud, 2012) ou *Orphelins de Dieu* (Actes Sud, 2014).

Du côté des ouvrages sociopolitiques, mentionnons ceux de Wanda Dressler, chercheur au CNRS, auteur d'un premier ouvrage de référence *La Corse en question(s)* (Albiana, 2004). L'auteur s'efforce de combattre l'incompréhension et le fossé entre sociétés continentale et insulaire en tentant de donner des réponses apaisées à des questions brutales, à forte charge affective, qui divisent partisans et adversaires d'un débat démocratique (violence, loi

Maquis corse aux environs d'Ajaccio (p. 118)

JON INGALL/SHUTTERSTOCK©

Écoutez Flaubert s'émerveiller devant la beauté de la baie d'Ajaccio et le maquis, et frissonner d'excitation à l'idée de rencontrer des bandits.

Scannez la page avec l'appli *lisez!*

5 min

Extrait de la Correspondance de Gustave Flaubert, lettres à sa sœur des 6 et 9 octobre 1840.

des clans, indépendance, langue, nationalisme...). *Le Destin d'une île* (Albiana, 2007) offre un panorama des travaux qu'elle a menés sur les bouleversements que connaît la Corse depuis 30 ans, qui lui ont souvent valu d'être qualifiée de "laboratoire".

En 2007, le bicentenaire de la mort de Pascal Paoli (1725-1807), le "Père de la nation corse", a donné lieu à la parution de nombreux ouvrages. *En Corse au temps de Paoli* (Albiana/CCU, 2007), de Paul Silvani, raconte sous forme de chroniques la Corse du XVIIIe siècle. L'auteur, écrivain et journaliste, est le principal mémorialiste de la Corse.

Le polar suscite également des vocations littéraires sur l'île depuis quelques années. Il apparaît comme une façon ludique de pénétrer habilement les arcanes d'une société et de faire passer des messages sur la réalité à travers la fiction. Les auteurs de la collection NERA (Albiana) sont souvent de fins connaisseurs de la société et de la politique insulaires, tel Jean-Pierre Santini, auteur d'essais politiques sur le nationalisme corse, qui a signé plusieurs titres dans la collection. Les éditions Clémentine possèdent également leur collection Série noire. Marie-Hélène Ferrari y a publié plusieurs romans qui suivent les aventures du grincheux policier Pierucci à travers Bonifacio.

Quant à Peter Mayle, écrivain britannique qui s'est fait une spécialité des romans dont l'action se déroule dans les régions du sud de la France, il a récemment publié *Embrouille en Corse* (Points, 2017), sur fond de jet-set et de mafia.

Phénomène littéraire et gros succès de librairie sur le continent comme en Corse, la bande dessinée *L'Enquête corse* (Albin Michel, 2000) a même eu droit à sa traduction en langue corse et à une adaptation au cinéma. Le dessinateur Pétillon y croque avec un humour décapant les aventures d'un détective privé en mission sur l'île. Toujours en BD mais dans un registre plus sombre, avec *Le Procès Colonna* (Glénat, 2008), Tignous et Paganelli présentent leurs impressions, sous forme de texte et de dessins, des 34 journées d'audience à l'issue desquelles le berger de Cargèse a été condamné, fin 2007, à la réclusion à perpétuité pour l'assassinat du préfet Claude Érignac. Paru en 2017, *Repenti* (Fayard, 2017), de Claude Chossat, est le témoignage d'un ancien du gang de la Brise de mer, qui vit caché après avoir été menacé.

Cinéma

L'île n'est pas une terre de cinéma, mais a inspiré quelques films et séries télévisées. En 2004, Alain Berberian y a tourné l'adaptation cinématographe de *L'Enquête corse*, d'après la BD de Pétillon. Deux ans plus tard, Canal+ commençait à l'utiliser comme toile de fond de sa série *Mafiosa*, qui a atteint cinq saisons. Elle relate le quotidien mouvementé du clan corse de fiction des Paoli et de sa chef Sandra (Hélène Fillières), dont l'arrivée "aux affaires" ne fait pas que des heureux...

Le remarqué *Une vie violente*, long métrage de Thierry de Peretti sorti en 2017, a apporté une nouvelle voix à l'histoire de l'île et du cinéma. Le cinéaste natif d'Ajaccio, qui avait déjà réalisé en 2013 *Les Apaches*, y suit le parcours d'un jeune dans les années 1990, illustrant

Écoutez Maupassant nous conter le voyage de noces de son héroïne sous le soleil brûlant d'un été corse, parenthèse enchantée au sein d'une existence conjugale malheureuse.

Scannez la page avec l'appli *lisez!*

4 min

Extrait d'Une Vie, 1883.

Cargèse (p. 114)

l'attraction du nationalisme et de sa violence auprès des jeunes et les relations troubles entre banditisme et revendications politiques.

Musique

La musique vocale, en pleine renaissance, trouve ses origines dans la tradition insulaire. La *paghjella*, entrée au Patrimoine immatériel de l'humanité, en est la forme la plus connue. Ces chants polyphoniques mêlent 3 ou 4 voix d'hommes, vêtus de noir et portant une main sur l'oreille afin de ne pas être troublés par la voix de leur voisin. Ce dernier point est important, car chaque voix suit une ligne mélodique définie : la première donne le ton et la base de la mélodie, la deuxième assure les basses, la troisième, plus aiguë, improvise autour du thème.

Plus triste est le *voceru*, qui accompagne les veillées funèbres. Cette forme musicale monotone et saccadée est l'apanage des femmes, qui pleurent autant qu'elles chantent et rythment l'ensemble de balancements du corps qui ne sont pas sans rappeler la transe. Les vendettas voyaient souvent les *voceri* s'accompagner d'appels à la vengeance. Plus doux, le *lamentu* est une complainte qui déplore l'absence d'un être aimé. Les *lamenti* sont eux aussi réservés aux femmes. Les *chjam'e rispondi* rappellent dans leur structure le *call and response* du blues et du spiritual : une voix appelle, une autre lui répond. Cette forme musicale se prête parfois aux joutes d'improvisation. De multiples flûtes de bois ou de corne, quelques percussions et le *cetera*, instrument à 16 cordes, peuvent accompagner ces chants.

À la suite de Canta U Populu Corsu, groupe qui s'est formé dans le cadre du Riacquistu – mouvement de réappropriation de la culture et de la langue corses, qui a vu le jour dans les années 1970 – des groupes polyphoniques comme I Muvrini, A Filetta ou I Chjami Aghjalesi font maintenant vivre ces formes traditionnelles d'expression musicale. Outre la discographie de ces formations, vous pourrez écouter l'enregistrement intitulé *Musique corse de tradition orale* (F. Quilici, archives sonores de la Phonothèque nationale). Ce coffret de

Sur les traces des artisans de Balagne

Soucieuses de mettre en valeur les talents des artisans parfois perchés en retrait des côtes, la Chambre des métiers de la Haute-Corse et l'association **Strada di l'Artigiani** (☎ 04 95 60 23 37 ; www.routedesartisans.fr) ont créé une "route des savoir-faire de Balagne". Serpentant sur les hauteurs entre Calvi et L'Île-Rousse, ce très beau circuit touristique traverse villes et villages à la rencontre de couteliers, d'apiculteurs, d'ébénistes, de relieurs, de luthiers, de vignerons ou encore de céramistes, de potiers et de verriers. Leurs ateliers sont ouverts au public à Lumio, Calenzana, Belgodère, Feliceto, Pigna, Olmi-Cappella, Cateri, etc. Pour plus de détails, procurez-vous la brochure *Strada di l'Artigiani*, dans un office du tourisme.

Tour génoise (p. 52)

OLIVIER MAGHERINI/ADOBESTOCK©

Écoutez Alexandre Dumas vous vanter l'hospitalité corse et la frugalité des chevaux de l'île.

Scannez la page avec l'appli *lisez!*

8 min

Extrait des Frères Corses, 1844.

3 disques 33-tours, enregistrés entre 1961 et 1963, permet d'entendre des interprétations anciennes. Autre curiosité, la *Canzone di i prigiuneri corsi in Alimania 1916-1917* (33-tours, label Vendémiaire) a été enregistrée par des ethnologues allemands dans les camps de prisonniers de la Première Guerre mondiale à partir de rouleaux de cire gravés.

À la fois chant religieux et guerrier, l'hymne corse – *Diu vi salvi Regina* – est chanté *a cappella* dans de nombreuses occasions. Pour découvrir la richesse et la diversité de la musique corse, rien ne vaut un petit détour par le village de Pigna, en Balagne. Outre les manifestations du festival Festivoce et les programmations régulières de l'auditorium, vous découvrirez plusieurs artisans qui fabriquent des instruments de musique.

L'île compte par ailleurs quelques groupes de pop-rock, comme Ghøstøne ou Blague à part.

Théâtre

Les manifestations théâtrales ont pris une certaine ampleur ces dernières années sous l'impulsion de Robin Renucci. Durant l'été 1998, l'acteur a créé les Rencontres internationales de théâtre en Corse, qui se poursuivent depuis et se sont dotées d'une belle scène près d'Olmi-Cappella, dans la région isolée du Giussani. Fervent partisan de la décentralisation, Robin Renucci entend redonner une vie culturelle à des villages désertés et oubliés de la Corse intérieure. La première édition, qui fut un véritable succès populaire, permit à plusieurs compagnies corses, dont Teatrinu, de s'associer à cette démarche artistique et pédagogique. Respectueux de l'enseignement d'Antoine Vitez, Robin Renucci entend en effet renouer avec l'esprit des stages qui l'ont formé. Durant un mois d'été, des dizaines d'acteurs professionnels et amateurs, corses et continentaux, jeunes et moins jeunes, se retrouvent ainsi pour travailler ensemble. L'encadrement est assuré par des comédiens riches d'expériences diverses comme Mario Gonzales, expert en commedia dell'arte. Renucci, fidèle à un idéal du théâtre public, tient à la gratuité des spectacles et aux échanges entre la population et les comédiens, afin de partager le "pain du théâtre". Place de village, chapelle désaffectée, maquis et forêt se marient à merveille avec un répertoire aussi varié que Molière, Goldoni, Shakespeare, Ionesco ou encore Culiolo (en langue corse). Ces rencontres sont la principale manifestation de la scène théâtrale insulaire.

Ajaccio et Bastia possèdent chacune un théâtre municipal, et un projet de scène nationale en Corse est à l'étude.

Artisanat

L'artisanat insulaire est limité mais connaît un regain d'intérêt, dont la Balagne est l'épicentre, depuis quelques années. Une route des artisans relie plusieurs villages, dont Pigna est le plus actif (voir l'encadré ci-contre) et les visiteurs peuvent acheter de l'artisanat d'art dans les ateliers – coutellerie, poterie, vannerie, verrerie, etc. La brochure *L'Art des artisans*, disponible dans les offices du tourisme des principales localités, recense les ateliers des artisans-créateurs de l'île.

Vignes en Balagne (p. 76)

JONIN GALLE 1/ADOBESTOCK ©

La cuisine corse

La cuisine corse est avant tout une cuisine méditerranéenne élaborée à partir de produits locaux. Ses mets les plus caractéristiques se dégustent en hiver : gibier ; ragoûts mijotés (tiani) *; daubes* (stuffati). *L'excellent veau aux olives figure également au menu, tout comme la délicate tourte aux herbes du maquis. Il n'est malheureusement pas toujours facile d'apprécier cette cuisine à sa juste valeur, les meilleures tables côtoyant pléthore d'adresses proposant de médiocres "menus corses".*

Spécialités locales

La charcuterie

Réputée au-delà des rivages de l'île, la charcuterie corse doit davantage son originalité et son goût à la qualité de la matière première qu'aux techniques d'élaboration. Comme toute bonne charcuterie, elle nécessite un long séchage et se vend cher. Ce qui explique pourquoi la tentation est grande de vendre en été aux touristes une charcuterie de moindre qualité. Dans les faits, les Corses eux-mêmes sont souvent en quête d'un endroit où acheter de la bonne charcuterie à un tarif raisonnable.

La charcuterie de montagne traditionnelle est élaborée à partir des cochons coureurs de l'île, issus d'une race locale et élevés en semi-liberté (voir l'encadré p. 190). L'été, ils sont en général conduits dans la montagne pour éviter les fortes chaleurs ; en automne, ils se nourrissent de glands et de châtaignes. L'éleveur attendra de 14 à 36 mois avant d'abattre ses cochons, contre 6 mois en élevage intensif. Autrefois, on tuait les cochons en hiver dans les fermes, pour profiter du froid. Les réglementations européennes obligent maintenant les éleveurs à tuer les cochons en abattoir. Certains estiment cette pratique contraire à la tradition. D'autres rappellent qu'il s'agit avant tout de règles d'hygiène, qui ne nuisent pas à la qualité finale du produit. Viennent ensuite le fumage – plus ou moins long, il a traditionnellement lieu dans le *fucone* – et le séchage, dont la durée est déterminante.

Afin de faire face à l'afflux estival, une quantité non négligeable de charcuterie est élaborée à partir de viande importée. Il s'agit donc de charcuteries de "type corse", souvent saturées en fumage pour renforcer cette impression, et non de charcuterie traditionnelle corse. Si vous êtes en quête de produits de qualité, fiez-vous à la coppa, au jambon et au lonzo labellisés AOC, ainsi qu'aux labels "Testa Nera" ou "Carte fermière d'identité", qui garantissent la qualité des produits et leur origine.

L'AOC, enfin !

Jusqu'en 2012, quelques vins, du miel, de l'huile d'olive, la farine de châtaigne et le célèbre brocciu étaient les seuls produits corses à bénéficier d'une AOC (appellation d'origine contrôlée). Après plus de 10 années d'efforts de certains producteurs locaux, l'Institut national de l'origine et de la qualité (INAO) a accordé son label à trois charcuteries de l'île : la *coppa di Corsica*, le jambon sec (*prisuttu*) et le *lonzo* (ou *lonzu*). Désormais, seuls les produits respectant le cahier des charges imposé par l'AOC peuvent porter ces noms et l'étiquette spécifique correspondante. Une victoire pour la qualité des produits : pour ces spécialités, l'AOC permet en effet de faire la différence entre la "vraie" charcuterie corse et celle élaborée à partir de viandes de porc importées sur l'île de tous les coins du monde… Les défenseurs de l'AOC comptent bien étendre l'appellation à d'autres spécialités, notamment le *figatellu*.

Les spécialités charcutières les plus répandues sont le *prisuttu* (AOC), jambon qui doit avoir séché 18 mois pour être parfait ; la *coppa* (AOC), échine salée et séchée consommée après 6 mois ; le *lonzu* (AOC), filet de porc conservé entier sous une couche de graisse ; le *figatellu*, saucisse de foie au vin servie grillée (en hiver) ; le *salamu* et la *salciccia*, saucissons secs très savoureux ; et la *salcicetta*, saucisse à cuire.

Le brocciu

Le brocciu, bruccio, ou encore broccio, entre dans la composition de nombreuses spécialités : soupe, omelette à la menthe, légumes farcis, beignets sucrés ou salés, desserts, etc. Ce fromage frais est élaboré selon une recette traditionnelle à base de petit lait de brebis et/ou de chèvre, chauffé et additionné de 10 à 20% de lait cru entier. Ce mélange est ensuite réchauffé, salé et brassé. Les particules qui remontent à la surface sont écumées, avant d'être déposées par couches successives dans une faisselle (récipient percé pour faire égoutter le fromage). Aujourd'hui, les corbeilles de jonc tressé sont remplacées par des moules en plastique.

Si le brocciu était autrefois considéré comme le fromage du pauvre, il bénéficie aujourd'hui d'un vif succès notamment lié à son appellation d'origine contrôlée (AOC). On trouve le vrai brocciu frais de décembre à juillet et on le consomme sucré (avec du miel ou de la confiture), salé (ou en vinaigrette), ou encore arrosé d'eau-de-vie (*acquavita*). Typiquement corse, il est différent de la brousse provençale ou italienne (à base de lait de vache), qui remplace souvent le brocciu dans les recettes en été. On raconte que la mère

L'huile d'olive de Corse

L'huile d'olive de Corse, Oliu di Corsica, bénéficie d'une appellation d'origine contrôlée (AOC) depuis 2004 – une véritable reconnaissance pour les producteurs locaux qui ont développé ces dix dernières années des vergers autrefois abandonnés. L'île de Beauté compte six variétés d'olives reconnues : la Zingala en Corse-du-Sud, la Sabine de Balagne, la Ghjermana dans l'Alta Rocca, la Capanaccia du Cap Corse, la Ghjermana de Casinca et la Curtinese du centre de la Corse.

de Napoléon raffolait tant de ce fromage qu'elle avait importé des chèvres corses dans sa maison de Rueil-Malmaison.

D'autres fromages sont fabriqués sur l'île. De nombreux producteurs des régions du Niolo, du Fium'Orbo ou encore des environs de Venaco produisent des fromages artisanaux de brebis ou de chèvre, avec ou sans croûte, doux ou forts. Ils n'ont en général pas de nom particulier, si ce n'est celui de leur région d'origine.

La châtaigne

C'est sans doute le produit alimentaire qui a le plus marqué l'identité corse. Si des analyses ont permis de découvrir des traces de pollen de châtaignier remontant à la dernière glaciation quaternaire, on sait que ce sont les Génois qui ont imposé et développé la culture de la châtaigne en Corse.

Le fruit était utilisé sous toutes les formes, pour faire de la farine, de la bouillie, des beignets et surtout du pain, ce qui permettait d'éviter la famine : "Tant que nous aurons des châtaignes, nous aurons du pain", disait Pascal Paoli.

La châtaigne se mange aussi en purée, en confiture, elle se transforme en liqueur et sert à nourrir les bêtes. La traditionnelle *pulenta*, qui accompagne parfois les viandes en sauce (comme la daube de sanglier), est préparée à partir de farine de châtaigne et d'eau.

Et encore...

Vous pourrez également déguster en Corse d'excellents poissons et fruits de mer : oursins, murène grillée, dorade, mérou, sardines farcies au brocciu, bouillabaisse. Plus rarement, on pourra également goûter aux poissons d'eau douce, anguilles et truites.

En dessert, essayez le délicieux *fiadone*, flan léger à base de brocciu, de citron et d'œufs, les beignets au brocciu ou encore les *canistrelli*, gâteaux secs aux amandes, aux noix, au citron ou à l'anis. Les confitures (de figues, d'oranges, de châtaignes) sont succulentes.

Le miel est également fort réputé, puisque les abeilles ont la chance de pouvoir butiner une flore très variée (quelque 3 000 espèces de fleurs différentes), au cœur d'une nature sauvage et peu polluée.

Enfin, ne quittez pas la Corse sans avoir dégusté son huile d'olive, qui reflète à merveille le terroir et les odeurs de maquis. La récolte et la fabrication traditionnelles, s'ajoutant au climat particulièrement ensoleillé, donnent une huile d'olive douce, parfumée et sans amertume.

Boissons

D'excellentes eaux minérales proviennent des sources Zilia, en Balagne, et Saint-Georges (non loin d'Ajaccio, p. 128). L'eau d'Orezza (p. 198) est une eau minérale gazeuse de la Castagniccia. L'île produit plusieurs bières locales. La Pietra réjouira les amateurs de bière ambrée, même si la châtaigne, qui entre dans sa composition, est difficile à déceler. La Serena, une blonde légère, a moins de caractère. La Colomba est une bière blanche parfumée aux herbes du maquis.

Vins et liqueurs

Les Grecs et les Romains introduisirent la vigne en Corse avant l'ère chrétienne. Les Génois encouragèrent par la suite la culture de cette plante méditerranéenne. Le vignoble insulaire a souffert de maladies diverses (au lendemain de la Première Guerre mondiale), et des primes furent données aux viticulteurs pour qu'ils arrachent leurs pieds de vigne. Leurs efforts ont depuis porté leurs fruits, et la production corse se distingue maintenant par quelques vins d'excellente qualité. L'île compte 10 000 ha plantés. La majeure partie de la production est consommée dans la saison ; vous trouverez donc peu de vins de garde, même si certains producteurs se dirigent de plus en plus dans cette voie. Le Cap Corse et les vignobles de Patrimonio produisent d'excellents muscats (vins blancs doux) et quelques apéritifs qui se consomment frais, dans la composition desquels entrent diverses essences maquisardes (Cap Corse, Rappu...). Après un bon repas, on vous proposera sûrement de goûter à l'*acquavita*. Ce digestif à base de marc de raisin a longtemps été considéré comme un médicament. Il se consomme pur ou avec des fruits macérés. Certaines liqueurs sont également incontournables. C'est le cas de la liqueur de cédrat, un agrume proche du citron et que l'on trouve également dans quelques pays méditerranéens comme la Grèce. La liqueur de myrte, encore fabriquée de manière artisanale par beaucoup de familles (chacune a sa recette), offre un goût fruité, très parfumé et légèrement âpre.

Les vins AOC en Corse

La Corse compte une appellation régionale :
AOC Vin de Corse
Cinq appellations "villages" :
AOC Calvi
AOC Coteaux du Cap Corse
AOC Figari
AOC Sartène
AOC Porto-Vecchio
Deux appellations locales :
AOC Ajaccio
AOC Patrimonio
Et une appellation "vin doux naturel" :
AOC Muscat du Cap Corse

Établissements

La restauration corse semble être à deux vitesses : de très nombreux établissements, principalement situés le long de la côte et dans les grandes villes, proposent des menus touristiques similaires sans qualité ni originalité. Ils sont ouverts entre avril et septembre ou octobre et bénéficient principalement d'une clientèle de passage. Fort heureusement, la gastronomie étant encore bien vivace sur l'île, une gamme de restaurants sert une cuisine de qualité préparée à l'aide de produits frais locaux. Ils peuvent sembler onéreux, mais la gastronomie est à ce prix. Vous aurez donc tout intérêt à vous contenter d'un (bon) plat à l'une de ces tables plutôt que d'un (médiocre) menu touristique. Certaines spécialités sont par ailleurs bon marché, notamment l'omelette au brocciu et à la menthe ou les cannellonis au brocciu. Ces établissements appréciés de la population locale sont souvent ouverts en automne et une partie de l'hiver. En été, des pizzerias et des crêperies s'adressant aux vacanciers affichent des prix plus ou moins justifiés.

Végétariens

La Corse n'est pas une destination très adaptée aux végétariens, la viande, la charcuterie et le poisson entrant dans la composition de la majorité des plats. Tout espoir n'est cependant pas perdu, notamment grâce aux pizzas, pâtes et fromages locaux. Quel restaurant ne propose pas à sa carte les fameux cannellonis au brocciu ? Vous pourrez vous fournir chez les producteurs, toujours heureux de vendre en direct.

Planche à voile et kitesurf sur la plage de Piantarella (p. 149)

JEAN-BERNARD CARILLET ©

Activités

Si les belles plages corses font la joie des amateurs de baignade et de farniente, l'île est également un excellent terrain de jeu pour les visiteurs plus sportifs. À côté de la randonnée et de la plongée, activités reines, on trouve également d'excellentes possibilités pour pratiquer l'équitation, les sports d'eau vive et les activités nautiques. Et les prestataires de sports d'aventure sérieux ne manquent pas. Le tout dans un cadre naturel exceptionnel et protégé...

Randonnée

Le relief montagnard de la Corse appelle à la découverte à pied. L'île compte des centaines de kilomètres de sentiers balisés. Le GR®20, qui traverse l'île du nord-ouest au sud-est, est un mythe pour nombre de randonneurs, marcheurs confirmés ou randonneurs occasionnels (voir l'encadré p. 92). Stupéfiant par ses paysages, éprouvant par ses dénivelés et souvent surprenant par son tracé parfois acrobatique totalisant près de 200 km, il se parcourt en seize étapes. Parcours de moyenne montagne plus courts que le GR®20, les Mare a Mare® et Mare e Monti® présentent l'avantage de faire étape dans les villages de l'intérieur de l'île. Le beau Mare a Mare® Sud, créé sur la base d'anciens sentiers de transhumance, relie les abords de Porto-Vecchio à ceux de Propriano.

Le Parc naturel régional de Corse est également une merveille : il regroupe plus du tiers de la superficie de l'île, dont certains de ses plus beaux joyaux naturels, réserve de Scandola et aiguilles de Bavella en tête (p. 108 et p. 162).

Plongée

Le relief sous-marin des abords des côtes corses n'a rien à envier aux dénivelés qui se dressent au-dessus des flots. La côte découpée du littoral ouest et sud de l'île abrite des dizaines de sites de plongée, exceptionnels pour certains, adaptés à tous les niveaux. Ici, pas de plateau continental, mais des tombants aux formes torturées, des bouquets de corail et des profondeurs qui affolent vite le profondimètre...

Idéal pour ceux qui hésitent à franchir le cap de la plongée avec bouteille, le snorkeling est une excellente introduction à la découverte du milieu sous-marin. Les îles Lavezzi sont particulièrement adaptées à cette pratique, mais toute crique bien abritée fera l'affaire. Avec ses criques profondes, ses clubs professionnels et bien équipés, sa température de l'eau dépassant 20°C et sa visibilité jusqu'à 25 m en été, la Corse présente des conditions idéales. Voir aussi p. 25.

Balades équestres et à dos d'âne

Le tourisme équestre a le vent en poupe. Les fermes et centres équestres sont disséminés dans la plupart des régions de l'île et proposent une gamme complète de prestations, allant de la balade d'une heure au circuit d'une semaine – l'idéal pour se plonger au cœur de la nature corse, soit sur le littoral, soit dans l'arrière-pays. Ces structures disposent aussi généralement de poneys qui feront la joie des enfants. Vous trouverez les coordonnées de ces centres dans les chapitres régionaux.

Nouvelle mode en pleine expansion, la balade avec un âne. Il s'agit de randonnées pédestres en compagnie de ce sympathique quadrupède qui porte vos bagages et, à l'occasion, un enfant fatigué. Certains centres prévoient aussi que la balade se fasse entièrement à dos d'âne pour les enfants. Les formules vont de la promenade d'une heure à l'excursion de plusieurs jours, accompagnée ou non.

Canyoning et randonnée aquatique

Le canyoning est en plein essor depuis quelques années grâce aux sites des environs du massif de Bavella – canyons de la Vacca, de la Purcaraccia et de Piscia di Gallo, à la fois ludiques et grisants, p. 163 – et à celui de Fiumicelli. Dans l'arrière-pays de Propriano, le canyon de Baracci est lui aussi réputé. Près de Solenzara, le canyon de Travo peut convenir pour la randonnée aquatique (p. 202). La vallée du Niolo offre également quelques jolis parcours (p. 184).

Escalade et via ferrata

Pour l'escalade, le massif de Bavella (p. 162) est, là encore, incontournable. La vallée du Niolo vaut également le déplacement, surtout dans le secteur de Cuccia et de Calasima, ainsi que dans les vallées de la Restonica (p. 182) et du Prunelli (p. 130).

Pour éviter les risques et les difficultés techniques, vous pouvez vous tourner vers la via ferrata. Née dans les Dolomites italiennes durant la Première Guerre mondiale afin de permettre aux troupes de franchir facilement les montagnes, cette discipline permet de goûter aux joies de l'escalade grâce à des échelles en fer fixées dans la roche. Pas besoin d'équipement sophistiqué : une paire de baskets, un casque et un baudrier

Quelques prestataires

Altore (www.altore.com). Parapente, canyoning, parcours aventure.

In Terra Corsa (www.interracorsa.com). Randonnée, eau vive, sports nautiques.

Altre Cime (www.altre-cime.com). Trail, randonnée.

CESM (www.cesm.net). Sports nautiques, plongée.

Baracci Natura (www.baraccinatura.fr). Canyoning, parcours aventure.

font l'affaire. Une corde accrochée à un gros câble retient les grimpeurs en cas de chute. La via ferrata di a Manicella, dans la vallée de l'Asco (p. 187), est considérée comme l'une des plus belles de France.

Parcs aventure

Une dizaine de parcours aventure ont été aménagés ces dernières années dans les forêts de l'île, comportant généralement plusieurs niveaux de difficulté et un nombre plus ou moins grand d'ateliers. Ces parcours sécurisés sont accessibles à tous (enfants à partir de 6 ans, voire moins).

VTT et cyclotourisme

Le cyclotourisme et le VTT font de plus en plus d'adeptes. Sentiers forestiers, petites routes de montagne, chemins sinueux, il y en a pour tous les goûts. Vu les dénivelés, mieux vaut être entraîné. Plusieurs prestataires multisport louent des VTT et proposent des randonnées avec ou sans guide, d'une demi-journée à une semaine.

Kayak de mer

Le kayak de mer peut se pratiquer de manière simplement ludique le long de nombreuses plages corses, comme celles du Ricanto (Ajaccio, p. 122), de Porticcio (p. 128) ou de San Ciprianu (Porto-Vecchio), pour ne citer qu'elles. Toutefois, cette embarcation discrète et maniable, qui permet de se fondre dans le décor naturel, dévoile mieux ses atouts lors de courtes randonnées ou de raids plus longs. Si la visite des criques des Agriates (p. 72) ou le tour des îles depuis Algajola (p. 84) font partie des classiques, on peut également se promener le long de la baie de Santa Manza (p. 149) ou explorer les échancrures de la pointe de Spérone (p. 155) en quelques heures, ainsi que les îles Sanguinaires dans le golfe d'Ajaccio (p. 127). Les kayakistes chevronnés se lanceront pour une expédition autonome de plusieurs jours, notamment autour du Cap Corse, ou entre Calvi et Porto (voire Ajaccio !) – à condition d'être très expérimenté ou accompagné d'un guide.

Kitesurf

À l'instar de nombreuses plages du continent, la pratique du kitesurf est réglementée en Corse : la navigation n'est autorisée qu'au-delà de 300 m de la plage, comme pour tous les engins dépassant la vitesse de 5 nœuds. Elle s'adresse avant tout aux kitesurfeurs confirmés, mais l'île compte plusieurs écoles permettant de se familiariser avec l'activité ou de se perfectionner. Les spots se répartissent en majorité sur la côte sud-ouest de l'île, d'Ajaccio à Bonifacio, mais il existe quelques bons sites en Haute-Corse. Les plages de Calalonga (p. 149) et de la Tonnara (p. 144) font partie des plus réputées pour la pratique du kitesurf.

Planche à voile et funboard

Le vent étant la condition essentielle pour pratiquer la planche à voile, l'île offre quantité de possibilités, quelle que soit l'orientation du vent. Les plages de Calvi (p. 80), de Marana (p. 54) ou de la Roya (Saint-Florent; p. 66) devraient convenir aux pratiquants de tous niveaux qui séjournent en Haute-Corse. Les confirmés devront franchir le shortbreak de la longue plage d'Algajola (p. 84) avant de surfer sur ses vagues bien connues des passionnés. Plus au sud, Sagone (p. 109), Ajaccio (p. 118) et Porticcio (p. 128) possèdent quelques sites, mais c'est en se rapprochant de l'extrême Sud que ceux-ci fleurissent à nouveau : autour de Bonifacio (p. 146), les plages de Figari, de Santa Manza (p. 149) et de Piantarella conviennent à tous les niveaux, et particulièrement aux débutants, ce qui n'est pas le cas des Bouches de Bonifacio (accès depuis Piantarella, p. 155), avec leurs courants forts, ni de la Tonnara (p. 144), qui réserve aux imprudents les pièges d'un spot de pleine mer et aux confirmés les sensations fortes attendues les jours de vent.

Voile

Clubs de voile et sites propices à cette activité jalonnent tout le littoral. Ils sont particulièrement concentrés aux deux extrémités de l'île. Les clubs, saisonniers, s'installent en été sur les plages pour louer du matériel (catamarans de sport type Hobie Cat, dériveurs...) et proposer cours et stages, tant pour les adultes que pour les enfants.

Au nord, les sites les plus privilégiés sont la plage de la Roya (Saint-Florent ; p. 66), la baie de Calvi (p. 80) et les alentours de Bastia (p. 54). Sur la côte ouest, les plages de Sagone (p. 109) et surtout celles du Ricanto (Ajaccio ; p. 122) et de la Viva (Porticcio ; p. 128) comptent parmi les plus appréciées. Les sites ne manquent pas dans le Sud, avec les golfes de Valinco (Propriano ; p. 136) et de Santa Manza, la pointe de Piantarella (Bonifacio ; p. 146) et les plages des abords de Porto-Vecchio, notamment San Ciprianu. Ghisonaccia et Aléria (p. 201), sur la côte est, comptent également quelques clubs.

Surf et bodyboard

Tout comme les autres côtes de la grande bleue, celles de Corse ne sont pas particulièrement propices au surf. Cependant, ici et là, quelques jolies déferlantes procurent des sensations fortes. La route des Sanguinaires, à proximité d'Ajaccio, mène au spot de Capo di Feno, le plus connu des environs, qui s'adresse à des pratiquants chevronnés (p. 127). Ceux qui souhaitent surfer sur la vague de Coggia, la première plage en arrivant d'Ajaccio, juste avant Sagone, devront également être expérimentés : la baignade est dangereuse et la plage, parsemée de panneaux de mise en garde, n'est pas surveillée. Le fond se dérobe d'un seul coup et vagues et courants peuvent surprendre. Les débutants trouveront plus loin, à Cargèse (p. 114), une vague à leur portée et découvriront d'autres spots dans les alentours. Plus au nord, la plage d'Algajola constitue un spot plus sûr encore.

Ski et raquettes

On oublie généralement les sports d'hiver : pourtant, le centre de l'île est régulièrement enneigé, et les promenades à skis de fond ou à raquettes constituent une excellente façon de découvrir des paysages superbes. La forêt de Valdu Niellu, dans la vallée du Niolo, offre notamment de magnifiques pistes de ski de fond (p. 184). Quand l'enneigement s'y prête, le ski de piste se pratique dans les stations de Vergio, du Val d'Ese et de Ghisoni. Les plus expérimentés pourront également pratiquer le ski de randonnée. Plusieurs sociétés spécialisées dans le sport-aventure proposent une large palette d'activités encadrées par des accompagnateurs professionnels.

Chevaux sur le plateau du Coscione (p. 169)

EMMANUEL DAUTANT ©

Environnement

L'attrait que suscite la Corse tient pour une large part à son environnement, tant côté mer que côté montagne. Il a été remarquablement préservé grâce à la conjonction de trois facteurs : l'attachement des Corses à leur territoire et leur promptitude à élever la voix dès lors qu'ils estiment leur île menacée, l'existence d'organismes de protection efficaces, et l'action des nationalistes dans les années 1980 – on a parfois parlé "d'écolo-nationalisme" – qui a réussi à tenir les promoteurs éloignés du littoral.

Géographie

Les 8 680 km² de la Corse jaillissent de la Méditerranée à 150 km au sud de la ville italienne de Gênes. À titre d'exemple, sa superficie équivaut à 20% environ de celle de la Suisse et représente 1,6% de la totalité du territoire français. Allongée sur un axe nord-sud, l'île affiche une longueur maximale de 185 km pour 85 km en largeur. Le Cap Corse, étroite péninsule d'une quarantaine de kilomètres qui pointe au nord de l'île vers le golfe de Gênes, donne à ses contours leur caractère le plus remarquable. La Corse est plus proche de la côte italienne que des rivages français. Non seulement Ajaccio est à la latitude de Rome, mais seulement 90 km de mer séparent l'île du port italien de Piombino, à l'est. La ville continentale française plus proche, Nice, est à près de 170 km au nord-ouest. Au sud, seulement 12 km séparent Bonifacio de la Sardaigne, presque trois fois supérieure en taille à la Corse.

Couverte à 83% par les espaces naturels, l'île a plus de la moitié de sa surface occupée par les forêts et le maquis. La montagne est aussi omniprésente. Avec une altitude moyenne de 568 m, elle culmine au Monte Cinto, à 2 706 m. Le Monte Ritondu (2 622 m), le Paglia Orba (2 525 m), le Monte Pedru (2 393 m), le Monte d'Oro (2 389 m) et le Monte Renoso (2 354 m) figurent au nombre de ses plus hauts sommets.

Ces cimes surplombent plus de 1 000 km de rivages. La côte ouest, exposée aux vents dominants, est la plus découpée. Elle est creusée des profonds golfes de Porto, de Sagone, d'Ajaccio et de Valinco. Le rivage oriental, plus monotone, est occupé en grande partie par la longue plaine littorale d'Aléria, ou plaine orientale.

Espaces protégés

Avec quelque 365 000 ha répartis sur 145 communes, le **Parc naturel régional de Corse** (PNRC ; www.pnr.corsica), créé en 1972, a été le premier territoire protégé de l'île. La Corse abrite également 6 réserves naturelles : Scandola (1 731 ha, classée au Patrimoine mondial de l'humanité et séparée entre réserves terrestre et maritime) ; les îles Cerbicale (36 ha, au large de Porto-Vecchio) ; les îles du Cap corse (3 ha, Finocchiarola) ; l'étang de Biguglia (1 790 ha) ; les Bouches de Bonifacio (79 460 ha, essentiellement maritime, c'est la plus importante réserve de Corse et de France métropolitaine) ; les Tre Padule de Suartone (218 ha) ; et le massif du Monte Ritondu (3 135 ha).

Pour en savoir plus, vous pouvez consulter ces deux sites de référence concernant la protection de l'environnement corse :

L'Office de l'environnement de la Corse (www.oec.corsica)

L'association de protection de l'environnement U Levante (levante.fr)

Géologie

Le bloc formé par la Corse et la Sardaigne s'est détaché de la Provence il y a une trentaine de millions d'années. Les deux îles ont pris la place qu'elles occupent actuellement au terme d'une lente rotation autour d'un axe situé approximativement au centre du golfe de Gênes. Minorque, aux Baléares, aurait vraisemblablement fait partie du voyage.

La majeure partie du territoire corse correspond à ce socle originel "arraché" du continent. Certaines régions ont cependant des histoires géologiques plus complexes, comme en atteste la grande variété des roches présentes sur l'île.

Faune et flore

Paradis de tous ceux qui aiment se balader dans une nature vierge, la Corse possède une flore et une faune riches et variées.

Flore

La flore se divise en trois "étages" successifs. L'étage méditerranéen (jusqu'à 1 000 m environ) est le territoire du maquis, des chênes verts et chênes-lièges, des oliviers et des châtaigniers. Les forêts de pins et de hêtres peuplent l'étage montagnard, qui s'étend entre 1 000 et 1 800 m environ. L'étage alpin (au-dessus de 1 800 m) accueille une végétation faible et rase, constituée d'un peu d'herbe et de petites espèces d'altitude. Cédratiers, kiwis, clémentiniers et avocatiers sont présents dans la plaine orientale.

Les espèces les plus emblématiques de l'île sont le châtaignier, sans conteste l'arbre qui a le plus profondément marqué la Corse, le chêne-liège, dont l'écorce spongieuse

Des paradis marins sous haute surveillance

L'écologie marine n'est pas un vain mot en Corse. Avec un parc, deux sanctuaires et sept cantonnements sur 1 045 km de littoral, l'Île de Beauté bat tous les records en Europe.

La **réserve naturelle des Bouches de Bonifacio**, créée en 1999, se situe à l'extrême sud de l'île, entre la Corse et la Sardaigne, au large de Bonifacio. Elle constitue la partie française du Parc marin international qui englobe la réserve naturelle des îles Cerbicale, les cantonnements de pêche de Bonifacio, la réserve de chasse maritime de Ventilègne et, du côté italien, l'archipel de la Maddalena, en Sardaigne. Le domaine terrestre de l'île de Cavallo (et de l'îlot de San Baïnsu), surnommée "l'île aux millionnaires", échappe curieusement à l'aire de protection. La plongée en apnée est autorisée partout. En revanche, 1 200 ha de zone dite de non-prélèvement sont interdits aux plongeurs équipés de bouteilles (plateaux des Lavezzi, des Cerbicale, des Bruzzi, des Moines et falaises de Bonifacio).

Entre la Punta Mucchilina au sud (à la sortie nord du golfe de Porto) et la Punta Nera au nord, la **réserve naturelle de Scandola** est la plus ancienne de Corse. Créée en 1975, elle couvre 919 ha sur terre et 1 000 ha sur mer. Véritable paradis en termes de flore et de faune sous-marines, Scandola protège quelque 450 espèces d'algues et 125 espèces de poissons. Un règlement strict interdit la chasse sous-marine, la pêche à la ligne (et la pêche professionnelle dans la zone classée réserve intégrale), le rejet des détritus, les mouillages supérieurs à 24 heures (le mouillage de nuit est interdit dans la réserve intégrale), le ramassage d'animaux et de végétaux marins, ainsi que la plongée sous-marine.

Créé par décret en 2016, le **parc naturel marin du Cap Corse et de l'Agriate** est le huitième parc naturel marin français et le plus grand parc naturel marin de métropole avec ses 6 830 km^2. Son objectif est de protéger les écosystèmes marins (atolls de corail, herbiers, canyons et plateau continental au nord…) tout en permettant le développement durable d'activités socio-économiques (pêche, loisir, tourisme…).

et crevassée sert à fabriquer des bouchons, et le pin laricio, qui peut atteindre une cinquantaine de mètres de haut. S'y ajoutent d'autres arbres méditerranéens – oliviers, chênes verts, figuiers de Barbarie – et les espèces de plantes qui constituent le maquis. Premier ambassadeur de la Corse, ce dernier se compose notamment de ciste, ciste de Crète, myrte, arbousiers, bruyères arborescentes, pistachiers-lentisques et asphodèles.

Côté flore sous-marine, on retiendra plusieurs variétés d'algues et des posidonies, plante verte endémique à la Méditerranée qui forme de vastes prairies sur le sable.

Faune

La faune terrestre corse est assez réduite. Les porcs coureurs, les vaches, les chèvres, les brebis et les mules sont les espèces que vous rencontrerez le plus souvent. L'île compte cependant quelques représentants du règne animal difficilement observables ailleurs.

Dans les airs, on retiendra le balbuzard pêcheur, rapace pouvant atteindre 1,60 m d'envergure présent dans la réserve de Scandola, et le gypaète barbu, immense vautour charognard qui niche dans les massifs montagneux. La minuscule sittelle corse – elle ne mesure guère plus de 12 cm de longueur – habite les forêts de conifères, tandis que les rares goéland d'Audouin et cormoran huppé se laissent parfois observer sur les îlots entourant l'île.

Les forêts abritent des sangliers, dont la chasse est une activité traditionnelle sur l'île, et des populations de cerfs de Corse, réintroduites depuis 1985 à partir de spécimens sardes. Plus haut, le mouflon, roi de la montagne, préfère les grands espaces peu enneigés.

Citons également deux curiosités : la tortue d'Hermann, reconnaissable à sa couleur orange rayée de noir (un centre lui est consacré dans la vallée de l'Asco, le Village des tortues, p. 187), et l'euprocte de Corse, petit amphibien endémique menacé.

La faune marine inclut les crustacés, mollusques et poissons habituels de la Méditerranée (mostelle, saint-pierre, chapon, denti, mérou, langouste, poulpe), mais aussi des espèces moins connues comme l'anthias, petit poisson gracieux de couleur rouge orangé, l'apogon, appelé également "roi des rougets", ou encore la girelle, le poisson le plus "tropical" de Méditerranée. Des dauphins et baleines, qui font l'objet d'un programme de protection spécifique, fréquentent régulièrement les eaux du large.

Sous la surface, les plongeurs observeront une abondante faune fixée : éponges, parterres d'anémones et de parazoanthus, corail et gorgones rouges, élégantes dentelles de Neptune.

Écologie et environnement

Principal danger qui pèse sur l'île : le feu, qui ravage des milliers d'hectares, chaque année ou presque. La forêt corse et de vastes étendues de maquis portent en de nombreux endroits les stigmates des incendies qui détruisent des centaines d'hectares de végétation. Les efforts de la sécurité civile, qui stationne aux abords des zones boisées les jours où les conditions météorologiques sont les plus propices aux départs de feu, ne suffisent malheureusement pas à stopper le fléau.

Le tourisme apporte également son lot d'atteintes à l'environnement. La hausse brutale de la population en haute saison génère un problème de déchets, notamment dans les stations balnéaires ou sur les sentiers de randonnée, qui s'ajoute à celui des décharges

La Loi Littoral au cœur d'un grand débat

Prévu par la loi de 2002 relative à la Corse, le Plan d'aménagement et de développement durable de Corse (Padduc) a fait l'objet d'un vif débat. Rendu public en juillet 2008, ce Plan, destiné à cadrer les politiques d'aménagement du territoire sur l'île, ouvrait la voie dans sa première version à un assouplissement de la Loi Littoral et au développement de l'urbanisation côtière (liée entre autres à l'industrie du tourisme). Mais le texte a suscité une très forte opposition. Regroupés dans un Front uni contre le Padduc, plus de 70 organisations, élus et mouvements politiques ont ainsi dénoncé un "projet de société fondée sur le tout-tourisme et l'économie résidentielle". D'autres n'hésitent pas à voir dans ces projets de développement immobilier sur la côte la main du grand banditisme mafieux. À la pointe du combat contre la déclassification des espaces côtiers remarquables et leur mitage par des constructions illégales, le Collectif pour l'application de la Loi Littoral en Corse (CLL) et l'association U Levante (www.ulevante.fr) ont dénoncé les fortes pressions foncières exercées à cet effet sur les maires. Les défenseurs de la Loi Littoral, dont ABCDE (Association bonifacienne comprendre et défendre l'environnement), ont obtenu ces dernières années l'annulation de dizaines de permis de construire, dont celui d'une villa pour le publicitaire Jacques Séguéla sur des terrains protégés de la presqu'île de Bonifacio.

Le Padduc a finalement été adopté en 2015 par l'Assemblée de Corse, mais la question continue à faire des vagues...

Milan royal

sauvages. Sur le littoral, la surfréquentation touristique associée au surpâturage des bêtes ont contribué à la destruction des plantes qui fixent les dunes, par exemple à Roccapina ou à Barcaggio. Le Conservatoire du littoral est heureusement venu à la rescousse en installant des barrières de protection.

Par ailleurs, la tradition corse de la libre circulation du bétail n'est pas sans provoquer de graves dommages à l'environnement. Les porcins, notamment, dont l'élevage traditionnel va de pair avec la culture de la châtaigne, contribuent au déboisement et à la déprédation du milieu en fouillant le sol pour trouver leur nourriture. Leur divagation affecte par ailleurs de nombreux secteurs et le labourage auquel ils se livrent va jusqu'à entraîner régulièrement la destruction des murs en pierre sèche de propriétés.

Autre problème : le traitement des déchets ménagers. Le projet d'implantation d'un incinérateur près de Ponte-Leccia, qui s'était heurté à une forte opposition depuis 2006, a finalement été abandonné. Si le tri des déchets a été mis en place sur l'île début 2008, des problèmes demeurent.

L'arrivée en Corse en ferry offre des vues inoubliables

JEAN-BERNARD CARILLET ©

Carnet pratique

Infos utiles

Alimentation

Dans les restaurants, vérifiez toujours à l'avance si les règlements par carte bancaire sont acceptés ou non. Il est également conseillé de relire le détail de votre note avant de la régler. La fréquentation est très importante en été et beaucoup d'établissements travaillent en continu. Il n'est alors pas rare que les restaurateurs s'emmêlent les pinceaux et se trompent sur l'addition (à votre avantage ou non).

La carafe d'eau peut également être un point de litige, notamment dans les paillotes qui ne disposent d'eau courante qu'en quantité limitée. Il arrive alors que l'on refuse de vous servir un pichet d'eau gratuit et que l'on vous oblige à vous acquitter d'une bouteille d'eau minérale (à un prix parfois exorbitant !). Cette pratique n'est pas légale (article 4 de l'arrêté du 8 juin 1967 relatif à l'affichage des prix dans les établissements servant des repas, denrées ou boissons à consommer sur place).

Argent

Les distributeurs automatiques de billets (DAB) ne sont pas si fréquents sur l'île. Certaines petites stations du littoral n'en possèdent tout simplement pas. Il faut parfois faire une dizaine de kilomètres et se rendre dans la localité voisine pour pouvoir effectuer un retrait. La situation se complique encore plus dans l'intérieur de l'île, ainsi que dans le Cap Corse, qui ne comptent que quelques agences bancaires équipées d'un DAB. Avec un peu de chance, on peut trouver un bureau de poste avec un distributeur, mais il est préférable de prévoir suffisamment d'espèces et de partir avec un chéquier.

Par ailleurs, beaucoup de commerçants (restaurants et artisans notamment) refusent de s'équiper d'un terminal de paiement par carte bancaire.

Bénévolat

Quelques associations proposent des missions de bénévolat en Corse. Certaines œuvrent principalement dans d'autres régions, mais peuvent proposer ponctuellement des chantiers sur l'île ; renseignez-vous notamment auprès de **Cotravaux** (☎ 01 48 74 79 20 ; www.cotravaux.org), un réseau d'acteurs du travail volontaire qui regroupe des associations, dont plusieurs proposent des missions en Corse. Le **Centre régional information jeunesse de Corse** (CRIJ ; Serviziu Infurmazione Ghjuventù ; ☎ 04 95 32 12 13 ; www.facebook.com/ighjuventu/) peut servir de relais à des bénévoles cherchant des chantiers de fouilles archéologiques. Ces missions, d'une semaine au moins, ont lieu durant les vacances d'été et sont ouvertes à tous. La **Fédération française de la randonnée pédestre** (☎ 01 44 89 93 90 ; www.ffrandonnee.fr) regroupe des bénévoles pour entretenir et baliser ses sentiers, animer et encadrer des randonnées, et promouvoir le tourisme vert.

Pensez aussi au wwoofing, un système de bénévolat agricole qui existe aux quatre coins de la planète. Moyennant le gîte et le couvert, vous travaillerez à temps partiel pour des agriculteurs bio. Le reste du temps, vous pourrez découvrir les environs. Asinerie, oléiculteurs, agriculteurs : une trentaine d'hôtes font partie du réseau corse. Contactez **Wwoof France** (☎ 09 70 26 63 36 ; www.wwoof.fr). Cotisation annuelle 25 €, 30 € pour 2 personnes.

Cartes et plans

Un GPS s'avérera fort utile lors de vos déplacements.

Pour les inconditionnels des cartes, la carte régionale routière de l'IGN n°17 au 1/200 000 (1 cm = 2 km), d'un format pratique, donne une image claire du réseau routier de l'île. Mise à jour en 2017, elle existe aussi en version "minicarte" (n°MR19), qui se glisse facilement dans une poche. Michelin édite pour sa part une carte routière au 1/200 000 (n° 528) mise à jour en 2018.

Plus détaillées et largement diffusées sur l'île, les 2 cartes IGN de la série Top 100 (n°175 Bastia-Corte et n°176 Ajaccio-Bonifacio) au 1/100 000 (1 cm = 1 km) permettent de mieux appréhender le relief. L'IGN édite également 19 cartes au 1/25 000, très précises et couvrant toute l'île, destinées aux randonneurs (n°4149OT à 4352OT). Les cartes de l'IGN sont notamment disponibles sur le site ignrando.fr/boutique.

Pour les visiteurs étrangers

Argent

Les bureaux de change sont rares sur l'île et vous n'en trouverez aucun dans les aéroports, qui sont toutefois équipés de DAB. Installés dans les villes touristiques du littoral, certains pratiquent des commissions exagérées. Mieux vaut passer par l'intermédiaire des banques.

Heure locale

La Corse vit à la même heure que le reste de la France métropolitaine. L'île a donc 1 heure (hiver) ou 2 heures (été) d'avance par rapport à l'heure de Greenwich. Lorsqu'il est 14h en Corse, il est 8h à Montréal. L'heure est la même en Corse, en Suisse et en Belgique.

Formalités et visas

L'entrée en Corse est soumise aux mêmes conditions que toute autre région française. À ce titre, les Belges et les Suisses n'ont pas besoin de visa pour une période maximale de 90 jours. Les Canadiens peuvent également séjourner 90 jours sans visa (limité à 2 séjours de 90 jours par an).

Les permis de conduire délivrés dans les pays membres de l'Union européenne, en Suisse et au Canada sont valables pour circuler en Corse.

Pour plus de précisions, ou pour d'autres nationalités, reportez-vous au site officiel du ministère des Affaires étrangères français : www.diplomatie.gouv.fr (rubrique "Venir en France").

Ambassades et consulats étrangers en Corse

La Suisse est le seul pays francophone à disposer d'un consulat honoraire sur l'île. Pour la Belgique et le Canada, adressez-vous à leurs représentations respectivement à Marseille et à Paris.

- **Consulat de Suisse** (☎04 95 21 28 43 ; 38 cours Lucien-Bonaparte, 20000 Ajaccio)
- **Consulat de Belgique** (☎04 96 11 69 55 ; france.diplomatie.belgium.be/fr ; 112 bd des Dames, 13002 Marseille)
- **Ambassade du Canada** (☎01 44 43 29 02 ; www.canadainternational.gc.ca/france ; 130 rue du Faubourg Saint-Honoré, 75008 Paris)

Ambassades et consulats de France à l'étranger

Belgique

- **Ambassade** (☎02 548 87 11 ; be.ambafrance.org ; rue Ducale, 65, 1000 Bruxelles)
- **Consulat** (☎02 548 88 11 ; bruxelles.consulfrance.org ; bd du Régent, 42, 1000 Bruxelles)

Canada

- **Ambassade** (☎0613 789 17 95 ; ca.ambafrance.org ; 42 Sussex Drive, Ottawa, Ontario K1M 2C9)
- **Consulats** Montréal (☎0514 878 43 85 ; www.consulfrance-montreal.org ; 1501 McGill Collège, 10e étage, bureau 1000, Montréal (QC) H3A 3M8) ; Québec (☎0418 266 25 00 ; quebec.consulfrance.org ; 500 Grande-Allée Est, 11e ét. (QC) G1R 2J7 Québec)

Suisse

- **Ambassade** (☎031 359 21 11 ; ch.ambafrance.org ; Schosshaldenstrasse 46, BP 300, 3006 Berne)
- **Consulat général** (☎022 319 00 00 ; geneve.consulfrance.org ; 2 cours des Bastions, 1205 Genève). Service des visas sur rendez-vous (☎0900 847 237).

Météo France

Météo France (☎3250, 2,99 € + prix d'un appel ; www.meteofrance.com) propose des prévisions, département par département, pour les 9 jours à venir. Vous pouvez aussi accéder directement aux différents bulletins de la région Corse en appelant le ☎08 99 71 02 20 (mêmes tarifs).

À de rares exceptions près, tous les offices du tourisme proposent des cartes gratuites plus ou moins détaillées des villes et des localités qui les bordent.

Climat

Bénie soit cette île qui bénéficie d'un climat méditerranéen, caractérisé par sa sécheresse estivale, son ensoleillement, et des températures presque toujours clémentes (moyenne annuelle : 12°C), du moins sur la côte. L'île connaît en moyenne 2 800 heures de soleil par an, contre 1 800 à Paris, Ajaccio battant le record avec 2 900 heures. La température dépasse souvent 25°C de juin à septembre et oscille souvent autour des 30°C durant les mois les plus chauds. Il fait parfois plus de 35°C en juillet et en août.

Il existe cependant de fortes nuances, essentiellement dues au relief. Le thermomètre, comme on peut s'y attendre, baisse sensiblement à mesure que l'on prend de l'altitude. Il n'est pas rare d'observer une couche de neige au-dessus de 1 600 m d'octobre à juin – un facteur dont il faut tenir compte si l'on fait de la randonnée dans l'intérieur de l'île. Quand la chaleur est oppressante sur la côte, elle est généralement nettement plus supportable dans les villages de l'intérieur.

L'avant et l'arrière-saison sont très belles, avec 14°C en moyenne et des maximales pouvant atteindre 20°C d'octobre à mars. La pluviosité la plus importante intervient durant les trois derniers mois de l'année, lorsque les orages et les crues peuvent être très violents. Les précipitations, minimes en juillet, sont parfois abondantes en automne. Les côtes sont relativement épargnées par les pluies, surtout présentes sur le relief. En revanche, l'hiver est souvent rigoureux en montagne et la neige s'accroche toute l'année à quelques sommets de l'île.

Les vents les plus fréquents sont le libecciu, sec et doux (surtout en Haute-Corse), et la tramontane, qui descend du nord en hiver. Le sirocco, chaud et humide, remonte parfois du sud-est. Le Cap Corse et les Bouches de Bonifacio sont les points les plus ventés.

Quant à la température de la mer, elle dépasse fréquemment les 25°C en été et descend rarement en dessous de 14°C. Avis aux amateurs de baignade...

Corte

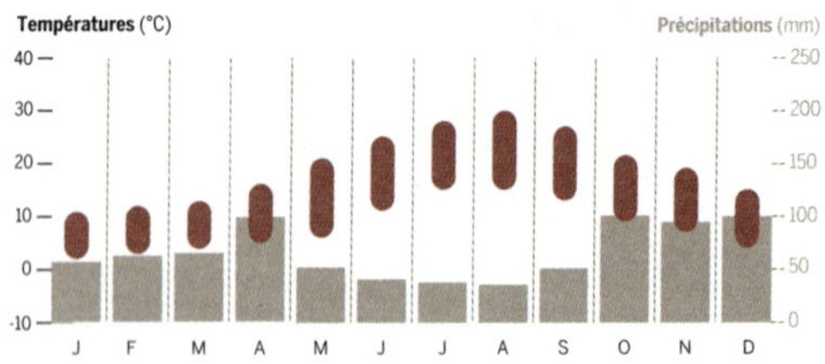

Ajaccio

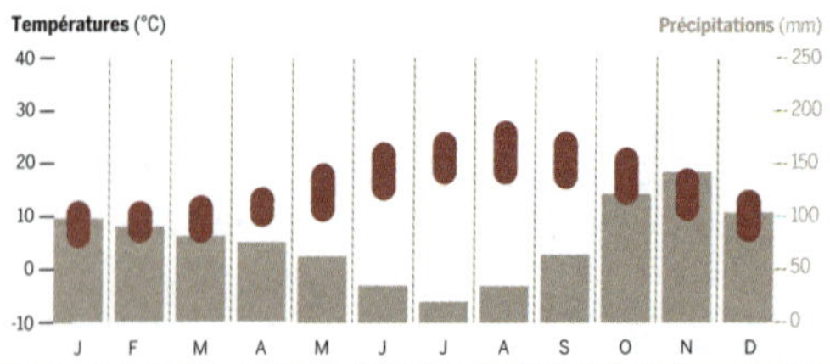

Désagréments et dangers

Le principal danger en Corse est la conduite automobile : les routes sont particulièrement sinueuses et les automobilistes corses peu patients lorsqu'ils sont ralentis par des visiteurs appréciant le paysage à 40 km/h (on peut les comprendre...). En montagne, du bétail (porcs coureurs, chèvres et veaux) peut par ailleurs surgir à tout moment devant votre capot. Ne vous laissez pas trop distraire par les paysages et ne quittez pas la route des yeux. Beaucoup de touristes attendris arrêtent d'un coup leur voiture pour prendre en photo les animaux, sans forcément faire attention aux véhicules qui peuvent arriver derrière eux. Soyez prudent ! Sur les routes étroites et en lacets, pensez à donner parfois un petit coup de klaxon avant un virage difficile, cela peut éloigner une vache, un cycliste, ou prévenir une voiture arrivant en sens inverse de votre arrivée. Le passage à deux étant parfois difficile, mieux vaut anticiper les risques. Soyez extrêmement large en prévoyant vos temps de transport. Vous verrez que la route est fatigante, et beaucoup de personnes y sont sujettes à la nausée.

Les cas de vols restent très rares sur l'île. Évitez cependant de laisser des objets en évidence dans votre véhicule (à plus forte raison si elle est immatriculée sur le continent). Sachez que les touristes n'ont jamais été directement la cible d'attentats nationalistes.

Le racisme, notamment à l'égard des Nord-Africains et des Roms, est devenu préoccupant. Plusieurs actes racistes ont été perpétrés ces dernières années.

Douane

La Corse fait partie intégrante du territoire douanier de l'Union européenne. Les dispositions en vigueur sur le reste du territoire français et dans les autres pays de l'Union s'appliquent donc sur l'île. Il est notamment possible d'y importer depuis un pays non membre de l'UE un maximum de 200 cigarettes, 2 litres de vin (ou autre boisson alcoolisée à moins de 22°) et un litre d'alcool (titrant plus de 22°). Il n'y a pas de boutiques *duty free* dans les aéroports corses.

Les plaisanciers arrivant de l'étranger (hors UE) doivent se présenter à la capitainerie du port de débarquement. Les services des douanes viennent habituellement à bord.

Handicapés

Avec ses ruelles en pente ou pavées, ses escaliers et autres obstacles causés par le relief montagneux, la Corse n'est pas sans poser problème aux personnes se déplaçant en fauteuil roulant. Rien n'est perdu pour autant. Les délégations départementales en Corse de l'**AFP France handicap** (Ajaccio ☎04 95 20 75 33 ; apf-corse.blogs.apf.asso.fr ; 40 av. Noël-Franchini ; Bastia ☎04 95 30 86 01 ; immeuble San Petru, bât. A, rte Impériale) s'efforcent d'orienter dans leurs recherches les visiteurs à mobilité réduite ayant une demande particulière et liste sur son site les établissements accessibles.

Au niveau national, l'agence de voyages **Yoola** (☎01 83 64 70 06 ; www.yoola.fr) et l'association **Ailleurs & Autrement** (☎04 37 45 04 72 ; www.ailleursetautrement.fr) organisent des voyages adaptés aux personnes à mobilité réduite. Renseignez-vous également sur les séjours proposés par **APF-Évasion** (☎01 40 78 56 62 ; www.apf-evasion.org). **Yanous** (www.yanous.com) et **Handicap.fr** (www.handicap.fr) constituent de bonnes sources d'information.

Les compagnies aériennes facilitent l'accès des avions et des aéroports aux personnes handicapées. Les ferries et les NGV des transporteurs maritimes disposent chacun de quelques cabines accessibles en fauteuil roulant. Vous devrez faire votre demande à l'avance auprès des compagnies.

Des efforts ont été faits et les centres-villes de Bastia, d'Ajaccio, de Bonifacio, de Porto-Vecchio, de Propriano, de L'Île-Rousse et, dans une moindre mesure, de Sartène sont globalement accessibles, tout comme la majorité des musées de l'île. Le site de l'association **Handi 20** (www.handi20.com) dresse la liste des plages de Corse accessibles en fauteuil roulant

Hébergement

Les hébergements abondent, mais la qualité n'est pas toujours au rendez-vous. Si la Corse compte un nombre grandissant d'adresses récentes et agréables, elles cohabitent en effet avec de nombreux hôtels de catégorie moyenne assez anciens, à la décoration démodée. Autre caractéristique : la forte élasticité des prix selon la saison. Ainsi, il n'est pas rare qu'une chambre coûte deux, voire trois fois plus cher en août qu'en basse saison. Sachez aussi que la plupart des établissements ferment de novembre à mars, faute de clients. Vous trouverez de bonnes opportunités, à des tarifs très raisonnables, en avant et en arrière-saison (avril-juin et septembre-octobre). À ces périodes, les tarifs peuvent plus facilement se négocier.

Campings

La Corse dispose d'un vaste réseau de campings, de qualité variable. Certains sont de simples terrains équipés de sanitaires mal entretenus, d'autres proposent des services dignes des meilleurs hôtels : piscine, activités sportives, salle de remise en forme, etc. En montagne, la plupart des refuges disposent d'une aire de bivouac réservée aux campeurs.

Le camping à la ferme est une formule originale et bon marché : on plante sa tente sur une parcelle d'une exploitation agricole, près de la maison principale. On doit alors se contenter d'infrastructures plutôt limitées, que compense souvent la possibilité d'acheter directement les produits de l'exploitation. Ces terrains sont par ailleurs bien plus calmes que les grands campings bondés en été. Renseignez-vous auprès du réseau **Bienvenue à la ferme** (☎ 01 53 57 11 50, 04 95 29 26 00 ; www.bienvenue-a-la-ferme.com).

Chambres d'hôtes

De plus en plus appréciées, les chambres d'hôtes se multiplient, même si leur nombre reste encore relativement limité par rapport à d'autres régions touristiques françaises. Généralement installées près des sites touristiques, dans un environnement attrayant et calme, elles constituent souvent la meilleure manière d'appréhender la Corse.

Ici encore, les prestations varient énormément. Si la majorité des chambres d'hôtes présentent un bon niveau de confort et de propreté, elles se différencient énormément côté décoration et cachet. Certaines options de luxe constituent de vrais palaces ; d'autres occupent des constructions récentes, sans âme ni caractère. La plupart sont affiliées au réseau Gîtes de France ou à son concurrent Clévacances, qui garantissent le respect de normes de sécurité et de confort.

Le tarif, pour une chambre double avec petit-déjeuner, s'échelonne de 60 à plus de 150 € en fonction du confort et de la saison. Certaines proposent également la table d'hôtes au dîner. Le petit-déjeuner est théoriquement inclus dans le tarif, mais quelques rares propriétaires peu scrupuleux le facturent en plus – vérifiez lors de la réservation car cela peut vite faire grimper la note !

La réservation est indispensable, car les propriétaires sont rarement présents avant 17h. Appelez directement la chambre d'hôtes ou contactez le **Relais départemental des Gîtes de France** (☎ 04 95 10 54 30 ; www.gites-corsica.com) ou l'office du tourisme local. Sur place, demandez le guide régional des *Chambres et tables d'hôtes de Corse*. Actualisé chaque année, il répertorie la plupart des prestations de l'île.

Hôtels

Anciens et désuets pour les uns, modernes et sans charme pour d'autres... de nombreux hôtels corses méritent une mention "peut mieux faire". D'autant plus qu'ils sont quasi invariablement surévalués en haute saison, sur le littoral, et que l'accueil est souvent un peu sec. Tout ce mal étant dit, ajoutons que des adresses récentes proposant un service et une décoration dans l'air du temps se multiplient depuis quelques années, et que les hôtels de catégorie moyenne, à défaut d'avoir le moindre caractère ou de se distinguer par la singularité de leur décoration ou de leurs prestations, sont en général corrects. Leurs tarifs varient selon la saison, le confort, la vue (mer ou maquis) et les équipements (TV, piscine, clim, etc.). Les hôtels de catégorie supérieure sont fréquemment disséminés aux abords des stations balnéaires les plus fréquentées, mais certains font le pari de s'installer dans des villages de montagne. Renseignez-vous, car il arrive que des établissements haut de gamme pratiquent des tarifs étonnamment bas hors saison. La demi-pension est parfois exigée en haute saison, même si cette pratique est illégale.

De nombreux estivants adoptent la formule des villages-vacances, réservés des mois à l'avance par l'intermédiaire des tour-opérateurs. N'espérez pas y séjourner sans réservation.

L'accueil va du meilleur au pire, du plus bourru au plus souriant, 100% corse ou présentant un léger accent d'Europe de l'Est.

Depuis quelques années, nombre de saisonniers slovènes, slovaques ou tchèques viennent en effet "faire la saison" sur l'île.

Autres hébergements

Les meublés de tourisme (studios, appartements et villas équipés, loués à la semaine) ont les faveurs de ceux qui privilégient l'indépendance. Leurs tarifs sont très variables. Comptez une moyenne de 600 à 1 100 € la semaine en haute saison. Nombre d'entre eux sont affiliés aux Gîtes de France. Vous pouvez aussi contacter les offices du tourisme, qui possèdent la liste des hébergements locaux, et consulter les sites spécialisés.

Les gîtes d'étape, destinés en principe aux randonneurs, font également le bonheur des petits budgets, qui y trouvent une excellente solution de remplacement au camping et à l'hôtel. Ces structures, privées ou gérées par les mairies, se trouvent dans des villages traversés par des sentiers de randonnée et proposent un hébergement en dortoir (parfois quelques chambres doubles), avec des sanitaires communs. Leur niveau de confort est généralement très satisfaisant voire, pour certains, exceptionnel ! La plupart des gîtes d'étape sont situés dans des localités accessibles par la route, ce qui permet aux non-randonneurs disposant d'un véhicule de les utiliser. La demi-pension est généralement demandée en haute saison (35-45 € par jour et par pers), mais ce n'est pas systématique. Habituellement, on y mange très bien. Les refuges, dans les zones montagneuses reculées uniquement accessibles à pied, mettent à la disposition des randonneurs des dortoirs assez rustiques. Les gardiens assurent en général un modeste service de restauration pendant la saison. Méfiez-vous des puces de lit, qui sévissent parfois. L'accueil dans ces structures se fait généralement l'après-midi, à partir de 16h.

Homosexualité

Bien que le regard de la société corse sur les gays et les lesbiennes ait évolué, la différence sexuelle ne s'affiche pas facilement sur l'île et la discrétion reste la règle. Presque aucun club, discothèque, restaurant gay et lesbien ne s'affiche ouvertement comme tel en Corse. On dit que la plage du Ricanto, proche de l'aéroport d'Ajaccio, la place de Gaulle et le jardin Romieux à Bastia, ou encore la plage d'Algajola, près de L'Île-Rousse, auraient les faveurs des gays.

Créée en 2004, l'association LGBT de Corse, **Semu Qui** (semu.qui.free.fr), dont le nom signifie "nous sommes là", organise des débats, des excursions et des soirées à thème, en partenariat avec l'association de lutte contre le sida **Aiutu Corsu** (www.aiutu-corsu.org).

À savoir

- Nombre de prestataires, d'hôtels et de restaurants n'acceptent pas les cartes bancaires. Prévoyez suffisamment d'espèces et de chèques.
- De nombreuses localités de l'intérieur des terres et du Cap Corse, ainsi que certaines stations balnéaires ne sont pas dotées de distributeurs automatiques.
- Certaines routes de Corse sont fatigantes et dangereuses. Prévoyez large pour vos déplacements. Vu la configuration du réseau routier, les distances ne s'évaluent pas en kilomètres, mais en heures de route. Quand un Corse vous indique un temps de trajet, surtout en montagne, songez qu'il est peut-être plus aguerri que vous pour conduire sur des routes sinueuses. N'hésitez pas à multiplier ce temps indicatif par 1,5 pour éviter toute déconvenue !
- N'espérez pas trop capter la radio en continu lors de vos déplacements en voiture : le relief rend la transmission des ondes très difficile. Vous recevrez en revanche quelques radios italiennes (reportez-vous également p. 223).
- L'avant-saison (avril-juin) et l'arrière-saison (septembre-octobre) sont des périodes idéales pour profiter de l'île.
- La plupart des établissements touristiques démarrent la saison à Pâques et ferment début octobre.
- La demi-pension est parfois imposée dans les hôtels en juillet et août.

Offices du tourisme

Des offices du tourisme et des syndicats d'initiative sont implantés dans les villes et les sites touristiques. Certains ouvrent toute l'année, d'autres seulement pendant la saison touristique. Le niveau de motivation et de compétence des employés est variable. Ici vous trouverez des professionnels passionnés, là des stagiaires ou de jeunes recrues saisonnières qui n'ont pas forcément réponse à toutes les questions et qui sont souvent débordées. Montrez-vous compréhensif. Les brochures, disponibles en nombre, sont généralement d'excellente qualité.

De plus en plus d'officesdu tourisme ont leur propre site Internet. Vous trouverez leurs coordonnées dans ce guide.

Organismes utiles

L'**Agence du tourisme de la Corse** (ATC ; ☎04 95 51 77 77 ; www.visit-corsica.com ; 17 bd du Roi-Jérôme, Ajaccio) fournit une multitude de renseignements afin de préparer au mieux son voyage en Corse. L'agence n'édite plus de documentation papier mais tient régulièrement à jour son site Internet et propose des brochures téléchargeables.

Le **Parc naturel régional de Corse** (PNRC ; ☎04 95 51 79 00 ; www.pnr.corsica) est une source d'informations précieuse pour les randonneurs. Son personnel aide à mieux découvrir les difficultés des parcours, les hébergements, l'approvisionnement, les cartes, etc. Vous trouverez des informations sur son site internet – avec notamment la possibilité de réserver les refuges – et sur son blog : randoblogpnrc.blogspot.fr. Vous pourrez également contacter **FFRandonnée Corse** (☎06 38 84 14 25 ; corse.ffrandonnee.fr).

Voyager en solo

Les voyageurs solitaires devront s'attendre à quelques déconvenues, surtout dans les localités touristiques du littoral en haute saison, où tout semble avoir été pensé pour les couples et, surtout, les familles. La tarification en "simple" dans les hôtels n'est pas courante et les restaurateurs ne voient pas toujours d'un très bon œil un touriste seul s'installer en terrasse, l'estimant moins "rentable". En revanche, les prestataires habitués à la fréquentation des randonneurs sont plus familiers de ce type de clientèle et facturent les nuitées par personne.

Voyager seule

Aucun danger particulier ne menace a priori les voyageuses solitaires. La tradition de respect de la femme prévaut sur l'île, et il suffit de se promener dans les rues d'Ajaccio pour se rendre compte que les femmes corses n'ont rien à envier à celles du continent. Il n'y a donc pas de consigne particulière à respecter sur le plan vestimentaire, si ce n'est les usages que dicte le bon sens.

Transports

Depuis/vers la Corse

Voie aérienne

Aéroports

L'île compte quatre aéroports récents et bien équipés :

- **Bastia-Poretta** (BIA ; ☎04 95 54 54 54 ; bastia.aeroport.fr)
- **Ajaccio-Napoléon-Bonaparte** (AJA ; ☎04 95 23 56 56 ; www.2a.cci.fr/Aeroport-Napoleon-Bonaparte-Ajaccio.html). Souvent désigné sous son ancien nom de Campo dell'Oro),
- **Calvi-Sainte-Catherine** (CLY ; ☎04 95 65 88 88 ; calvi.aeroport.fr)
- **Figari-Sud-Corse** (FSC ; ☎04 95 71 10 10 ; www.2a.cci.fr/Aeroport-Figari-Sud-Corse.html)

Les compagnies Air France, Air Corsica et Hop!, assurent des dessertes régulières, souvent en partage de code (un même vol commercialisé par deux compagnies sous deux noms différents). Des compagnies low cost (easyJet, Ryanair, Volotea...) viennent compléter cette offre, parfois enrichie ponctuellement par d'autres services. En Corse comme ailleurs, l'offre est très versatile. L'**Agence du tourisme de la Corse** (www.visit-corsica.com)tient à jour la liste des compagnies desservant l'île sur son site

Internet.Les tarifs indiqués dans ces pages correspondent aux prix annoncés par les compagnies et les voyagistes au moment de la rédaction de cet ouvrage. Ils ne doivent pas être considérés comme une recommandation en faveur de tel ou tel transporteur, mais comme un support informatif lors de vos recherches personnelles.

Depuis/vers la France continentale

Air France (☎36 54 ; www.airfrance.com), **Air Corsica** (☎0 825 35 35 35 ; www.aircorsica.com) et **Hop!** (☎0 892 70 22 22 ; www.hop.com) travaillent en partage de code. Les appareils de ces compagnies desservent Ajaccio depuis une vingtaine de villes françaises (dont Paris-Orly, Marseille, Nice, Toulouse et Lyon) et assurent des vols directs vers Bastia, Calvi ou Figari depuis une dizaine de villes de l'hexagone.

On compte de 2 à 8 vols par jour selon la ligne. Les tarifs sont extrêmement fluctuants selon la saison et la durée séparant la date de réservation de celle de départ. En ligne régulière, un aller-retour de Paris ou d'une grande ville de province vers la Corse pourra varier de 150 à plus de 300 € (durée de vol 1 heure 30). Les compagnies consentent diverses réductions, selon le profil du voyageur, les conditions d'achat du billet et les offres promotionnelles.

Les dessertes par les compagnies low cost, comme **easyJet** (www.easyjet.com/fr) et **Volotea** (www.volotea.com), sont essentiellement saisonnières.

Avertissement

Les informations contenues dans ce chapitre sont particulièrement susceptibles de changements. Vérifiez directement auprès de la compagnie aérienne ou de l'agence de voyages les modalités d'utilisation de votre billet d'avion. N'hésitez pas à comparer les prestations. Les détails fournis ici doivent être considérés à titre indicatif et ne remplacent en rien une recherche personnelle attentive.

Depuis/vers la Belgique

Au départ de Bruxelles-Charleroi, Air Corsica assure des liaisons directes vers Ajaccio, Bastia et Calvi (1 heure 40). Les tarifs les plus avantageux oscillent entre 100 et 150 € pour un aller-retour. Renseignez-vous également sur les offres de **Brussels Airlines** (☎0902 51600 ; www.brusselsairlines.com), qui relie Bruxelles à Ajaccio et Bastia, à des fréquences variables, et sur celles de **Ryanair** (www.ryanair.com/be/fr), qui relie Bruxelles-Charleroi à Figari certains mois de l'année.

Quelques adresses utiles en Belgique :

- **Airstop** (☎070 233 188 ; www.airstop.be)
- **Connections** (☎070 23 33 13 ; www.connections.be)
- **Gigatours Voyages Éole** (Éole à Bruxelles ☎02 672 35 03 ; www.voyageseole.be)

Depuis/vers la Suisse

En partenariat avec d'autres compagnies, **Swiss** (☎0 848 700 700 ; www.swiss.com) propose en saison quelques vols directs au départ de Genève et à destination de Calvi ou d'Ajaccio (1 heure 10). Les tarifs les plus intéressants débutent entre 160 et 200 FS. Renseignez-vous également sur les offres d'easyJet, qui relie du printemps à l'automne Genève et Bâle à Ajaccio, Calvi, Bastia et Figari.

Vous pourrez contacter :

- **STA Travel** (☎058 450 49 49 ; www.statravel.ch)

Surveillez aussi les propositions des autres compagnies low cost qui peuvent ouvrir des lignes entre Genève et la Corse, durant l'été.

Voie maritime

Cinq ports corses sont desservis par mer depuis le continent : Bastia et Porto-Vecchio sur la côte est ; L'Île-Rousse, Ajaccio et Propriano sur la côte ouest. Les navires partent de France ou d'Italie. La Corse est plus proche de cette dernière, tant en temps de trajet qu'en nombre de kilomètres (90 km séparent Piombino de Bastia). Le trajet Livourne/Bastia ne dure ainsi pas plus de 2 heures 30 en navire à grande vitesse (NGV). Autre avantage, le prix de la traversée est souvent moins élevé, d'autant qu'il existe davantage de jours répertoriés en "basse saison" au départ des ports italiens.

La tarification des transporteurs étant particulièrement complexe, choisissez bien votre date de départ et profitez au maximum des jours "basse saison". En raison de la saisonnalité du tourisme en Corse, il est

fortement recommandé de réserver son billet au minimum plusieurs semaines à l'avance. Il est même impératif de réserver plusieurs mois à l'avance si vous décidez de partir avec votre véhicule au cœur de la haute saison.

Les tarifs varient selon la période, à plus forte raison pour les véhicules. De nombreuses réductions (familles, enfants, etc.) et promotions sont régulièrement proposées. Renseignez-vous auprès de chaque transporteur. Tous les tarifs sont disponibles sur les sites Internet des compagnies maritimes.

Des taxes et droits de port, variables selon la destination, s'ajoutent au prix du billet, tant pour les passagers que pour les véhicules. Le tarif de la traversée est calculé sur la base d'un billet passager avec fauteuil. À cela peut s'ajouter une "installation" : cabine (1, 2 ou 4 passagers) ou fauteuil en salon confortable (pour les traversées nocturnes).

La durée de la traversée varie selon le type de navire (NGV ou car-ferry) et les ports d'embarquement et de débarquement. S'il faut 6 heures pour relier Bastia au port de Nice en car-ferry, 3 heures 30 suffisent pour faire le même trajet en NGV.

Au moment de la rédaction de ce guide, le choix de la compagnie maritime autorisée à assurer la liaison entre le port de Marseille et ceux de Porto-Vecchio et Propriano était encore incertain pour 2020. Un accord semblait avoir été trouvé entre Corsica Linea et La Méridionale pour une offre commune. Renseignez-vous auprès d'une agence locale.

Voici les quatre principales compagnies desservant la Corse :

- **Corsica Ferries** (www.corsica-ferries.fr). Au départ de Toulon et de Nice, liaisons avec Bastia, L'Île-Rousse, Ajaccio et Porto-Vecchio. Départs également de la péninsule italienne (Savone-Bastia, Livourne vers Bastia et L'Île-Rousse) et de la Sardaigne (Ajaccio-Porto Torres, Porto Vecchio vers Golfo Aranci et Porto Torres).
- **La Méridionale** (www.lameridionale.fr). Au départ de Marseille, traversées de nuit vers Porto-Vecchio et Propriano. Également

des rotations estivales vers Porto Torres (Sardaigne).

- **Moby Lines** (www.mobylines.fr). Liaisons avec Bastia depuis Gênes et Livourne, et avec Bonifacio depuis Santa Teresa di Gallura (Sardaigne).
- **Corsica Linea** (www.corsicalinea.com). Liaisons au départ de Marseille vers Bastia, L'Île-Rousse et Ajaccio.

Voyages organisés

L'**Agence du tourisme de la Corse** (ATC ; ☎04 95 51 77 77 ; www.visit-corsica.com) pourra vous fournir la liste des tour-opérateurs de l'île.

Diverses agences proposent sur place des excursions en bus. Plusieurs itinéraires d'une demi-journée, d'une journée ou de 2 jours figurent par exemple au catalogue de la compagnie **Les Beaux Voyages** (☎04 95 65 11 35 ; www.beauxvoyages encorse.com), basée à Calvi, parmi lesquels la forêt de Bonifato, des vieux villages de Balagne, le golfe de Porto, le Cap Corse... Également : tour de l'île jusqu'à Ajaccio et Bonifacio.

Ollandini Voyages (☎08 92 23 40 30 ; www.ollandini.fr), l'un des principaux tour-opérateurs corses, a une offre comparable au départ d'Ajaccio et de Bastia.

Souvent, les départs ont lieu sous réserve d'inscription d'un nombre minimal de participants. Ces compagnies possèdent des bus confortables ; elles concentrent leurs activités sur les mois d'été. Il est conseillé de réserver.

Comment circuler

Bateau

À moins d'être arrivé en bateau ou d'en louer un sur place, ce mode de transport reste peu développé sur l'île. Seuls certains sites avant tout accessibles par mer, comme la plage du Lotu (près de Saint-Florent), le village de Girolata ou les îles Lavezzi, sont desservis en saison par des services touristiques. Ces liaisons sont complétées par des excursions estivales, à la journée ou à la demi-journée, entre Porto-Vecchio et Bonifacio, Porto et Calvi, ou Ajaccio et la réserve de Scandola.

Les voyageurs trouvent parfois un arrangement avec les bateaux effectuant ces excursions pour ne faire qu'un aller simple. Il est ainsi théoriquement possible de joindre par la mer Calvi et Porto (Girolata), Calvi et Ajaccio, ou encore Bonifacio et Porto-Vecchio. Les tarifs proposés, basés sur les prix des sorties en mer "touristiques", sont malheureusement souvent décourageants.

Louer une embarcation légère, gonflable ou semi-rigide est un bon moyen pour découvrir certaines portions du littoral de l'île.

Les plaisanciers trouveront des informations sur les services proposés dans les principaux ports de l'île dans les pages régionales de ce guide.

Bus

D'innombrables compagnies de bus sillonnent la Corse. Cela ne signifie pas pour autant qu'il soit aisé de se déplacer sur l'île par ce moyen de transport. D'une part parce qu'il est difficile de s'y retrouver : connaître l'intégralité des liaisons desservant tel ou tel lieu relève parfois de la gageure, un grand nombre de compagnies n'assurant qu'une seule ligne. D'autre part parce que beaucoup de liaisons sont rares (1 ou 2/jour, souvent tôt le matin) ou saisonnières, notamment en dehors des côtes. Vous devriez cependant pouvoir rejoindre en bus un grand nombre des localités de l'île en été, à l'exception des villages de montagne reculés. Le réseau est nettement moins complet hors saison. En hiver, certains services sont regroupés avec le ramassage scolaire et l'acheminement du courrier.

Les bus circulant sur les grands axes sont généralement modernes et confortables. Ceux qui desservent les localités de moindre taille sont plus petits et moins rapides.

Les tarifs sont relativement élevés compte tenu des faibles distances parcourues (un trajet revient en moyenne à 0,15 €/km). Ils s'expliquent par la saisonnalité de la demande.

Les billets s'achètent en général directement auprès du chauffeur, à bord du bus. Il est préférable de vérifier les horaires et de réserver vos billets dans les villes qui disposent de gares routières.

En stop

Il semble que le stop fonctionne assez bien en été sur le littoral. La faible circulation le rend nettement plus aléatoire sur les routes de montagne, mais tout de même efficace, surtout si vous êtes randonneur et que l'on vous aperçoit chargé comme un mulet. Les habitants connaissent la rudesse de leur région et les marcheurs qui se lancent à l'assaut des sentiers de randonnée forcent leur respect. Lors de vos passages dans les refuges, n'hésitez pas à mentionner vos besoins en transports, ils peuvent coïncider avec ceux des gérants, gérants, qui sont obligés de rejoindre régulièrement la ville la plus proche pour faire le plein de vivres.

En Corse, comme ailleurs, ce moyen de transport comporte des risques et il est, en règle générale, déconseillé aux femmes voyageant seules.

Taxi

Onéreux pour les voyageurs en solo, le taxi est parfois le seul moyen de transport disponible, notamment vers certains aéroports. On peut éventuellement se regrouper (les taxis acceptent jusqu'à 4 passagers) afin de réduire la note.

Train

Le réseau des **Chemins de fer de la Corse** (CFC ; https://cf-corse.corsica) assure 3 liaisons en toutes saisons : Ajaccio-Bastia (en passant par Corte), Ajaccio-Calvi et Calvi-Bastia. C'est un très bon moyen de voyager à prix raisonnable en Corse. Effectués par des versions modernes des anciennes michelines, climatisées et panoramiques, ces itinéraires sont l'occasion de découvrir les paysages exceptionnels de l'intérieur de l'île. Les nouveaux trains sont certes moins couleur locale que les vieilles voitures jaune et rouge, mais ils sont plus confortables et rapides : grâce à eux, le trajet Bastia-Ajaccio dure 3 heures 30 (21,60 €).

Pour promouvoir le train comme un véritable moyen de transport sur l'île, les CFC proposent le "Pass Libertà". Pour 50 €, il permet de circuler librement sur l'ensemble du réseau corse (sauf périurbain) pendant 7 jours consécutifs. En vente aux guichets, il peut être vraiment avantageux si vous prévoyez de nombreux déplacements en train.

Les vélos sont interdits à bord des trains.

Pour les horaires, variables, le mieux est de consulter le site Internet de la CFC ou le site www.train-corse.com:

En été, les michelines du "**tramway de la Balagne**", également surnommé "U Trinighellu", relient Calvi à L'Île-Rousse par la côte, desservant au passage une quinzaine de plages, dont Lumio, Sant'Ambroggio, Algajola, Davia et Bodri. Les départs ont lieu une dizaine de fois par jour dans chaque sens, du lundi au vendredi, entre avril et octobre. L'aller simple Calvi/L'Île-Rousse coûte 6 €. Horaires et tarifs sur cf-corse.corsica/horaires.

Vélo

La chaleur estivale et le relief font du cyclisme une activité assez difficile à pratiquer en Corse. Néanmoins, les "grimpeurs" connaîtront de véritables joies à se retrouver dans la montagne corse. Plusieurs prestataires louent des VTT entre 12 et 20 € par jour (les tarifs sont généralement dégressifs à partir de 3 jours). Les locations de vélos à assistance électrique restent rares mais font lentement leur apparition.

Depuis 2019, un itinéraire baptisé **GT 20** (Grande Traversée de la Corse ; www.visit-corsica.com/Decouvrir-la-Corse/GT-20) relie Bastia à Bonifacio. Assez sportif, il s'étend sur 600 km divisés en 12 étapes. Le balisage devrait être terminé début 2021.

DISTANCES ROUTIÈRES (KM)

	Ajaccio	Bastia	Bonifacio	Calvi	Corte	Porto	Porto-Vecchio
Bastia	154						
Bonifacio	136	170					
Calvi	176	92	240				
Corte	84	70	148	92			
Porto	82	134	220	81	88		
Porto-Vecchio	164	142	28	212	120	220	
Sartène	84	178	54	262	162	154	64

Voiture et moto

La voiture et la moto sont les meilleurs moyens de circuler sur l'île. Certains choisissent de venir en Corse avec leur propre véhicule. Si tel n'est pas votre cas, vous pourrez avoir recours aux multiples sociétés de location implantées sur place. Plus rares sont les compagnies proposant des locations de motos ou de scooters.

Pour des raisons d'assurance, il est souvent impossible de louer un véhicule à Nice ou à Marseille et de l'embarquer sur un ferry. Cette formule s'avère de toute façon peu intéressante compte tenu des tarifs pratiqués sur l'île.

De nationales en territoriales

La T20 allant du sud de Bastia à Ajaccio, la T30 de Ponte-Leccia à Calvi, la T40 d'Ajaccio à Bonifacio… Depuis l'automne 2014, plusieurs grands axes routiers commencent désormais par la lettre T inscrite sur fond bleu. C'est que ces routes auparavant nationales (N193, N197, N196…) sont désormais gérées par la Collectivité territoriale de Corse, qui a compétence en matière de transports. Les cartes routières, panneaux de signalisation et GPS ne sont pas toujours mis à jour. Certains gardent la double appellation ; d'autres pas. Vous voilà prévenu…

Location

C'est dans les aéroports, où sont représentées les sociétés de location les plus importantes, que vous aurez le plus grand choix. Elles proposent en général des véhicules neufs ou récents. Leurs tarifs incluent une assurance tous risques et un kilométrage illimité, ou du moins suffisant pour la taille de l'île.

L'empreinte de votre carte bancaire (indispensable en cas de location) fait office de caution. Si votre responsabilité est engagée dans un accident, c'est à votre retour seulement que le montant de la franchise sera débité (en partie ou entièrement, généralement entre 600 et 1 000 €).

Une assurance supplémentaire de 10 à 25 € par jour vous permet d'annuler la franchise. Certaines cartes bancaires permettent de bénéficier automatiquement d'une telle assurance. Renseignez-vous bien sur ce point avant de partir, car vous emprunterez sans doute des pistes en mauvais état et les accrocs ou petites rayures sur un pare-choc arrivent vite. Lors de la remise du véhicule, on risque de vous facturer des frais de réparations qui pourraient un peu gâcher votre retour.

N'hésitez pas à faire jouer la concurrence entre les loueurs. Il est également possible d'éviter de payer la taxe s'appliquant à toute location dans les aéroports.

Il est difficile de donner des indications tarifaires. Les prix dépendent de la saison, de la catégorie du véhicule, du nombre de jours de location, des promotions ponctuelles, et il n'est pas rare que dans une même semaine les prix évoluent chez un loueur. En règle générale, attendez-vous à payer entre 35 et 50 € par jour pour la location d'un véhicule de catégorie A (3 portes, 4 places).

Pensez à apporter votre GPS, les agences de location les facturent à prix d'or.

Vous pouvez également contacter, avant le départ, les courtiers par Internet, comme **EasyCar** (www.easycar.fr), **Autoescape** (www.autoescape.com) ou **Rentalcars** (www.rentalcars.com), qui proposent généralement des tarifs plus avantageux.

Les principales enseignes internationales sont représentées sur l'île :

- **Ada** www.ada.fr
- **Avis** www.avis.fr
- **Budget** www.budget.fr
- **Enterprise** www.enterprise.fr
- **Europcar** www.europcar.fr
- **Hertz** www.hertzcorse.com

Conditions de circulation

Soyez très attentif à votre conduite en Corse : les routes sont sinueuses, vous risquez à tout moment de croiser du bétail errant, et certains conducteurs insulaires sont pressés et impatients. Si un automobiliste vous talonne sur une route difficile, n'hésitez pas à lui permettre de vous doubler dès que possible, vos nerfs (et les siens) en seront soulagés…

Essence

Surveillez votre jauge de carburant. Les stations-service sont rares sur certains axes, non seulement sur des petites routes de la Castagniccia, du Cap Corse ou des montagnes du Centre, par exemple, mais aussi sur certains tronçons de route territoriale.

Langue

Loin d'être folklorique et tombée en désuétude, la langue corse est parlée au quotidien par une large proportion des habitants de l'île. Des journaux lui ouvrent leurs colonnes, les polyphonies lui prêtent leurs voix, des poètes la font rimer... Tous les Corses, cependant, comprennent et parlent également le français (et en général l'italien).

Le corse tire ses racines de l'italien. Fernand Ettori, dans *Le Corse* (éd. Bonneton, 1992) note que "ses plus proches parents sont à chercher en Toscane". Cette base linguistique a cependant été influencée par les langages de tous les peuples qui se sont succédé sur l'île. La langue corse présente ainsi des composantes ibère, ligure ou génoise. Le français, enfin, est venu s'y greffer, notamment après que l'enseignement de cette langue est devenu obligatoire sur l'île, à la fin du XIXe siècle.

La langue occupe une part très importante dans le sentiment identitaire corse. Les insulaires sont en effet très attachés à la défense de leur parler, comme à tout ce qui contribue à marquer la spécificité de leur île par rapport à la France au sens large. Si la plupart des panneaux de circulation que vous verrez sur place sont bilingues (corse-français), il est courant de voir cette dernière langue barrée, effacée, voire criblée de balles...

Parallèlement à la montée du mouvement autonomiste, des associations commencèrent à proposer un enseignement du corse dans les années 1970. Une tardive reconnaissance vit le jour en 1974, lorsque la langue corse fut incluse dans le cadre de la loi Deixonne sur les "langues régionales".

À ce jour, le parler insulaire pose un curieux problème constitutionnel. Reconnaître en tant que telle la langue corse équivaut en effet à reconnaître en tant que tel le peuple qui la parle, donc à distinguer le peuple corse du peuple français. Cette délicate question reste en suspens.

Quelques règles

Les lettres *k*, *w*, *x* et *y* n'existent pas en corse. L'alphabet insulaire s'enrichit en revanche des groupes de lettres *chj* (tyi ou tyeu) et *ghj* (diè ou dyeu). En règle générale, *ch* se prononce *g* ; *u* se prononce *ou* ; *c* se prononce souvent *tch*, *ci* se prononce *tchi* et *g* se prononce fréquemment *dg*. La dernière voyelle d'un mot est très souvent chuintante, voire presque totalement étouffée. Porto-Vecchio, qui se dit *Purtivecchju* en corse, se prononce ainsi "pourti-vechj". Certaines consonnes deviennent par ailleurs quasi muettes lorsqu'elles sont placées entre deux voyelles.

La prononciation présente quelques différences entre le Nord et le Sud (voire d'un village à l'autre). La lettre *v* au sud de l'île se prononce *b* au nord. De même, le double *l* du Nord devient un double *d* dans le Sud (le cheval du Nord, *U cavallu*, devient *U cavaddu* dans le Sud). D'autres différences d'orthographe, notamment sur les panneaux routiers, sont dues à de mauvaises traductions ou à des amalgames avec l'italien de la part des administrations, voire des maires des communes. Il n'existe pas, en effet, d'académie garantissant la bonne orthographe de la langue corse. Les habitants de Bonifacio (*Bunifaziu*) ont pour leur part préservé leur propre langue, proche du génois.

L'accent tonique est le plus souvent placé sur l'avant-dernière syllabe (il n'est pas écrit dans ce cas). Il se trouve fréquemment sur la dernière syllabe (notamment pour former les infinitifs de verbe). Il est dans ce cas écrit : ' comme dans "andà", et de rares fois sur l'antépénultième.

Le pluriel se forme en *i* (*u trenu* = le train ; *i treni* = les trains).

Quelques expressions...

bonjour	*bunghjornu (ou bonghjurnu)*
au revoir	*avedeci*
merci	*grazie*
à votre santé !	*a salute !*
bienvenue	*pace i salute !*
à bientôt	*a prestu*

En coulisses

Un mot des auteurs

Christophe Corbel

Toute ma reconnaissance aux personnes croisées et rencontrées en Corse lors de ce travail de terrain réalisé à une époque si particulière. Se déconfiner sur l'île de Beauté n'a pas été une épreuve, bien au contraire et a laissé plus de temps pour l'échange. Merci à Pascale d'avoir, sans délai, grimpé dans un avion avant la clôture de l'année scolaire. Merci aux précédents auteurs, même les plus anciens, pour leur travail rigoureux, en particulier à l'ami randonneur corse.

Alexandre Lenoir

Merci aux Corses qui m'ont réservé un accueil enthousiaste durant cet été indien 2020. Merci à Sandrine et Camille pour leur relecture attentive et consciencieuse. Merci à Didier et Dominique pour leur confiance renouvelée.

Remerciements

GR® est une marque déposée par la Fédération française de randonnée pédestre. Les droits de propriété intellectuelle du tracé GR®20 appartiennent à la Fédération française de randonnée pédestre. Il est reproduit avec son aimable autorisation.

Crédits photographiques

Couverture La plage de Tamaricciu © Andrew Mayovskyy / Shutterstock

Couverture Cahier vélo
Route entre Porto et Calvi, dans le golfe de Porto
© Moirenc Camille / hemis.fr

Fond des pages 28 à 37 créé à partir d'une image Freepik.com

À propos de ce guide

Cette 9e édition d'*Explorer la région Corse* est adaptée de la 18e édition du guide *Corse*, mise à jour par Christophe Corbel et Alexandre Lenoir. Olivier Cirendini s'était également chargé de la sélection et de l'adaptation des textes et de la rédaction des parties complémentaires pour la première édition du guide *Explorer la région Corse*. Le guide *Corse* est le fruit du travail de Jean-Bernard Carillet et d'Olivier Cirendini, qui ont été épaulés au fil des éditions par Claude Albert, Claire Angot, Olivier Bauer, Christophe Corbel, Emmanuel Dautant, Alexandre Lenoir et Élodie Rothan. Concernant les randonnées et les balades, nombreux sont ceux à y avoir usé leurs semelles et leurs mines de crayon au fil des éditions. Les extraits d'œuvres littéraires ont été lus par Caroline Klaus, Thomas Marceul et Florine Orphelin et enregistrés par Jean-Paul Palmyre du studio Quali'sons. Marie Thureau a assuré l'édition de cette partie audio.

Direction éditoriale Didier Férat

Responsable éditorial Dominique Bovet

Coordination éditoriale Camille Marie

Responsable pré-presse Jean-Noël Doan

Maquette Valérie Police, Laurence Tixier (Itinéraires à vélo)

Cartographie AFDEC (Florence Bonijol, Martine Marmouget et Catherine Zacharopoulou)

Couverture Laure Wilmot

Remerciements à Jacqueline Menanteau pour sa relecture attentive et à Sandrine Gallotta pour son aide précieuse sur le guide. Merci également à Dominique Spaety et à toute l'équipe du bureau parisien. Enfin, merci à Luan Angel et Nigel Longuet à Londres, et à Jean-Pierre Masclef à Melbourne.

Vos réactions ?

Vos commentaires nous sont très précieux et nous permettent d'améliorer constamment nos guides. Notre équipe lit tous vos courriers avec la plus grande attention. Nous ne pouvons pas répondre individuellement à tous ceux qui nous écrivent, mais vos commentaires sont transmis aux auteurs concernés. Tous les lecteurs qui prennent la peine de nous communiquer des informations sont remerciés dans l'édition suivante, et ceux qui nous fournissent les renseignements les plus utiles se voient offrir un guide.

Pour nous faire part de vos réactions, prendre connaissance de notre catalogue et vous abonner à notre newsletter, consultez notre site Internet : **www.lonelyplanet.fr**

Nous reprenons parfois des extraits de notre courrier pour les publier dans nos produits, guides ou sites web. Si vous ne souhaitez pas que vos commentaires soient repris ou que votre nom apparaisse, merci de nous le préciser. Notre politique en matière de confidentialité est disponible sur notre site Internet.

A–Z

Index

A

Références des **cartes**

B

C

D

E

F

Références des **cartes**

Comment utiliser ce guide

Ces symboles vous aideront à identifier les différentes rubriques :

- À voir
- Activités
- Cours
- Circuits organisés
- Fêtes et festivals
- Où se restaurer
- Où prendre un verre
- Où sortir
- Achats
- Renseignements et transports

Ces symboles vous donneront des informations essentielles au sein de chaque rubrique :

Adresses écoresponsables

GRATUIT Sites libres d'accès

- Numéro de téléphone
- Heures d'ouverture
- Parking
- Non-fumeur
- Climatisation
- Accès Internet
- Wi-Fi
- Piscine
- Bus
- Ferry
- Tramway
- Train
- Végétarien
- Familles bienvenues

Choisissez des lieux sur mesure grâce aux symboles suivants :

- Argent
- Gastronomie
- Prendre un verre
- Vélo
- Sports
- Art et culture
- Fêtes et festivals
- Sites photogéniques
- Paysages
- En famille
- Achats
- Vaut le détour
- Randonnée
- 100% local
- Histoire
- Sortir
- Plages
- Patrimoine
- Faune et flore
- Scène LGBT
- Hébergement
- Château
- Activités nautiques
- Infos pratiques

À voir

- Cave/vignoble
- Château
- Église
- Monument
- Mosquée
- Musée/galerie/ édifice historique
- Plage
- Réserve ornithologique
- Ruines
- Synagogue
- Temple bouddhiste
- Temple confucéen
- Temple hindou
- Temple jaïn
- Temple shintoïste
- Temple sikh
- Temple taoïste
- Zoo/réserve animalière
- Autre site

Achats

- Magasin

Activités

- Bodysurfing
- Canoë/kayak
- Cours/circuits organisés
- Plongée/snorkeling
- Randonnée
- Sentô (bain public)
- Ski
- Snorkeling
- Surf
- Piscine/baignade
- Planche à voile
- Autres activités

Où se loger

- Camping
- Hébergement

Où se restaurer

- Restauration

Où prendre un verre

- Bar
- Café

Où sortir

- Salle de spectacle

Renseignements

- Accès Internet
- Ambassade/consulat
- Banque
- Bureau de poste
- Centre téléphonique
- Hôpital/centre médical
- Office du tourisme
- Police
- Toilettes
- Autre adresse pratique

Géographie

- Aire de pique-nique
- Cascade
- Col
- Montagne/volcan
- Oasis
- Parc
- Phare
- Plage
- Point de vue
- Portail
- Refuge/gîte

Transports

- Aéroport
- Bart
- Bus
- Ferry
- Gare/chemin de fer
- Métro/MRT
- Monorail
- Parking
- Piste cyclable
- Poste-frontière
- Station-service
- Subway/Métro
- T/T-Bane
- Taxi
- Téléphérique/ funiculaire
- Tramway
- U-Bahn, Tube Station
- Autre moyen de transport

Jean-Bernard Carillet

Passionné par les îles, qu'il explore dans toutes les mers du globe, Jean-Bernard prend un plaisir toujours renouvelé à sillonner la Corse, l'une de ses destinations préférées. Toutes les facettes de l'île l'ont conquis : les paysages, la vitalité culturelle, les villages, les festivals, la gastronomie, les activités sportives… Sa région préférée ? Il hésite entre l'Alta Rocca et le Cap Corse. Journaliste et photographe spécialisé dans l'univers du voyage, Jean-Bernard travaille régulièrement pour Lonely Planet et collabore à une dizaine de titres dans la presse magazine, en France et à l'étranger.

Olivier Cirendini

Votre nom, c'est italien, non ? Cette question, Olivier l'a entendue souvent. Et, chaque fois, il a répondu la même chose : "Non, c'est corse". Constatant que le nom de cette île déclenchait des réactions diverses auprès de ses contemporains, ce natif de Paris a fini par avoir envie d'aller y jeter un œil. Journaliste et photographe indépendant, Olivier collabore régulièrement aux pages *Voyage* de plusieurs titres de la presse magazine. Voyageant pour le travail et le plaisir, des îles Kerguelen au Grand Nord norvégien et des tréfonds de l'Androy aux sources du Gange, il a signé une quarantaine de titres de la collection Lonely Planet en français, notamment *Madagascar*, *La Réunion* et *Maurice et Rodrigues*. Olivier a été l'auteur de la majeure partie de l'édition originale de ce livre, qu'il a mise à jour à de nombreuses reprises depuis.

Marius Doicov

Vidéos Réalisateur d'habillages, bandes-annonces, émissions de télévision et documentaires pour Canal+ et France Télévision, Marius Doicov est un touche-à-tout, curieux et enthousiasmé par l'image. La Corse, il en est tombé amoureux lors de son premier voyage, en 1998, et depuis il n'a de cesse d'explorer chaque recoin de ce diamant posé au milieu de la Méditerranée. La réalité augmentée a été pour lui une évidence dans son travail dès son apparition. Donner vie à un support papier via son smartphone est extraordinaire. Le faire pour la Corse, un rêve ! Vous pouvez suivre ses aventures sur son Instagram, riusma74.

Pierre Gouyou-Beauchamps

Itinéraires à vélo Voyageur au long cours et journaliste pour la presse cycliste, Pierre a rejoint en 2016 la place Gengis-Khan d'Oulan Bator, en Mongolie, au départ de Lyon. 15 266 km d'une aventure racontée dans les colonnes du magazine *200*, avec lequel il collabore régulièrement. Pour Lonely Planet, Pierre s'est embarqué vers la Corse. Il s'agissait de son deuxième périple à travers l'île de Beauté. En juin 2017, il découvrait les routes tortueuses de l'île avec un groupe d'amis. Cette fois-ci, il est reparti seul pour parcourir la GT20, un itinéraire qu'il considère comme l'un des plus denses en diversité de paysages qu'il ait effectué à ce jour.

Les guides Lonely Planet

Une vieille voiture déglinguée, quelques dollars en poche et le goût de l'aventure, c'est tout ce dont Tony et Maureen Wheeler eurent besoin pour réaliser, en 1972, le voyage d'une vie : rallier l'Australie par voie terrestre via l'Europe et l'Asie. De retour après un périple harassant de plusieurs mois, et forts de cette expérience formatrice, ils rédigèrent sur un coin de table leur premier guide, *Across Asia on the Cheap*, qui se vendit à 1 500 exemplaires en l'espace d'une semaine. Ainsi naquit Lonely Planet, dont les guides sont aujourd'hui traduits dans le monde entier.

Nos auteurs

Christophe Corbel

Né à Paname dans le quartier des Lorettes, élevé en banlieue, passé par Bruxelles et la frontière belgo-française, Christophe a finalement échoué sur le versant est de Montmartre, côté tissus, tout en gardant un pied dans la baie de Saint-Brieuc et le lac d'Aiguebelette. Après la presse d'entreprise et la presse informatique, c'est Lonely Planet qui lui permet de prendre la tangente. Rien de tel qu'un bon guide pour se défouler.

Alexandre Lenoir

Pris de panique à l'idée de rester plus d'une journée au même endroit, Alexandre s'est pourtant installé à Lille, ville qui l'a vue naître il y a quarante ans. Après des études à l'Ecole de Journalisme de Lille, il y exerce son métier de journaliste indépendant, après avoir été auteur-compositeur-interprète d'un groupe de chanson durant quinze ans. Passionné de voyages et de randos en montagne, Alexandre a toujours été convaincu qu'un bon guide de voyage ressemblait à un bel album de musique : il doit aider à vous évader puis une fois ailleurs… vous tenir compagnie. Une conviction qu'il a mise en pratique pour Lonely Planet sur les titres *1000 idées de vacances en France*, *Espagne du Nord-Ouest*, *Bassin Minier et Louvre-Lens*, *Côte d'Azur* et *Ardèche-Drôme*…

Nos auteurs (suite)

Explorer la région Corse
9e édition

92 avenue de France - 75013 Paris

Dépôt légal Mars 2021
ISBN 978-2-8161-9368-8

Photogravure : Point 11

Imprimé par ESTIMPRIM, Autechaux, France

En Voyage Éditions | un département édi8